北京交通大学哲学社会科学文库
北京交通大学"高铁经济学"专题系列丛书

"一带一路"基础设施投融资评价
与优化对策研究

肖 翔 著

北京交通大学出版社
·北京·

内 容 简 介

互联互通是"一带一路"倡议的主线,其中"设施联通"居于基础和优先保障地位,而"资金融通"则是其实现的重要前提和支撑。本书聚焦"一带一路"基础设施的投融资问题,在系统分析"一带一路"基础设施投融资相关研究进展、模式及影响因素、现状与风险的基础上,展开了"一带一路"基础设施投融资的评估及结果分析,并提出了投融资的优化策略,对于支持"一带一路"倡议的实施及基础设施建设具有积极的现实意义。

图书在版编目(CIP)数据

"一带一路"基础设施投融资评价与优化对策研究 / 肖翔著. —北京 : 北京交通大学出版社,2021.6

ISBN 978-7-5121-4460-6

Ⅰ. ① 一… Ⅱ. ① 肖… Ⅲ. ①"一带一路"–基础设施建设–基本建设投资–研究–中国 ②"一带一路"–基础设施建设–融资–研究–中国 Ⅳ. ① F299.24

中国版本图书馆 CIP 数据核字(2021)第 101154 号

"一带一路"基础设施投融资评价与优化对策研究
"YI DAI YI LU"JICHU SHESHI TOU-RONGZI PINGJIA YU YOUHUA DUICE YANJIU

责任编辑:黎 丹

出版发行:北京交通大学出版社   电话:010-51686414   http://www.bjtup.com.cn
地   址:北京市海淀区高梁桥斜街 44 号   邮编:100044
印 刷 者:艺堂印刷(天津)有限公司
经   销:全国新华书店
开   本:170 mm×240 mm   印张:14.25   字数:295 千字
版 印 次:2021 年 6 月第 1 版   2021 年 6 月第 1 次印刷
印   数:1~1 000 册   定价:59.00 元

前　言

　　2008 年爆发的金融危机席卷全球之后，世界局势呈现多极化特征。我国经济经历近几十年的高速发展后，超过日本跃升为世界第二大经济体，以美国为代表的西方主要经济体与我国之间的关系变得微妙，"中国威胁论"甚嚣尘上。而我国经济在长期高速发展下被掩盖的诸如"侧重发展数量而忽视发展质量""经济结构不合理""过于依赖要素驱动""国内产能严重过剩"等问题随之显现。对此，我国及时调整发展方式和速度，经济运行进入新常态。与此同时，我国周边的许多国家和地区，资金短缺但资源丰富，吸引外资热情高涨，产能不足情况亟须缓解。因此，积极加大对外投资力度，开辟国外市场，使中国资本"走出去"，不仅有助于化解过剩产能，提升我国经济发展质量，更能够为全球经济发展注入新动能。

　　习近平在 2013 年提出了"丝绸之路经济带"和"21 世纪海上丝绸之路"（以下简称"一带一路"）的重大倡议，旨在搭建全球开放合作、共同发展的战略平台。"一带一路"倡议的提出，无疑为面临诸多挑战的中国点亮了发展的明灯，为世界各国在多领域的合作奠定了坚实基础，也向外界传递了中国积极友好、有担当的大国姿态，向全球表明了中国开放发展的坚定信心。

　　自"一带一路"倡议提出以来，我国政府高度重视并积极推进。2015 年 3

月，国务院授权发布《推动共建丝绸之路经济带和21世纪海上丝绸之路的愿景与行动》，提出要实现以"政策沟通、设施联通、贸易畅通、资金融通、民心相通"为主要内容的互联互通。2015年5月，《国务院关于推进国际产能和装备制造合作的指导意见》出台。2015年12月，亚洲基础设施投资银行成立。2017年5月，"一带一路"国际合作高峰论坛在北京举行，29位外国元首、政府首脑及联合国秘书长、红十字国际委员会主席等重要国际组织负责人出席，高峰论坛成果清单涵盖政策沟通、设施联通、贸易畅通、资金融通、民心相通5大类，共176大项，270多项具体成果。2017年10月，"推进'一带一路'建设"写入党章。截至2019年11月，中国政府已与137个国家和30个国际组织签署了199份合作协议。与此同时，国外各界对"一带一路"倡议的关注度持续升高，"一带一路"倡议得到了越来越多的认同和赞许。

互联互通是推进"一带一路"建设的工作重点，是使相关合作国家形成利益共同体、责任共同体及命运共同体的关键。其中"设施联通"在倡议中居于基础和优先保障地位，也是拉动经济增长的引擎，是切实推进"一带一路"建设的重要先导。共建"一带一路"合作国家多为发展中国家，呈现出基础设施薄弱且财力吃紧的特征，基础设施建设需求迫切且融资缺口巨大。对此，实现"资金融通"是解决跨境基础设施投融资难题的关键所在。同时，世界上最动荡的地区及世界主要经济体的博弈焦点，都恰好穿越共建"一带一路"相关合作国家，政局不稳定、种族及宗教冲突、跨国犯罪及恐怖组织活动等时有发生，潜藏的风险无不威胁着"一带一路"基础设施建设的资金安全。

尽管在我国的倡议和推动下，"一带一路"基础设施建设的金融服务网络逐渐成形，但仍旧存在"各区域经济发展水平参差不齐""融资缺口仍然巨大且结构单一""资金融通层次单一且简单化""创新方式的政策保障度降低""风险对冲及管控机制不足"等问题。然而，过于细化的研究视角，过于专业化的研究领域，过于繁杂的研究因素，都使"一带一路"基础设施投融资领域的研究少之又少，研究缺口亟待填补。基于此，笔者撰写了此书，以便为国内各界了解与参与"一带一路"基础设施投融资研究提供参考和借鉴。

同时，笔者也注意到"一带一路"涉及范围甚广，包括很多发展较为落后、基础设施建设不足的国家和地区。由于"一带一路"的重点建设领域多是前期投入巨大、回收期长、资金需求量巨大的基础设施领域，同时参与"一带一路"建设的相当一部分国家和地区，包括我国直接参与建设的地区，存在金融行业发展较为落后的现状，融资缺口巨大，亟须汇集各方合力。那么，如何实现稳定而可持续的投融资就显得尤为重要。

本书重点围绕"一带一路"基础设施投融资问题展开，通过构建基础设施投融资评估体系，对现阶段"一带一路"基础设施投融资现状予以评估，找出现存的问题并提出应对措施。

具体而言，本书分为以下7章。

第1章为绪论，主要包括"一带一路"倡议介绍、基础设施相关概念的界定、"一带一路"基础设施建设的基本概况，以及"一带一路"基础设施投融资的重要意义。

第2章为"一带一路"基础设施投融资的研究进展，主要包括"一带一路"基础设施投融资的构想、"一带一路"基础设施投融资的理论基础、"一带一路"基础设施投融资评估体系的构建、"一带一路"基础设施投融资的风险与建议，以及"一带一路"基础设施投融资平台的建设等方面。

第3章为"一带一路"基础设施投资模式及影响因素，主要包括对外投资的政策导向和政策体系、投资模式的主要分类，以及对外投资的影响因素。

第4章为"一带一路"基础设施融资模式及影响因素，主要包括融资的主要资金来源、融资模式的主要分类，以及项目融资的影响因素。

第5章为"一带一路"基础设施投融资的现状与风险，主要包括"一带一路"基础设施建设与发展的现状、"一带一路"基础设施投融资的现状分析，以及"一带一路"基础设施投融资的风险分析。

第6章为"一带一路"基础设施投融资评估及结果分析，主要包括以往评估体系的分析与选择、指标体系的优化、指标体系的评估方法、评估结果及分析，以及评估发现的问题。

第7章为"一带一路"基础设施投融资的优化策略，主要包括进一步拓宽资金来源渠道、增强国别评估机制的构建、加强投融资的层次与深度、加强创新金融建设，以及强化风险管控与项目评估机制。

本书的创新点主要有以下几方面：第一，由于本书研究的内容较为专一，且领域较为细化，而现阶段对"一带一路"基础设施投融资的研究几乎为空白，因此本书的研究有效地填补了现有研究的空白，这为后来学者的研究也能够提供有益的参考。第二，现阶段对"一带一路"基础设施投融资的研究基本都是定性居多而缺乏定量研究。本书在前人研究的基础上，优化了"一带一路"基础设施投融资的评估体系并对现阶段的情况予以评估，有效地弥补了当前定量研究不足的缺陷。第三，由于现阶段投融资研究较少考虑风险问题，而"一带一路"基础设施建设覆盖地域广泛，部分国家存在政局动荡、国情复杂、政权更迭频繁、宗教及种族冲突频发，甚至存在跨境恐怖组织活动等，这对基础设施资金的安全产生了严重的威胁。对此，本书也梳理了"一带一路"基础设施投融资所涉及的风险，并结合评估结果，提出应对措施。

本书得到了中央高校基本科研业务费专项资金（2017JBZ005）、国家社会科学基金项目（19BGJ001）的资助，并得到张秋生、李红昌、卜伟和郑凯等教授的帮助，中国铁路北京局集团公司财务部高级会计师张浩参与了第 1 章的编写，苏州科技大学的冯丽艳副教授参与了第 2 章的编写，博士生姜钰羡、贾丽桓、李晓月、代庆会、喻子秦、李珍珠分别参与了第 3～7 章的编写，硕士生赵甜甜、王璟瑶、高梓涵、李睿等参与了本书的大量资料收集和整理工作，在此一并表示深深感谢"。

著 者

2021 年 3 月

目 录

第 1 章
绪 论

本章就"一带一路"倡议、基础设施相关概念的界定,以及"一带一路"基础设施投融资的意义进行了介绍。

1.1 "一带一路"倡议介绍

2013 年 9 月与 10 月,习近平在出访中亚和东南亚时,先后提出共同建设"丝绸之路经济带"和"21 世纪海上丝绸之路"(简称"一带一路")。"一带一路"倡议的提出,得到了世界各国的广泛认同和积极响应,掀开了世界发展进程的新篇章。

"一带一路"倡议构想是我国主动应对全球经济形势变化、统筹国际与国内两个大局做出的重大决策。推进"一带一路"建设既是中国扩大和深化对外开放的需要,也是加强和亚欧非及世界各国互利合作的需要。"一带一路"建设让古代丝绸之路焕发新的生机活力,以新的形式使亚欧非各国的联系更加紧密。

2015 年 3 月 28 日,经国务院授权,国家发改委、外交部、商务部联合发布《推动共建丝绸之路经济带和 21 世纪海上丝绸之路的愿景与行动》,将"一带一路"倡议构想提上新高度。国内外学者普遍认为,"一带一路"倡议是以经济合作为基础,以重点经贸产业园区为合作平台,通过搭建新亚欧大陆桥、国际经济合作走廊,将中亚、南亚、西亚、欧洲等区域连接起来,深化区域经济一体化。

2016年8月17日,中央召开推进"一带一路"建设工作座谈会,习近平总书记发表重要讲话,提出"八个推进",并强调以"钉钉子"的精神把"一带一路"建设工作逐步向前推进。随着"一带一路"建设进入全面实施阶段,其在国际上的影响愈加广泛。

2017年,"一带一路"倡议全面推进。同年5月中旬,"一带一路国际合作高峰论坛"召开,吸引了29位外国元首、政府首脑在北京聚首,形成了"一带一路"发展过程中的一个高潮。2018年,中国积极推进共建"一带一路"的步伐未曾停歇,继续致力于加强国际合作、完善全球治理。习近平总书记在推进"一带一路"建设工作5周年座谈会上指出:"共建'一带一路'顺应了全球治理体系变革的内在要求,彰显了同舟共济、权责共担的命运共同体意识,为完善全球治理体系变革提供了新思路新方案。"2020年,尽管遇到疫情,但我国对共建"一带一路"合作国家进出口额达到9.37万亿元,比2019年增长1.9%。

1.1.1 "一带一路"倡议提出的背景

"一带一路"倡议,立足当前经济格局,放眼国际共赢趋势,备受世界各国的广泛赞许。回顾"一带一路"倡议的提出背景,有助于客观审视和看待其历史意义及战略意义,也有助于理性思考和分析跨国基础设施投融资面临的问题,并寻求解决之策。"一带一路"倡议的提出,离不开我国错综复杂的国内外局势。

放眼国际局势,世界经济多极化已是大势所趋。2008年爆发的金融危机,引发了全球经济危机。此后,国际环境悄然变化,中国经济的快速上升势头引起了全世界的关注。2009年第二季度,中国GDP总量首超日本。2010年,中国更是超过日本成为世界第二大经济体。诸多经济专家认为,保持强劲经济增长势头的中国最终将超过世界头号经济大国美国。可见,中国的经济发展无疑已对世界经济产生了巨大的影响力。

然而,国际影响力的增加既是机遇也是挑战。一方面,中国经济地位的提升,势必使中国未来拥有更多的国际话语权、更多的经济贸易机会,以及更多的国际战略合作机会。另一方面,美、欧等发达经济体早已将国际话语权视为其主导权，并希望借由区域经济一体化进一步巩固其国际地位，而中国无疑将面临世界大国更为激烈和复杂的抗衡博弈。此外，中国还需要不断积累主导国际秩序的经验，处理好国际环境中各国之间日趋复杂的微妙关系。

纵观国内局势，我国经济运行矛盾交织。现阶段，我国经济发展处于新常态，我国经济 40 余年高速增长掩盖的许多风险和问题逐渐暴露。例如，人口结构老龄化和少子化使劳动力人口锐减、劳动力成本上升；国内消费需求增长放缓，而外需持续疲软；制造业产能过剩严峻，产业转型升级压力增大；环境承载力趋于饱和；传统低成本要素的优势不再等。与此同时，我国既要保持经济增速，又要调整经济结构、优化产业升级，还要扩大内需、实现经济创新驱动等。

基于上述国内外局势，2013 年，习近平高瞻远瞩，提出了共建"一带一路"倡议，并得到了国际各界的普遍赞誉。

1.1.2 共建"一带一路"合作国家的分布

"一带一路"倡议是我国提出的依托"丝绸之路"的文化内涵，以开放、包容、互利共赢的心态，打造的国际重要区域战略与经济合作平台。因此，我国政府欢迎所有志同道合的国家积极参与，并没有对国家范围设限，也从未公布相关合作国家名单和地图。然而，对共建"一带一路"合作国家的分布进行简要介绍，有助于读者更清晰地了解本书的研究内容。基于此，本书根据获得的公开资料，梳理了现阶段共建"一带一路"合作国家的分布情况。

"一带一路"倡议所覆盖的地区与节点城市范围极广。从地区上看，主要路线如表 1-1 所示。

表 1-1 "一带一路"倡议的线路分布

线路	具体路线
北线 A	北美洲（美国、加拿大）—北太平洋—日本、韩国—日本海—符拉迪沃斯托克（扎鲁比诺港、斯拉夫扬卡等）—珲春—延吉—吉林—长春（即长吉图开发开放先导区）—蒙古—俄罗斯—欧洲（北欧、中欧、东欧、西欧、南欧）
北线 B	北京—俄罗斯—德国—北欧
中线	北京—郑州—西安—乌鲁木齐—阿富汗—哈萨克斯坦—匈牙利—巴黎
南线	泉州—福州—广州—海口—北海—河内—吉隆坡—雅加达—科伦坡—加尔各答—内罗毕—雅典—威尼斯
中心线	连云港—郑州—西安—兰州—新疆—中亚—欧洲

根据中国"一带一路"网资料，截至 2020 年 2 月，合作国家已累计达 138 个，合作组织达 30 个，签署的政府间共建文件达 200 份。

根据中国"一带一路"网，并结合国家信息中心的《"一带一路"大数据报告 2018》，本书统计了涉及的 71 个共建"一带一路"合作国家，见表 1-2。

表 1-2　共建"一带一路"合作国家分布

地　区	国　　家
东亚（2 国）	蒙古、韩国（新增）
东南亚（11 国）	印度尼西亚、泰国、马来西亚、越南、新加坡、菲律宾、缅甸、柬埔寨、老挝、文莱、东帝汶
南亚（8 国）	印度、巴基斯坦、孟加拉国、斯里兰卡、阿富汗、尼泊尔、马尔代夫、不丹
中亚（5 国）	哈萨克斯坦、乌兹别克斯坦、土库曼斯坦、吉尔吉斯斯坦、塔吉克斯坦
西亚（18 国）	伊朗、伊拉克、土耳其、叙利亚、约旦、黎巴嫩、以色列、巴勒斯坦、沙特阿拉伯、也门、阿曼、阿拉伯联合酋长国、卡塔尔、科威特、巴林、格鲁吉亚、阿塞拜疆、亚美尼亚
东欧（20 国）	俄罗斯、白俄罗斯、乌克兰、波兰、立陶宛、爱沙尼亚、拉脱维亚、捷克、斯洛伐克、匈牙利、斯洛文尼亚、克罗地亚、波黑、黑山、塞尔维亚、阿尔巴尼亚、罗马尼亚、保加利亚、马其顿、摩尔多瓦
非洲（5 国）	埃及、南非（新增）、埃塞俄比亚（新增）、摩洛哥（新增）、马达加斯加（新增）
中美洲（1 国）	巴拿马（新增）
大洋洲（1 国）	新西兰（新增）

资料来源：中国"一带一路"网。

这 71 个国家，涉及上海合作组织、东南亚国家联盟、南亚国家联盟、欧亚经济联盟、独联体经济联盟、欧盟和海湾合作委员会等多个区域性经济组织，分为东亚、东南亚、南亚、中亚、西亚、东欧、非洲、中美洲、大洋洲 9 个区域。

共建"一带一路"合作国家地区分布，具体如图 1-1 和图 1-2 所示。

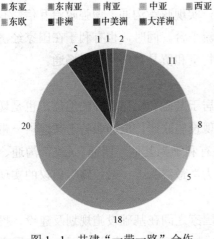

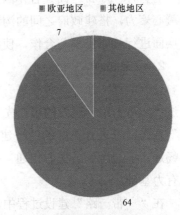

图1-1 共建"一带一路"合作
国家地区分布（一）
资料来源：中国"一带一路"网。

图1-2 共建"一带一路"合作
国家地区分布（二）
资料来源：中国"一带一路"网。

在 71 个共建"一带一路"合作国家中，有 64 个国家为欧亚地区国家，占
90.14%。由此可以看出，欧亚地区是"一带一路"倡议最主要的规划区与合作
区域。因此，本书也将目光聚焦于欧亚地区。

1.1.3 "一带一路"倡议的重点合作内容

2013 年 9 月 7 日，习近平在哈萨克斯坦纳扎尔巴耶夫大学发表演讲时，首
次提出加强政策沟通、设施联通、贸易畅通、资金融通，以及民心相通，共同
建设"丝绸之路经济带"的倡议。随着"一带一路"倡议的落实推进，其主要
覆盖的"五通"内容也在逐步完善。2015 年，在《推动共建丝绸之路经济带和 21
世纪海上丝绸之路的愿景与行动》中，正式提出要以"五通"，即"政策沟通、
设施联通、贸易畅通、资金融通、民心相通"为主要内容，打造共建"一带一
路"合作国家政治互信、经济融合、文化互容的利益共同体、责任共同体和命
运共同体。

1. 政策沟通

政策沟通，居于"一带一路"倡议的"五通"之首位，其作用尤为重要。
对"一带一路"倡议的推进而言，政策沟通既是政治基础，也是前提保障。具
体而言，政策沟通包括双边或多边国家之间在经济合作、互利共赢、民生保障、
领土安全与独立等方面持有共同的理念，在和平与发展方面实现政治互信，乃

至国家战略层面的政治协调与协作。

对共建"一带一路"合作国家而言，实现政策沟通，增强政治互信，有利于凝心聚力，搭建政府之间的沟通与交流平台。同时，也有利于在国家经济发展层面进行战略协调与合作，使商品、物资和贸易等国际往来畅通。

2. 设施联通

设施联通，在"一带一路"倡议中居于基础和优先保障的地位，也是切实推进"一带一路"建设的重要先导。实现设施联通，能够服务于共建"一带一路"合作国家进行更好的经济建设，还有利于为其他"四通"（政策沟通、贸易畅通、资金融通、民心相通）提供助力，最终为"一带一路"倡议的实现奠定有力基础。

在"一带一路"建设过程中，合作国家之间在基础设施规划及建设、投融资平台的共建等方面增强协作十分重要，这不仅有助于增强本国与相邻国家之间基础设施的衔接和技术标准的兼容，更有助于畅通区域合作的通道，并维护和保障基础设施的安全，从而构建起保障经济发展的基础设施网络平台。

3. 贸易畅通

贸易畅通是"一带一路"倡议的核心要义，是经济全球化和区域一体化背景下的大势所趋。贸易畅通要求合作各国之间在贸易往来、能源与产能协作、产业投资等方面降低乃至消除贸易壁垒，扫清投资障碍，大力推进贸易便利化，共建和谐共荣的营商环境。

因此，共建"一带一路"合作国家应秉持贸易畅通共识，积极通过双边或多边投资或自贸区协定，促进经济要素在贸易区内的有序流动，提高资源配置效率，实现区域经济的互利共赢。与此同时，相关各国在信息共享、海关检验检疫、统计计量等方面也存在很多共建协作的空间，以促进贸易畅通，提高本国贸易的国际地位。

4. 资金融通

资金融通是"一带一路"倡议的财力保障，对于推进"一带一路"建设不可或缺。实现资金融通，有助于搭建区域乃至国际金融市场合作平台，实现金融机构的深入合作，使货币结算更加便利，从而发挥资金融通在"一带一路"建设中的保障作用。

对此，共建"一带一路"合作国家应增强金融合作，积极发挥区域金融机构的作用，并支持金融机构的投资与发展，这将对完善信用体系起到积极作用。同时，我国在资金融通方面所取得的积极成效，能够促进人民币的国际化发展，未来也将推进金融市场更广泛的合作，完善投融资体系。

5. 民心相通

民心相通是"一带一路"倡议的社会落脚点。"一带一路"是跨越种族和文化的合作倡议，是打破地域和文化束缚的国际战略，更是联结民心的社会交流纽带。

共建"一带一路"合作国家要重视民心相通，就要以文化交流、民间交流、学术交流等多层次、多渠道的交流为抓手，积极推动人文外交，这也有利于促进政治协作，化解和扫清沟通偏见和误解。与此同时，保障民心相通，还应积极推动旅游业等产业的发展，相互开放，实现人民跨国界的多领域沟通交流。

1.1.4 "一带一路"倡议的战略意义

"一带一路"倡议取得了诸多重要的政策进展。国内方面"一带一路"建设总体框架思路已构建，中央和部委层面各项具体推进措施不断出台，大部分"一带一路"省市已经出台了"一带一路"专项政策，国家发改委等 13 个部门、香港特区政府均已设立"一带一路"专门机构。国外方面，习近平自 2013 年 9 月以来，访问足迹遍布六大洲，并与诸多国家、地区或国际组织达成战略合作，签署了一系列合作协议。

"一带一路"倡议是实现双边和多边经济发展合作之路，是实现合作各国战略协作、互利共赢之路。"一带一路"倡议的提出，具有广泛的战略意义。

1. 培育经济增长新动能

2008 年金融危机席卷全球后，诸多发达国家的经济普遍呈现持续疲软态势，世界经济多极化特征日趋明显。此时，我国经济持续保持快速上升势头，超过日本成为世界第二大经济体。然而，我国经济快速发展的同时，也暴露出发展质量方面的诸多问题。其中，结构失衡是我国经济发展过程中的突出痛点，在新常态下坚定贯彻供给侧改革是必行之路。同时，我国经济未来的发展不能依附于要素和投资，而应诉诸于创新驱动。那么，寻找并培育经济增长新动能则是新时期的经济发展关键。

在这样的国内外背景下，"一带一路"倡议给我国经济发展带来了新希望。"一带一路"平台将我国中、东、西部经济增长带有效联结，能够统筹实现各区域的经济增长。同时，"一带一路"平台能够使我国更多的产品"走出去"，并将更多的创新技术和理念"引进来"，从而服务于产业结构的优化升级，延长产业寿命，实现经济增长新动能的有效培育。

2. 提升我国国际影响力

随着我国经济的快速发展，我国的国际影响力也随之提升。然而，国际环境风云变幻，随着中美关系进入微妙期，未来的博弈可能愈加复杂。对此，作为新兴经济体的中国要想获得与经济地位相称的话语权，就必须进一步提升自身的国际影响力。对此，"一带一路"伟大构想正为我国提供了一个在世界舞台实现宏伟抱负的平台。

面对严峻的国际形势，习近平提出了"一带一路"倡议，在国际上受到了广泛关注。习近平出访足迹遍布六大洲，"一带一路"建设也得到沿线各国的支持和认可。截至2020年底，已超过138个国家与中国签订了合作文件。同时，"一带一路"建设也有效提升了合作各国的基础设施水平，增强了合作各国人民之间的文化交流，促进了国际贸易往来。这些将有助于提升我国的全球影响力，进一步树立负责的大国形象，也向外界传递出中国和平发展的信心和决心。

3. 构筑全球化协作平台

现阶段，国际环境复杂多变，领土争端、政治遗留问题等时有发生，国际贸易、人文交流日益密切，亟须一个实现和谐对话和战略协作的全球化平台。对此，"一带一路"倡议通过"政策沟通、设施联通、贸易畅通、资金融通、民心相通"等多渠道打破政治僵局，有助于共筑以国际共商、共识、互谅、互信为基础的全球化协作平台。

与此同时，英国脱欧、美国301条款调查等贸易保护主义的兴起，也为全球化协作增添了阻力。在此背景下，推进"一带一路"倡议的实施，无疑增强了全球协作的信心，也为各国未来的发展指明了方向，为全球经济增长和合作注入了更多的发展潜力。

1.2　基础设施相关概念的界定

1.2.1　基础设施的内容

基础设施，是指为实现生产和生活目的，所提供的公共服务物质工程设施。基础设施旨在对区域的正常社会经济活动提供公共服务保障。基础设具体包括交通、通信、水电、科研与技术服务、公共卫生、园林绿化等市政公用工程设施和公共生活服务设施等。基础设施具有基础性、不可贸易性、整体不可分性和准公共物品性等特点。随着区域经济水平的提高，其对基础设施建设的要求也随之提高，由于发展中国家的经济正处于上升期，其基础设施相对来说比较落后，需要加大基础设施建设的力度。然而，建立完善的基础设施往往需要较长时间和巨额投资，往往需要多方合力来提升基础设施水平。

1.2.2 基础设施的分类

基础设施可以按照地域或者使用性质分类。

首先，按地域基础设施可以分为两类：农村基础设施和城市基础设施。其中，农村基础设施主要包括农业生产性基础设施、农业生活性基础设施、农业生态环境建设基础设施和社会发展性基础设施四大类。城市基础设施主要包括居住建筑项目、办公商用建筑项目、交通运输项目、能源动力项目、环保水利项目和邮电通信项目等。

其次，按服务性质基础设施可分为三类：生产性基础设施、社会性基础设施和制度保障机构。生产性基础设施，具体指供水、供电、道路和交通设施，以及邮电通信设施等。社会性基础设施，具体指服务居民的各种机构和设施，如行政管理、文化教育、医疗卫生、商业服务、金融保险和社会福利等。制度保障机构，具体指公安、政法和城市建设规划与管理部门等。

1.3 "一带一路"基础设施建设的基本概况

1.3.1 共建"一带一路"合作国家基础设施建设相对滞后

基础设施建设水平是衡量一个国家经济发展水平的重要指标。一般来说，发达国家的基础设施建设比较健全，建成年代比较早，新建基础设施占比较低，更多的是翻新或重建，而大部分发展中国家的基础设施则比较缺乏、不够完善，新建基础设施占比比较高。根据麦肯锡研究所的数据，各大基础设施（2016—

2030年）类别支出总额及年均支出额占 GDP 的百分比情况如表 1-3 所示。

表 1-3　各大基础设施类别支出总额及年均支出额占 GDP 的百分比情况
（以 2015 年的物价为基准）

	支出总额（2016—2030 年）/万亿美元	年均支出额占 GDP 的百分比/%
轨道交通	16.5	1.3
水利	7.5	0.6
通信	8.3	0.6
能源	14.7	1.1
港口	0.9	0.1
机场	1.3	0.1
总数	49.2	3.8

数据来源：麦肯锡研究所，进行加工计算所得。

从表 1-3 可以看出，公共交通类基础设施的支出在总体支出中占比最大，这意味着在 2016—2030 年，全球对基础设施建设的投入将更多地集中在交通运输方面。因此，用交通运输类基础设施项目作为示例最具有代表性，侧重于对这一类别的基础设施项目进行分析更具有针对性，可以减少由于类别划分而产生的误差，所以本书中涉及的项目全部选自轨道交通类的基础设施项目，选录的数据也都来自此类别（极个别缺乏此类别项目的除外）。

下面就以铁路建设里程为例，比较主要发达国家和部分合作国家在"一带一路"倡议实施之前的基础设施建设总体水平和人均水平。这里选取"一带一路"倡议实施之前最近的数据，即 2013 年相关国家的铁路总里程及人均铁路里程。

表 1-4 列示了 2013 年共建"一带一路"部分合作国家（地区）和主要发达国家铁路建设情况。

表 1-4　2013 年共建"一带一路"部分合作国家（地区）和主要发达国家铁路建设情况

国家（地区）名称	铁路总里程/km	人均铁路里程/（m/人）
孟加拉国	2 835	0.02
印度	65 436	0.05
巴基斯坦	7 791	0.04
印度尼西亚	4 684	0.02

国家（地区）名称	铁路总里程/km	人均铁路里程/（m/人）
马来西亚	2 250	0.08
泰国	5 327	0.08
中国	66 585	0.05
日本	19 435.5	0.15
韩国	3 650	0.07
俄罗斯	85 266	0.59
亚美尼亚	826	0.29
埃及	5 195	0.06
阿塞拜疆	2 068.1	0.71
捷克	9 459.03	0.90
匈牙利	7 894.8	0.80
乌克兰	21 635.9	0.48
哈萨克斯坦	14 767.1	0.87
吉尔吉斯斯坦	417	0.07
塔吉克斯坦	621	0.08
欧盟	211 462	0.62
美国	228 218	0.72

数据来源：以上数据根据 CSMAR 数据库整理得到。

根据表 1-4 可知，参与共建"一带一路"合作国家的基础设施建设水平不高，单从铁路总里程来看，与美国和欧盟等发达国家、地区相比存在较大的差距，就连俄罗斯和印度这样的铁路大国，铁路总里程也仅仅为美国的 1/3 左右。除此之外，人均铁路里程的差距更大，主要是由于合作国家的人口众多，由此也反映出合作国家原有的基础设施水平比较落后。

1.3.2　共建"一带一路"合作国家基础设施建设发展程度差异大

参与共建"一带一路"合作国家基础设施建设水平与发达国家存在差距，且由于"一带一路"倡议跨度大，各国经济水平差别较大，基础设施建设水平差异也较大。表 1-5 以铁路总里程和人均铁路里程作为代表基础设施的指标，列举了部分不同板块合作国家的数据。

表1-5　2013年不同板块的部分共建"一带一路"合作国家（地区）铁路建设情况

国家（地区）名称	所属板块	铁路总里程/km	人均铁路里程/（m/人）
孟加拉国	南亚	2 835	0.02
印度	南亚	65 436	0.05
巴基斯坦	南亚	7 791	0.04
印度尼西亚	东南亚	4 684	0.02
马来西亚	东南亚	2 250	0.08
泰国	东南亚	5 327	0.08
中国	东亚	66 585	0.05
韩国	东亚	3 650	0.07
俄罗斯	俄罗斯	85 266	0.59
亚美尼亚	西亚、北非	826	0.29
阿盟	西亚、北非	5 195	0.06
阿塞拜疆	西亚、北非	2 068.1	0.71
捷克	中东欧	9 459.03	0.90
匈牙利	中东欧	7 894.8	0.80
乌克兰	中东欧	21 635.9	0.48
哈萨克斯坦	中亚	14 767.1	0.87
吉尔吉斯斯坦	中亚	417	0.07
塔吉克斯坦	中亚	621	0.08

资料来源：以上数据根据 CSMAR 数据库整理得到。

从表1-5可看出，在铁路建设方面，共建"一带一路"合作国家之间差异较大。在铁路总里程方面，东亚、中东欧和俄罗斯的优势比较大，俄罗斯、中国和印度的总里程数最多，中亚地区最为落后，这些国家经济基础薄弱，基础设施建设落后。从人均铁路里程来看，捷克、匈牙利和哈萨克斯坦的铁路建设总里程数并不高，但由于国家人口数较少，所以人均里程较高，而有的国家正好相反，比如中国和印度。

以上分析说明绝大多数合作国家在"一带一路"倡议实施之前的基础设施建设比较欠缺，不仅总量少，而且人口基数大，人均可享受资源少，这意味着共建"一带一路"合作国家需要以基础设施建设为工作重点。

1.3.3 "一带一路"倡议实施以来基础设施建设迅速增加

自"一带一路"倡议实施以来,共建"一带一路"合作国家的互联互通得到了进一步深化。在设施联通方面,新增了许多基础设施建设项目,例如在公共交通方面,中国交建承建的马来西亚东部沿海铁路二期项目、中铁十七局承建的中国援老挝湄公河沿岸公路项目及中国铁建承建的莫斯科外环换乘地铁线路项目等。随着"一带一路"倡议的提出,因合作国家的基础设施水平亟待提高,基础设施建设作为重点内容,势必会加重资本投入比例、加大合作力度,在现阶段建设成果的基础上,基础设施建设规模将快速扩大,资金需求会逐渐加大。

1.3.4 我国基础设施建设在"一带一路"实施前后的变化情况

自"一带一路"倡议实施以来,基础设施建设一直是工作重点。图 1-3 以我国为例,展示了 2008—2019 年全国铁路总里程数的变化情况。其中,以铁路总里程数代表基础设施建设额。

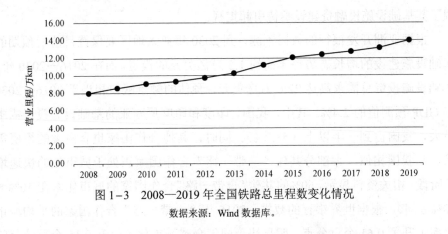

图 1-3　2008—2019 年全国铁路总里程数变化情况

数据来源:Wind 数据库。

由图 1-3 可知,我国铁路总里程总体上呈增长趋势,但从 2009 年开始增速放缓,2013—2014 年增速又上升了一些,也就是"一带一路"倡议提出的时期,这也反映了该倡议对我国基础设施建设具有促进作用。

1.4 "一带一路"基础设施投融资的重要意义

"一带一路"倡议涉及地域宽广且人口众多,根据麦肯锡研究所的数据,"一带一路"合作国家和地区(包含欧盟成员)早在 2015 年就已经实现 50 亿人口覆盖,以及 39 万亿美元的经济总量,分别占全球的 70%和 52%。作为极具全球贸易和跨境投资潜力的地区,共建"一带一路"合作国家多为新兴经济体和发展中国家,其现有基础设施比较匮乏且资金紧缺,制约了经济的发展。

投融资问题是关系到基础设施项目能否顺利实施的重要问题,只有进一步探究当前经济背景下基础设施建设的投融资效益情况,挖掘出存在的问题,提出解决方法并不断改进,才能促进"一带一路"倡议发挥更大的作用。

共建"一带一路"欧亚地区合作国家经济体制不同、政治战略各异、金融环境存在差异,相关项目集中于基础设施建设领域,因此具有资金需求量大、周期长等特点,而其跨境的性质不仅加大了项目融资与风险管控的难度,也强调了其基础设施投融资建设亟待引起重视。

根据亚洲开发银行的数据预测,到 2030 年亚太地区要保持目前所预期的基础设施建设的增长态势每年需约 1.5 万亿美元的投资。而在 2016—2030 年,基础设施投资总需求高达 22.6 万亿美元,预估的融资缺口相当于 2016—2030 年 GDP 预测值的 2.4%。其中,我国、印度和印度尼西亚的基础设施投资需求最大,我国占到一半以上(58.2%)。同时,其他合作国家也有巨大的投资需求。与我国相似,大部分共建"一带一路"合作国家正处于城市化的快速增长阶段(相关资料显示,60%的共建"一带一路"合作国家的城市化率在 30%～70%之间)。根据世界银行的数据,2015 年"一带一路"合作国家的平均城市化率上升了 0.61 个百分点,明显快于同年全球城市化率上升 0.15 个百分点的平均水平。简而言之,城市化过程也催生了大量基础设施建设需求,从而导致了大量融资缺口。

图 1-4 和图 1-5 按行业和国家分别列示了亚洲基础设施的需求情况。

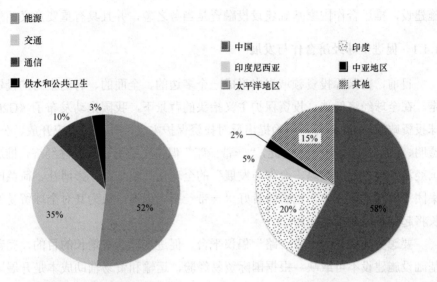

图 1-4　亚洲基础设施需求（按行业）　　图 1-5　亚洲基础设施需求（按国家和地区）
数据来源：亚投行，汇丰研究院。　　　　数据来源：亚投行，汇丰研究院。

迄今为止，基础设施投资大多由公共部门提供，在亚洲尤是如此，政府出资比例高于 90%。这意味着政府进一步加大公共投资的空间有限，因此需要开拓新的融资渠道。图 1-6 和图 1-7 分别列示了亚洲基础设施投资中公共部门与私营部门负责的比例，以及我国对"一带一路"基础设施直接投资的情况。

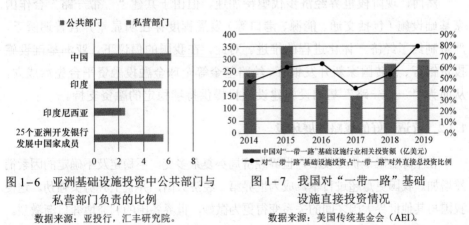

图 1-6　亚洲基础设施投资中公共部门与　　图 1-7　我国对"一带一路"基础
　　　　私营部门负责的比例　　　　　　　　　　设施直接投资情况
数据来源：亚投行，汇丰研究院。　　　　数据来源：美国传统基金会（AEI）。

由此可见，当前"一带一路"建设过程中面临着巨大的融资缺口，并且政府进一步融资的空间有限，再加上相关各国环境复杂、相关项目也具备一定的特殊性，在实施过程中可能会面临许多困难。因此，重视"一带一路"基础设施建设，推进合作国家基础建设投融资是当务之急，并且具有重要意义。

1.4.1 促进全球经济合作与发展

目前，在国际投资领域尚未形成一个多边的、全面的、有约束力的投资协定。在全球经济低迷、投资保护主义抬头的背景下，我国推动发布了《G20 全球投资政策指导原则》，明确提出反对投资保护主义，外资政策应开放、公平、透明、稳定和内外协调。对此，"一带一路"倡议正是引领开放性经济，推进各国经济实现"互利共赢、合作与发展"的全球化战略平台。彭博社、荷兰国际集团等各国主流媒体，也纷纷看好"一带一路"倡议，认为其对全球贸易的增长将起到积极的推动作用。

要想实现依托"一带一路"倡议平台、促进全球经济增长的目的，完善的基础设施建设不可或缺。根据国际贸易经验，运输和贸易辅助成本是开展国际贸易的重要因素，而港口、航道、公路、铁路等必要基础设施的建设，对减少相关的运输成本和贸易成本将会产生巨大的有利影响。

"一带一路"倡议给合作各国带来的应该是发展和希望。根据商务部 2019 年的资料，自"一带一路"倡议实施以来，我国企业在共建"一带一路"合作国家建设的合作区累计投资 350 亿美元，上缴东道国税费超过 30 亿美元，为当地创造就业岗位 33 万个。

然而，现阶段世界经济步伐亟待加速，但由于共建"一带一路"合作国家基础设施（包括交通、能源、港口等）发展程度存在明显差异且普遍匮乏，严重制约了经济一体化进程的推进。对此，在我国的倡议下，亚洲基础设施投资银行、金砖国家新开发银行、丝路基金等全球金融投融资平台先后成立，从而为"一带一路"基础设施建设项目提供持续稳定的融资支持。

1.4.2 营造良好的战略发展环境

在全球金融危机爆发后，世界经济局势复杂多变，不稳定及不确定的因素悄然增加。我国更是超过日本，成为世界第二经济大国，并且上升势头强劲。这使我国与其他世界大国之间的关系变得更为微妙，世界各国的利益博弈日渐激烈。以"一带一路"基础设施投融资为突破口，对我国内外发展环境的积极营造具有重要意义。

对外而言，能够使我国树立有担当的大国形象，化解外界对我国的误解和质疑，提升国际影响力。同时，也有助于推动建设和谐的国际秩序，从而与共建"一带一路"合作国家建立友好的战略伙伴关系。随着"一带一路"倡议的提出，至 2020 年 2 月我国与 138 个国家签署了合作协议。外界对"一带一路"倡议的积极情绪不断提升，反映出国际社会对"一带一路"倡议的信心和期待在增加，同时也说明，"一带一路"倡议使我国的国际形象随之提升，战略环境得到好转。

对内而言，"一带一路"倡议有助于实现我国东西部协同联动发展，使中西部开放水平得到快速提升，使落后地区的经济得到快速发展。根据国家信息中心资料，依托"一带一路"倡议平台，我国东部地区与共建"一带一路"合作国家之间的贸易额占我国与共建"一带一路"合作国家进出口总额的比重达到 79.8%。不同于较为发达的东部地区，西部地区地理位置偏僻，经济发展和对外交流较为落后，成为经济发展的瓶颈地区。而"一带一路"倡议激活了西部地区的发展潜力。根据 2017 年数据，西部地区与共建"一带一路"合作国家之间的贸易额占本地区外贸总额的比重最高。

表 1-6 列示了"一带一路"倡议提出以来我国西部地区近五年进出口贸易情况。

表 1-6 "一带一路"倡议提出以来我国西部地区近五年进出口贸易情况

单位：亿美元

地区	2013			2017			进出口总额增幅
	进口	出口	总额	进口	出口	总额	
重庆	219.07	467.97	687.04	240.05	425.99	666.04	−3.06%
四川	226.4	419.5	645.9	305.7	375.5	681.2	5.43%
广西	141.42	186.95	328.37	297.12	274.08	571.21	73.95%
新疆	52.92	222.7	275.62	29.31	177.29	206.6	−25.04%
云南	98.7	159.6	258.29	119.64	114.3	233.94	−9.43%
陕西	99.03	102.24	201.27	155.88	245.22	401.1	99.28%
内蒙古	78.98	40.95	119.93	89.78	49.46	139.23	16.09%
甘肃	56.02	46.79	102.81	32.1	18.16	50.26	−51.11%
贵州	14.04	68.86	82.9	23.51	57.77	81.28	−1.95%
西藏	0.5	32.69	33.19	4.33	4.36	8.69	−73.82%
宁夏	6.66	25.52	32.18	13.82	36.6	50.42	56.68%
青海	5.55	8.47	14.03	2.31	4.25	6.56	−53.24%

数据来源：根据网络公开资料整理。

1.4.3 优化我国的经济发展布局

现阶段，经济全球化已成为世界各国的普遍共识。对于我国而言，做好经济发展的全球化布局是保持竞争优势的关键。因此，加大对外投资力度，支持"一带一路"基础设施建设势在必行，这有助于开拓国际市场、化解国内过剩产能并提升国际分工体系的影响力，进而优化我国经济发展全球化布局。

"一带一路"倡议平台的搭建，有助于全球贸易的提升。根据荷兰国际集团统计，欧亚之间（不含欧盟各国之间）的贸易额约占全球贸易额的28%。其中，我国位于欧亚经济走廊，势必能够享受贸易成本降低的福利，并且我国的贸易伙伴也将间接受益，从而能够带动我国贸易总量的增长。而参与"一带一路"基础设施建设，对我国开拓国际市场是一个崭新的机遇。根据我国海关总署统计，2019年我国外贸进出口总值再创新高，达到31.54万亿元，同比增长3.4%。其中，与共建"一带一路"合作国家的外贸进出口总值为9.27万亿元，同比增长了10.8%。

在经历全球金融危机后，我国产能过剩情况严重。同时，国内市场需求量早已饱和，难以通过政策调整进行刺激消化，滞销积压现象频现。对此，"一带一路"倡议为化解我国传统产业的过剩产能提供了契机。

随着我国经济步入新常态，许多经济发展问题开始逐渐暴露。其中，我国钢铁、汽车、石化等十大传统产业的工业销售产值增加率、工业增加值率都呈波动性下降趋势。此外，钢铁、电解铝及平板玻璃等产能过剩产品的价格也出现明显下降。显然，在金融危机后我国工业整体产能过剩趋势明显，尤其在钢铁、装备制造产业等传统产业中形势更为严峻，而如光伏等新兴产业也存在不同程度的产能过剩。如果产能过剩问题得不到解决，不仅会造成生产规模的削减，而且可能引发企业倒闭、产业消亡、失业增加等系列问题，从而影响我国的经济秩序和社会稳定。

"一带一路"倡议的提出，对化解我国国内过剩产能无疑是良机。同时，许多共建"一带一路"合作国家，如东南亚、南亚和中亚地区的国家，对这些产业仍有迫切需求，推动过剩产能"走出去"，也有利于提升我国在国际分工体系中的影响力。而且，支持合作国家的基础设施建设，有利于营造更好的投资和经营环境，从而有利于我国产业同时在国内和国外市场挖潜投资及消费需求，进而对我国企业"走出去"、融入国际市场产生积极作用。

1.4.4 促进金融服务交流与合作

在与合作各国共建"一带一路"倡议平台的过程中，提升经济发展成为加快各国基础设施建设的动力，也促使基础设施建设投融资的诉求更为迫切。同时，加强合作各国基础设施建设融资的支持力度，也能够促进我国与世界各国及世界组织在金融服务方面的交流与合作。

我国作为"一带一路"的倡议国，具有较高的外汇储备和高储蓄率，在"一带一路"基础设施建设中的作用备受期待。然而，"一带一路"基础设施建设投资数目庞大，远非一国的财力所能负荷。因此，加强全球的资金融通，共建金融合作网络，共同推动与支持"一带一路"基础设施建设是大势所趋，也符合互利共赢的发展理念。

根据国家信息中心资料，截至 2020 年 7 月，亚洲基础设施投资银行（亚投行）的业务范围从亚洲辐射至全球，成员数增至 103 个。同时，一系列多、双边融资平台（如由国际货币基金组织和中国人民银行合作的中国–国际货币基金组织联合能力建设中心、中国–中东欧银行联合体）相继建立。另外，我国政策性银行和国有商业银行也逐渐成为海外金融服务的主力军团，6 家中资银行也积极提供金融服务，相继设立 102 个境外分支等各类机构。

图 1–8 列示了中资银行在共建"一带一路"合作国家分布的占比情况。

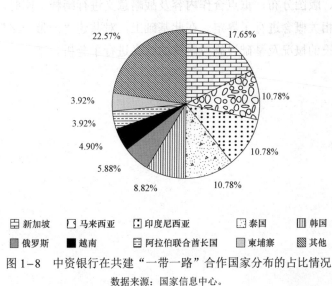

图 1–8　中资银行在共建"一带一路"合作国家分布的占比情况

数据来源：国家信息中心。

作为人民币重要支付渠道的中国银联，2019 年与老挝、印度尼西亚等五国主流机构在北京签署合作协议，加速支付网络互联互通。截至 2019 年底，110个合作国家和地区已开通中国银联卡业务。截止到 2019 年末，来自 23 个共建"一带一路"合作国家的 58 家（7 家法人银行、17 家外国银行分行和 34 家代表处）银行也积极开展金融合作，在我国设立了分支机构。除此之外，亚投行、丝路基金、人民币跨境支付系统等金融机构或清算手段纷纷在构建金融服务交流与合作的倡议平台上亮相登场。

随着"一带一路"基础设施投融资的增多，更纵深的金融服务合作与交流将更为密切，从而能够形成金融领域的全球化良性互动。

综上，在共建"一带一路"合作国家进行基础设施投融资对促进全球经济合作与发展、营造良好的战略发展环境、优化我国的经济发展布局，以及促进金融服务交流与合作方面均具有重要意义。

1.5 本章小结

"一带一路"倡议是实现互利共赢的全球性平台，而基础设施建设是实现互联互通的重要内容。本章首先对"一带一路"倡议进行介绍，具体围绕倡议提出的背景、版图分布、重点合作内容及战略意义进行阐释。同时，本章还对基础设施的相关概念进行了界定。在此基础上，对共建"一带一路"合作国家基础设施建设的概况及基础设施投融资的意义进行了分析。

第 2 章
"一带一路"基础设施投融资的研究进展

本章就"一带一路"基础设施投融资的构想、理论基础、评估体系的构建、风险与建议、平台的建设等方面的研究进展进行了回顾与总结。

2.1 "一带一路"基础设施投融资的构想

2015 年，在"一带一路"倡议下的金融合作与风险防范研讨会上，贺力平认为经营"一带一路"市场应采取多元化方式，要充分考虑伊斯兰传统与现代商业银行的差异，把握人民币国际化的重要机遇。黄志凌（中国建设银行首席经济学家）提出在"丝绸之路经济带"，国家倡议应集中在以下几个方面：一是经济带的基础设施建设；二是借助国际分工和比较优势，将过剩的产能向经济带中有需求的相关国家转移；三是重点考虑让我国先进的装备制造业"走出去"。对于"一路"的金融服务，应重点考虑如下 3 个问题：一是商业银行应在金融服务于"海上丝绸之路倡议"方面扮演重要角色，尤其是大型商业银行在贸易融资和国际清算方面应发挥主导作用；二是需要关注与国际贸易相关的风险管理问题；三是"海上丝绸之路"中几个金融中心如何配合的问题。

吴晓求认为要使"一带一路"倡议得以推行，首先，充足的资金是必须的，而金融是重要手段，推进中国金融改革非常重要。中国所需要的大国金融首先是开放的，是国际金融中心，开放包括市场的开放及人民币国际化。其次，一定要是全球最重要的财富管理市场，这样才可配置全球的资源，才能在全球分散风险，否则人民币国际化是不能完成的。最后，必须是普惠性的金融，而不仅仅是为大企业和富人服务的金融。

张礼卿认为就性质而言，"一带一路"是区域一体化的进程。共建"一带一路"合作国家有这样一些特点：发展速度比较快、基础设施短缺、人口年龄结构好（劳动力供给比较充裕）、自然资源丰富、资金短缺、总体负债率高等。我国的情况正好相反：发展速度趋缓、产能过剩、人口结构老龄化、自然资源相对短缺、资金相对充裕等。这些表明，合作国家在很大程度上可以与我国进行优势互补。针对资金短缺的问题，在金融领域可以进行货币合作，包括支付结算（尤其是进行人民币结算）、流动性支持、汇率合作等，发展融资合作，进行金融机构、金融市场、金融监管方面的合作。

周月秋（中国工商银行城市金融研究所所长）认为，"一带一路"作为国家倡议不但对中国有益，而且也对世界有益：一是促进人民币国际化；二是促进优势产能输出；三是促进中国参与相关规则的制定。而"一带一路"也会给银行业带来很大的机遇。随着我国与共建"一带一路"国家合作的不断推进，涉及一系列的出口贸易等融资需求，单靠一种类型的金融体系、金融机制是没办法满足的，所以包括开发性的、政府性的、商业性的金融机构是需要合作共享的。

王石锟认为"一带一路"建设的重点是"五通"，而实施的重点则是金融合作。因此其在分析了构建"一带一路"立体金融服务体系必要性的基础上，提出要推动构建包含四个层次的"一带一路"立体金融服务体系：底层为政策性银行，第二层为多边性金融机构，第三层为大型商业银行，第四层为社会资本。

汤柳从完善开发性金融与商业金融相结合的投融资支持体系、扩展松散约束下的多层次金融合作机制、促进人民币在亚洲货币稳定体系发挥作用、完善亚洲金融稳定体系4个方面对于"一带一路"金融合作提出了建议。

林川、杨柏、陈伟提出六大层面的金融体系对"一带一路"倡议具有各自不同的资金支持作用。"一带一路"倡议的深入推进需要金融的有效支持，其中不同层面的金融体系对"一带一路"倡议具有各自不同的支持作用：政策性金融是基础与先行者，互联网金融是新机遇与新模式，健康持续发展的资本市场具有稳定器与提供红利激励的作用，良好的保险服务是保障与护航者，亚投行是国际金融支持的重要平台与杠杆，丝路基金则是我国金融支持的首秀与导向。六大层面的金融体系之间并不是分割的，应互为支持、互为保证、互为促进，从而形成"1+1+1+1+1+1＞6"的整体支持效应。

J. R 认为中国对于人民币结算的偏好会产生汇率风险，可能会影响丝绸之路债券市场的发展。虽然丝绸之路债券吸引了大批投资者，但是可能并不太适合项目融资的方式。因为债券融资的现金流需要进行调整以满足建设期间债券费用的支付，并且债券的期限与项目也很难匹配。这也是为何多边开发银行需要参与进来（如提供信用担保）的原因，这一举措有助于丝绸之路债券评级的上升。

W. C. Usman 从其范围及可能性方面分析了"一带一路"倡议，认为"一带一路"倡议在回收工业产出、劳动力过剩、金融资本产生的经济效益方面起到了重要作用，最终将向着更广泛的国内和国际合作方向发展。

李锋和潘兵认为"一带一路"倡议的主要方向在亚欧大陆，作为融合与对接欧亚经济圈的纽带，中东欧地区具备良好的经济基础、高素质的劳动力和较完备的基础设施及较低的政治安全风险，为实现"一带一路"倡议的开展创造了契机。通过实证检验发现，我国对中东欧国家的投资更多的是出于市场寻求和效率寻求动机，自然资源寻求和战略资产寻求并不显著，中东欧国家投资环境和区位优势存在明显的国别差异。我国应深化和扩大与中东欧的多边经贸合作，做好贸易畅通，同时加强对中东欧基础设施建设投融资，做好道路连通，投资合作应以点带面，稳步推进，做好事前投资环境评估。

W. Shen 试图从主动性的角度解释我国建立以人民币为中心的全球金融体系治理制度和推进人民币全球化的"激进"举措。我国正在建立人民币和美元的平衡，而非控制。从现实的角度看，深化与共建"一带一路"合作国家及 IMF 的金融合作对于推进人民币全球化进程十分重要。

B.N. Bhattacharyay 和 M. Bhattacharyay 讨论了亚洲的连通及亚洲基础设施融资的前景和面临的挑战，分析了加强亚洲连通性的区域和国际机构的性质、特点及作用，最终提出了设立"亚洲基础设施协调机构（AICF）"的构想。该制度安排通过签订多边协议将泛亚洲的主要利益相关者、区域国家建立联系，从而实现资金与基础设施建设相通。

2.2 "一带一路"基础设施投融资的理论基础

对于这部分内容，本书拟运用大国经济的外化理论、金融支持经济发展理论、区域经济合作理论，以及区域经济相互依赖理论及竞合理论来进行分析。

2.2.1 大国经济的外化理论

从经济学的角度看，大国的概念是在国际贸易中产生的。认定一个国家是大国还是小国，并不是从国土面积、政治实力、经济发展情况等方面界定，而是从它的需求和供给所产生的国际影响来衡量的。之所以如此界定，是因为供给或需求的大小，通常会对国际贸易价格甚至对全球经济产生决定性影响。沿着这个经济学基本逻辑分析，大国经济的一个重要特征就是一个国家的经济行为会产生地区乃至全球性的外溢性影响，这种影响可称为大国经济的外化。

大国经济的外化可从不同角度来分析。一是从是否有利于地区和全球经济社会发展的角度，可以区分为正向外化和负向外化，如成为经济增长的火车头，就是正向外化；若成为经济危机的策源地，就是负向外化。二是从是否有意识地发挥大国经济影响力的角度，可以分为有意识的外化和无意识的外化。而我国倡导的"一带一路"倡议，就是大国经济从无意识的外化开始转向有意识的外化，主动掌控大国经济的影响力。

2.2.2 金融支持经济发展理论

对金融支持经济增长进行理论分析的代表是新古典增长理论和内生增长理论。新古典增长理论提出了资本边际产出递减假设和资本积累是经济增长的唯一驱动力的观点。内生增长理论对资本边际产出递减假设进行了扩展，考虑了经济增长除实物资本之外的决定因素，并认为这些因素往往会随实物资本等比例增长，从而抵消了资本边际产出递减的效果。基于此，内生增长理论中的资本可以持续地推动经济增长。这类内生经济增长理论的生产函数都可以描述为 $Y=AK$ 的形式，统称为 AK 模型。

AK 模型使用线性生产函数来分析金融发展与经济增长的关系，式中包括累计资本存量水平、资本的边际生产力及表示金融发展的变量（表征金融发展的潜在水平），同时也包含经济增长的效应水平。通过推导，AK 模型最终证明储蓄向投资转化的效率（即金融转化效率）越高，对经济发展的支持力就越强。图 2-1 是金融支持经济发展理论的作用机制。

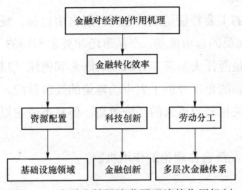

图 2-1　金融支持经济发展理论的作用机制

2.2.3　区域经济合作理论

区域经济合作理论的核心是区域经济一体化理论。伴随着区域经济一体化实践的日益深入，区域经济一体化理论也不断丰富，学术界已有研究成果表明区域经济一体化从低级到高级大致可划分为自由贸易区、关税同盟、共同市场、经济同盟和完全经济一体化五种形式，并形成了相应的理论研究成果。本书研究"一带一路"倡议下基础设施投融资，所涉及的理论主要有：关税同盟理论、自由贸易区理论、共同市场理论等。

1. 关税同盟理论

关税同盟理论的主要特征是对内取消关税和对外统一关税，实现产品市场一体化，有利于成员福利增加。该理论的代表人物是美国经济学家雅各布·维纳（Jacob Viner），他首次提出了贸易创造效应和贸易转移效应，指出关税同盟的效益取决于两大效应的综合结果，认为关税同盟的建立将普遍地改变成员国国内市场商品的相对价格，并影响贸易流向、生产和消费。

2. 自由贸易区理论

自由贸易区理论的主要特征是两个及以上国家之间达成协议，相互取消关税及其相同效力的其他措施，最终形成国际区域经济一体化组织，成员保留关税自主权并采用原产地规则。该理论的代表人物是英国学者彼得·罗布森，他将关税同盟理论运用到自由贸易区理论中，认为自由贸易区建设可能也存在贸易创造效应和贸易转移效应，在实际运作中自由贸易区条件下成员福利水平的提高优于关税同盟，外部世界福利水平也将得到提升。

3. 共同市场理论

共同市场理论的主要特征是成员之间开展自由贸易，统一共同对外关税，促进资本、服务、人员的自由流动，产品市场和要素市场的一体化均得以实现。该理论的代表人物是西托夫斯基（T. Scitovsky）和德纽（J.F. Deniau），他们分别从小市场和大市场的角度分析了大市场理论的经济效应，认为建立共同市场后的成员将获得比关税同盟更大的经济效盗，但是不适应原产地规则且权利让渡比关税同盟更多。

图 2-2 是区域经济合作理论的作用机制。

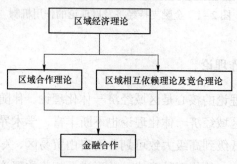

图 2-2　区域经济合作理论的作用机制

2.2.4　区域经济相互依赖理论及竞合理论

区域经济相互依赖理论是专门研究世界各国在经济上互相联系、彼此依赖有关问题的经济理论，它产生于 20 世纪 50 年代末 60 年代初，西方经济学家对"南北""南南"之间的经济相互依赖关系做了大量研究。总结西方学者对区域经济相互依赖理论的研究，可得出以下结论：一是世界上任何国家或地区之间都是相互依存、彼此关联的，只是存在相互依赖程度的差异；二是各国或地区之间存在双向传递和影响，应该积极开展经济合作，谋求共同发展；三是区域经济相互依赖的内容不断扩展，随着各国间贸易、投资等活动的不断深入，经济贸易结构、政策及目标等都将呈现相互依赖的特点；四是区域经济相互依赖的程度不断变化，学者们常常通过构建数学模型对此进行定量研究和分析。区域经济相互依赖理论对区域经济合作具有一定的指导意义。区域经济相互依赖使得不同国家或地区之间在许多领域拥有共同利益,而相互依赖所体现的区域关系实质上就是合作,所以在处理区域经济关系中构建区域协调机制就显得非常重要,可以建立各种区域性协调组织、政府协作组织及各种非政府组织等。

美国哈佛大学教授亚当·布兰登勃格(Adam M. Brandanburger)和耶鲁大学教授拜瑞·内勒波夫(Barry J. Nalebuff)在 1996 年合著出版的《竞合策略》一书中,利用博弈论的方法分析不同经济主体之间既竞争又合作的关系,提出了竞合理论。此后,意大利学者迪格里尼和布杜拉提出了企业间共同创造价值的"竞合优势"的概念。乔尔·布利克(Jole Bleeke)和戴维·厄恩斯特(David Ernst)在合著的《协作型竞争》一书中指出,未来的企业将合作竞争作为企业的长期发展战略。根据合作博弈与竞合理论的主要观点,在区域经济合作中,不同区域由于合作目标差异会产生利益一致与相互冲突并存的现象,这需要合作各方相互协调、相互让步,从而共同获取更大收益。

2.3 "一带一路"基础设施投融资评估体系的构建

崔日明、黄英婉在结合国家"一带一路"倡议构想的总体规划和最终目标的基础上,尝试构建了一套完整的贸易投资便利化综合评价指标体系(见图 2-3),进而测算出共建"一带一路"合作国家的贸易投资便利化水平。他们将贸易投资便利化水平的评价值(TFI)也分为四个等级:0.8 分以上为非常便利,0.7~0.8 分为比较便利,0.6~0.7 分为一般便利,0.6 分以下为不便利。结果表明,新加坡的贸易投资便利化水平最高;我国近年来的评价值一直在 0.6~0.7 之间波动,贸易投资便利化水平一般,主要在国内外市场准入、信息通信技术和政府的行政审批等方面存在薄弱环节。我国在推进"一带一路"倡议的同时应加大对上述环节的改革创新力度,以提高贸易投资便利化水平。从"一带一路"的区域来看,东南亚的新加坡、马来西亚的贸易投资便利化水平较高;泰国、印度尼西亚、越南、菲律宾等东南亚国家、中亚和中东欧国家整体的贸易投资便利化水平一般;南亚及独联体国家的贸易投资便利化水平较差;西亚国家的贸易投资便利化水平差异较大。

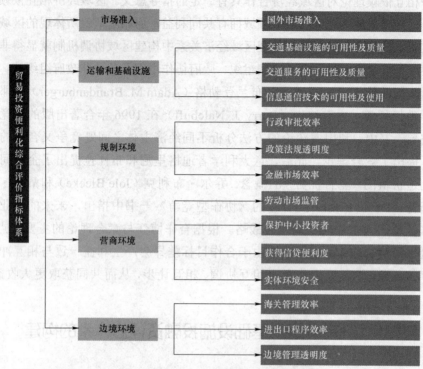

图 2-3 贸易投资便利化综合评价指标体系

资料来源：崔日明，黄英婉."一带一路"沿线国家贸易投资便利化评价指标体系研究.

李宇等借助德尔菲法，针对共建"一带一路"合作国家投资环境构建评价体系，从社会经济发展水平、交通基础设施建设水平、信息化水平、资源赋存、政治环境和安全环境 6 个方面综合评估"一带一路"投资环境情况，并提出了"一带一路"投资环境对策建议。研究结果表明，俄罗斯、蒙古、巴基斯坦、中亚国家和欧洲的德国、荷兰、意大利、匈牙利为优先投资区域，东欧国家、印度、伊朗等为重点投资区域。

胡必亮、潘庆中选取 65 个共建"一带一路"合作国家（包括中国）的经济发展、国家治理、资源利用、环境保护、社会发展、营商环境、结构转型、国家规模 8 个方面的发展情况，通过选择 23 个具体指标和构建一个双层结构的评估模型，测算出了不同国家包括了以上内容的单项发展水平和总体发展水平（综合发展水平），并基于测算结果对这 65 个国家分别进行了分项和总体排序，以及单项和综合分析与评估。

李蕊含运用配额抽样法从共建"一带一路"64 个合作国家中选取 5 个样本

国家作为研究对象,包括俄罗斯、新加坡、阿联酋、哈萨克斯坦及巴基斯坦,并设定政策沟通、设施联通、贸易畅通、资金融通、民心相通作为评价互联互通程度的一级指标,同时选取了 15 个二级指标、40 个三级指标,使用熵权法对数据进行分析处理,结果表明:俄罗斯和新加坡与我国互联互通程度较高,阿拉伯联合酋长国中等,而哈萨克斯坦和巴基斯坦与我国的互联互通程度相对较低,有待增强。

国家信息中心于 2016 年基于大数据算法及其建模技术构建了评价体系,对"一带一路"发展成效进行了综合测评,并于 2017 年进行了改进,具体分为国别合作度和省市参与度两部分,如图 2-4 所示。

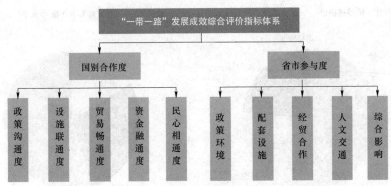

图 2-4 "一带一路"发展成效评价体系

资料来源:"一带一路"大数据报告(2016)。

国别合作度的评价中主要对参与共建"一带一路"的 64 个国家进行评价,评价体系以我国的"五通"发展为基础,由 5 个一级指标、11 个二级指标、30 个三级指标构成。

结果表明,"一带一路"国别合作度指数平均得分为 43.55 分,俄罗斯、哈萨克斯坦、泰国、巴基斯坦、印度尼西亚位列前五名。从"一带一路"合作水平来看,2 个国家属于深度合作型,13 个国家属于快速推进型,17 个国家属于逐步拓展型,32 个国家属于有待加强型。其中,东北亚、东南亚国家与我国的"一带一路"合作最为密切,与西亚、北非和中东欧国家的合作有待加强。图 2-5 是"一带一路"国别合作度评价结果。

省市参与度评价中主要对我国的 31 个省、自治区、直辖市进行评价,评价体系由 5 个一级指标、14 个二级指标、20 个三级指标构成。

结果表明,"一带一路"省市参与度指数平均得分为 59.6 分,广东、浙江、上海、天津、福建位列前五名。从参与度水平看，5 个处于高水平，12 个处于较高水平，9 个处于中水平，5 个处于低水平。从整体来看，省市参与度水平之间存在较大差距，东部沿海地区参与情况最好，西部地区有待加强。在交通运输方面，山东、浙江、广东、上海、江苏等省市的港口吞吐量最大；云南、甘肃、吉林、黑龙江等省与周边陆上邻国有直接的公路连接；13 个省市的航空货邮运输量高于 10 000 t，其中上海高达 117 万 t；共建"一带一路"合作国家的中欧、中亚班列等跨境客、货运铁路涉及 27 个省市。同时数据显示，我国有31 个省、自治区、直辖市对外投资增速大于实际利用外资的增速，说明我国的对外经贸合作还有潜力。图 2-6 是"一带一路"省市参与度评价结果。

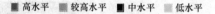

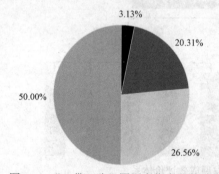
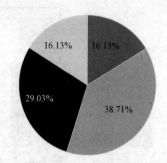

图 2-5 "一带一路"国别合作度评价结果　　图 2-6 "一带一路"省市参与度评价结果
数据来源："一带一路"大数据报告（2016）。　　　数据来源："一带一路"大数据报告（2016）。

2.4 "一带一路"基础设施投融资的风险与建议

朱办荣认为"一带一路"倡议是我国应对全球化发展的必然选择。作者基于跨境次区域合作理论，分析了"一带一路"倡议的必然性、金融在"五通"尤其是金融合作建设中的重要性，以及大国博弈的复杂性、各国金融水平的差异性等制约因素，在此基础上探讨了国际金融合作的空间，给出了加强和完善各国金融政策的沟通与协调机制、深化与合作国家金融机构的务实合作、加快推进亚太地区金融市场合作与创新、构建国际金融监管合作体系等战略体系的实现路径，为"一带一路"倡议构想的实施做好金融准备。

S. Muhammad 从我国对巴基斯坦基础设施投资的角度论述了我国与巴基斯坦的经济合作。中巴经济走廊（CPEC）的签署加强了中巴的合作，但是政治局势不稳定、不安全对于两国的合作是极大的挑战。中国应该鼓励在基础设施方面的建设，随着大众传媒、教育交流等"软实力"的合作，"一带一路"倡议一定能实现。

王玥认为"一带一路"建设中引发金融需求的主要领域为基础设施建设，包括交通基础设施、资源基础设施、线网基础设施等，同时也引发资金清算、风险管理、中国金融国际化的需求。而资金需求量大、投资周期长、东道国的政治风险、合作国家市场化不理想等问题也影响着金融合作的有效加强，并针对这些问题提出了建立和完善投融资机制、积极推进人民币国际化进程、加强金融机构协作、推进金融机构市场化等措施和建议，从而保障"一带一路"倡议的落实。

翁东玲认为在"一带一路"倡议实施背景下，我国对合作各国有关项目建设开展的金融支持与合作，在七大方面都取得了一定的成果。但随着对外金融业务的深入开展，金融业面临的风险也日益突出。由于合作各国在政治、宗教、文化、地缘、民族等方面都有着较大的差异，在经济、社会等诸多方面的发展水平也极不平衡，项目建设本身又有其特殊性，这些都对我国的金融支持与合作产生了很大的影响，使金融支持与合作面临诸多不确定因素，并提出了"多渠道筹集资金，鼓励民间资本投入'一带一路'建设；商业银行应实施差异化的经营与管理；商业性金融机构要找准定位，不盲目竞争，要提供全方位的服务；加强与合作各国央行的协调与合作"等建议。

刘作奎认为"16+1"合作顺应了"一带一路"倡议的市场需求，是推进欧亚大陆互联互通的重要制度保障，尽管取得了一系列成果，但还需要处理好与其他利益相关国的关系，采取措施走出贸易与投资困境，应对好中东欧地区的动荡局势，确保金融支持工具有效投放至中东欧市场，同时不能忽视对于合作的负面舆论及不友好态度，以及协调好我国和中东欧国家的战略需求对接问题。

王晓中、白莹、王志鹏的研究认为虽然中、蒙之间的政治经济关系日益发展，但仍面临着中方涉蒙企业融资难、金融合作层次简单、蒙古国政治经济信用差、汇率风险等问题。"一带一路"倡议的实施，为中蒙金融合作的深化提供了有力的政策保障。为了有效提升中蒙间的金融合作水平，提出了加强中蒙之间多层次交流、提升中蒙金融合作的深度和广度、提升账户行合作关系的水平、改进完善跨境外汇实时监测预警机制等措施。

崔文瑞、张武浩认为我国与共建"一带一路"合作国家目前的金融合作现状具有开发性金融发展突飞猛进、商业金融合作日渐加深、人民币国际化步伐加快、金融联系程度不断加深、多种"软机制"合作平台共同发展等特点，但仍面临着各国经济发展差异较大、地区政治不稳定因素较多、区域金融合作仍处于初级阶段、现有多层次经济联盟存在固有利益格局等问题，并提出了"加强经贸合作，促进区域经济一体化；协调推动开发性金融与商业金融共同发展；加快推进人民币从区域化迈向国际化；完善亚洲金融稳定体系"等建议。

者贵昌的研究认为泰国作为"一带一路"倡议的重要起点和连接中亚辐射非洲、欧洲的重要国家，此前和我国已经建立了中国－东盟自由贸易区（CAFTA）、大湄公河次区域经济合作（GMS）机制，并取得了一些成果。但是两国在金融合作方面仍处于初级阶段，还存在一些制约双方金融合作的障碍。因此，要大力推进"一带一路"建设，更加密切地发展中泰之间的经济合作，强化中泰金融合作与交流。

O. Wolf Siegfried 的研究认为中巴经济走廊是中国与巴基斯坦经济与区域合作的重大事件，其实施的可能性至关重要。在"一带一路"倡议的发展过程中，巴基斯坦将扩大基础设施建设，改善其生活条件。但是中国与巴基斯坦之间最大的挑战是巴基斯坦传统的政治模式，包括内部政治争吵与政党斗争，不同省份之间与中央和地方之间的紧张关系会影响经济走廊的具体位置。除此之外，不良的军民关系也会对合作产生负面影响。

J. Lin 和 Y. Wang 认为基础设施建设是促进世界经济增长的一种重要方式。对于新成立的开发银行和亚投行，他们从结构转型的角度研究基础设施建设的融资问题。我国需要加强与合作伙伴的沟通，听取他们的建议，与政府、非政府组织进行合作，提供更开放、更透明的筹资活动市场的数据。此外，在合作时还需要考虑政治环境。

Górski Jędrzej 认为欧盟的政府采购制度和亚投行未来的采购制度可能会产生巨大的冲突，而世界银行所提出的解决方案有可能会有所帮助。

郭晶认为"一带一路"区域金融合作面临的问题包括：各国经济发展水平不平衡、各国金融发展水平差异大、存在多层次复杂交错的区域经济利益联盟。

王倩、施喜荣总结了我国与共建"一带一路"合作国家之间区域金融合作的现状，然后从金融发展水平差异、主权信用级别差异、商业准则及法律法规差异、区域金融合作将带来新风险 4 个方面简析了共建"一带一路"合作国家金融合作中存在的问题，最后从货币合作、金融政策的沟通与协调、金融监管合作、金融合作创新等方面提出了深化共建"一带一路"合作国家金融合作的相关建议。

J. Du 和 Y. Zhang 的研究认为受益于"一带一路"倡议的实施，我国的海外直接投资、兼并收购等的数量大幅上升。国有企业在基础设施建设中起到了主导作用，道路等国家基础设施的改善也将促进贸易发展，而民企则在其他领域发挥重要作用。

H. Y. Liu 等通过选取 49 个共建"一带一路"合作国家及 44 个非"一带一路"合作国家 2003—2015 年的数据来探究对外投资的影响因素。结果表明，我国对于共建"一带一路"合作国家的直接投资受汇率、市场潜力、东道国的开放程度与基础设施水平的影响，与非"一带一路"合作国家的影响因素不同。

T. Krishnamohan Dr.认为我国的"一带一路"倡议创造了更好的产品流通与交通条件，并且对于国际贸易也起到了正面影响，但是考虑到美国、中国、日本等将在亚洲-太平洋地区呈现多极化格局，"一带一路"仍然面临巨大的政治风险、财务风险和社会风险。

Rahman Haji 等主要关注"一带一路"倡议的海上部分，他们认为推进"海上丝绸之路"的建设需要对港口和铁路进行基础设施投资，并且关注相关城市的房地产开发。"海上丝绸之路"会对部分合作国家产生明显的经济效益，但是也会有强烈的地缘政治的影响。其中，马来西亚海事政策的提出就是为了与"一带一路"倡议、印度尼西亚海上支点和东盟一体化等倡议政策相匹配。当前，尽管实施海洋管理的组织结构和国家的政策很到位，但是由于相关国家各自为政，现有的全面海洋管理政策并未得到充分落实。因此，部门和部门间的管理问题、司法管辖权的重叠和环境问题需要关注。

G.Mostafa 采用定性方法分析了我国经济、投资、贸易的快速增长与主要中东地区国家的长期经济、地缘政治和战略目标及美国影响力相对下降的机遇与挑战之间的关系。结果表明，经济和贸易利益及稳定长期的石油、天然气供应是新兴关系中最重要的考虑因素。研究还发现，其他战略因素，如地缘政治位置、拥有自然资源的大量领土、不断扩大的消费市场和军事合作的潜在领域都使中东地区国家成为有吸引力的合作伙伴。

2.5 "一带一路" 基础设施投融资平台的建设

保建云认为"一带一路"倡议，为人民币国际化创造了难得的投融资机遇、国际分工环境和市场条件。同时，依托于共建"一带一路"合作国家和经济体的人民币国际化也面临着市场竞争的不确定性、政治稳定性与政策变动、生态变迁与环境破坏、安全与利益冲突、货币与金融、外部力量干预等多方面的风险。我国需要积极倡导和推动亚洲自由贸易区及亚洲经济共同体建设，并在适当时期启动非自由贸易区和中欧自由贸易区的谈判进程。

邵瑞庆从项目融资方式的理念出发，提出项目融资具有政府主导、项目导向、有限追索、风险分担、需要创新思维进行融资模式设计等特点，"一带一路"倡议实施中交通基础设施的建设可以采用项目融资方式。同时认为"一带一路"倡议实施中有效采用项目融资方式进行交通基础设施建设的关键是创新设计合适的具体融资模式。

沈梦溪基于来自共建"一带一路"合作国家 2011—2015 年的基础设施项目融资数据，考察了国家风险、多边金融机构的支持、项目本身所在行业及股东特征对基础设施项目融资杠杆率的影响。研究结果证实了国家风险和多边开发型金融机构对 PPP 项目融资资本结构的影响。在"一带一路"经济风险较高的合作国家，借款机构往往惜贷，项目融资的杠杆率较低；而多边开发型金融机构的参与，不论是以贷款人、担保人的角色还是以股权投资人的角色，都能显著地带动其他社会资本参与项目融资，使项目获得更高的杠杆率。

徐坡岭、刘来会认为"一带一路"建设中的金融合作不仅服务于贸易结算、基础设施投融资和其他投融资活动等特定任务，而且以建立区域金融市场为目标。中亚区域内经济发展状况、相互经贸关系及金融资源需求强度构成了区域金融合作的基础。区域内国家之间经济发展差距、宏观经济稳定性、国际金融博弈及地区政治安全形势对区域内金融合作构成挑战。以满足经贸资金需求和项目融资需求为目的，推动区域内金融合作机制化，推动人民币区域国际化，构建区域金融市场体系，加强区域内外国际金融合作是达成相关目标的政策选择。

王玥从加强与融资平台的合作、拓展多元化的融资渠道、创新发展融资模式新组合、积极推进人民币国际化进程等方面提出建议，以完善"一带一路"建设中的投融资机制。

李晓峰、赵文佳认为 2016 年 1 月 16 日亚洲基础设施投资银行（亚投行）的成立标志着国际金融体系的进一步完善，也给人民币国际化提供了新的机遇和平台。亚投行将从国际贸易、对外投资和国际储备三个方面提高人民币的国际化程度。同时，人民币国际化程度的提高也对中国的金融体系和政策提出了新的挑战。

阎豫桂认为"一带一路"倡议将为跨境投融资合作带来巨大潜力。然而，"一带一路"合作项目大多投资庞大、投资周期长、涉及跨境合作、项目结构复杂，金融机构参与"一带一路"建设相对滞后，迫切需要创新金融环境，提高投融资领域的创新开放水平。为了改革创新投融资途径，在宏观机制方面，建立健全对话协调机制，支持中外经济合作园区建设，打通境内外债券市场，改革创新金融机构风险防控机制；在微观业务模式方面，大力发展 PPP 业务模式，加强多元化投融资结构设计，开展跨境资产证券化业务，创新风险管理渠道。

姚公安认为我国"一带一路"相关欠发达地区以往主要依靠中央和地方的财政资金来建设、改善当地的基础设施。当前我国财政收入增速减缓，多种亟须的公共支出项目相互叠加，中央和地方各级财政的资金缺口很大，单纯依靠财政资金支持基础设施建设的做法面临严峻挑战。我国"一带一路"相关欠发达地区应积极吸收非财政资金参与建设、改善基础设施，结合自身的经济发展水平及资源环境状况选择由政府主导的以 BOT 和 RCP 为主、以 PPP 和 TOT 为辅的市场化的项目融资模式来解决资金短缺问题。

陈渝、王卫东提出：当前，"一带一路"倡议需要政府统筹协调，企业积极参与，金融机构提供融资支持。中东欧 16 国作为欧洲腹地，在"一带一路"倡议中占有重要位置。国家开发银行作为我国的开发性金融机构，更应责无旁贷，积极配合政府发挥作用，引领企业及民间资本，设计投融资模式，运用产融结合的优势，在"一带一路"倡议指导下，在中东欧国家市场发挥独特的融资作用。

胡玉玮认为目前"一带一路"建设面临的两大融资挑战是项目融资缺口巨大及项目融资以间接融资、国内融资为主。为了解决这一问题，需要构建多元化的融资体系。

2.6　已有研究文献评述

综上所述，现有的研究主要可以分为以下 4 个方面："一带一路"金融合作的构想或建议；对于"一带一路"倡议基础设施投融资发展现状的总结与评价；对金融合作风险的回顾与总结；"一带一路"投融资平台的构建及项目投融资的金融创新。

当前欧亚地区"一带一路"金融合作已进入黄金期，合作框架渐渐清晰，诸多合作已经展开，相关建设如网站、评价指数等已有所构建。随着区域金融合作的开展，众多问题诸如资金短缺、融资结构单一、东道国政治风险、相关合作国家市场化不理想、合作层次简单等问题也逐步暴露，因此研究方向逐步由"一带一路"金融合作的构想过渡到"一带一路"金融合作的风险与对策的研究。

综合来看，以往相关研究内容较为丰富，但是大多侧重于金融合作倡议构想、现状与风险分析等宏观方面，对于如何加强金融合作、拓宽资金来源等问题的研究及"一带一路"金融合作评估体系的构建的研究较少且零散。此外，由于"一带一路"涉及范围甚广、数据难以收集、内容难以整理等客观原因，大部分研究是基于理论的分析，数据分析较少，对于金融合作的评估也较少。

因此，本书通过优化现有的评估体系，对"一带一路"金融合作的现状进行评估并据此提出问题，这些对于构建"一带一路"金融合作评估体系、分析各国金融合作的现状、加强金融合作、拓宽投融资渠道等具有借鉴意义。

2.7 本章小结

本章对基础设施投融资建设现有研究进行了梳理，具体包括："一带一路"基础设施投融资的构想、"一带一路"基础设施投融资的理论基础、"一带一路"基础设施投融资评估体系的构建、"一带一路"基础设施投融资的风险与建议、"一带一路"基础设施投融资平台的建设等内容。本章有助于读者对现阶段"一带一路"基础设施投融资建设的相关研究进展进行初步了解。

第 3 章
"一带一路"基础设施
投资模式及影响因素

本章聚焦于"一带一路"基础设施投融资中的投资模式及其影响因素，以便更好地解读和把握跨境基础设施投融资问题。

3.1　对外投资的政策导向和政策体系

2013 年，习近平提出了建设"一带一路"的宏伟倡议，国际社会广泛响应，成为国际合作新模板、新典范。近年来，我国以"一带一路"建设为引领，秉持"共商、共建、共享"的原则，积极稳妥地推进对外投资合作，注重引导和规范企业对外投资方向，促进了对外投资持续健康发展。

3.1.1　对外投资的政策导向

对外投资服务于国民经济和社会发展全局。我国对外投资既要注重对外投资的规范引导，也要坚持原则且稳中求进，实现多国的互利共赢。对此，我国政府支持企业积极开展对外投资，并坚定秉持"企业主体、市场导向、商业原则、国际惯例、互利共赢、防范风险"的原则和导向。

（1）企业主体

作为对外投资的主体，企业需要清晰定位、放眼全局，并结合客观实际，积极发挥自身优势，有效开展对外投资。同时，对于对外投资项目，企业要理性决策、自负盈亏并承担风险。

（2）市场导向

市场在资源配置中起着决定性的作用。同时，也要更好地发挥政府作用，促进要素有序、自由流动，资源全球高效配置，国际国内市场深度融合，实行资本项下有管理的市场化运行机制。

（3）商业原则

开展对外投资，商业可持续性对于企业来说至关重要。对此，企业应审慎地进行投资项目的价值评估，科学客观地审视项目的可行性（经济与技术），并进行合理的国际化经营布局及战略规划，稳妥地推进对外投资。

（4）国际惯例

企业在对外投资活动中要遵守国际惯例和通行的投资规则，遵守合作国法律法规和监管制度，尊重国别文化差异和宗教习俗，使在境外的经营水平不断提高。

（5）互利共赢

开展对外投资，既要知己更要知彼。因此，进行对外投资的企业应对东道国的实际需求及具体国情有充分的了解和认识。在此基础上，与当地政府及企业的合作要坚持互利共赢，并积极承担应履行的社会责任，在提升经济效益的同时，也要努力创造良好的社会效应，实现合作的互惠互利。

（6）防范风险

对外投资，既要积极进取，又要避免盲目冒进。因此，应引导企业审慎行事、稳中求进、依法合规，把握对外投资的节奏与重点。与此同时，要做好投资前的准备，而且还要做好事中的应对和事后的监管，注重对可能面临的风险的防范。

3.1.2　对外投资的政策体系

我国相关部门致力于对外投资，并注重构建相关政策体系以提供保障支持。同时，对于有条件的企业，我国政府也积极鼓励其进行对外投资，并注重规范引导。目前，我国已形成较完善的、多层次的对外投资政策体系。

（1）宏观政策引导体系

为了促进国内企业协调、有序和高效地"走出去"，国家发展改革委等有关部门推动出台了多项对外投资合作发展规划和政策。2015 年 3 月，国家发展改革委、外交部，联合商务部共同发布《推动共建丝绸之路经济带和 21 世纪海上丝绸之路的愿景与行动》，明晰"一带一路"建设的主要内涵，支持有条件的企业按商业原则开展对外投资。2017 年 8 月，国务院办公厅转发《国家发展改革委 商务部 人民银行 外交部关于进一步引导和规范境外投资方向的指导意见》。该意见指出，对于企业境外投资的引导和规范，要依照"鼓励发展＋负面清单"模式。同时，该意见也对"鼓励、限制、禁止"这三类境外投资活动予以了明确。

（2）多层次对外投资促进体系

经过多年发展，我国已初步建立覆盖全国范围的多层次对外投资促进体系。该体系主要包括：一是政府间签署的双边或多边产能与投资合作机制；二是中国国际贸易促进会、中国海外产业发展协会等全国性、综合性的对外投资促进机构；三是从省级到基层的相关地方对外投资促进机构；四是各行业协会成立的国际产能合作企业联盟。各层次间互为补充，共同服务于我国企业的对外投资。

（3）金融财税支持体系

截至 2019 年底，我国设立了中非合作基金、中拉产能合作基金、中非产能合作基金、中阿（联酋）投资合作基金等十余个对外投资合作基金，支持企业降低对外投融资成本。为支持企业获取境外低成本资金，优化债务结构，为"走出去"开辟稳定的境外融资渠道，2015 年 9 月我国实行了外债备案登记制改革，2020 年上半年备案登记企业境外发债规模超过 1 000 亿美元。此外，国家开发银行、中国进出口银行及中国出口信用保险公司等开发性、政策性金融机构，以及各商业性金融机构均通过多种方式加强对企业"走出去"的金融支持。截至 2019 年底，我国与 80 多个国家签署了避免双重征税协定，着力为企业创造良好的税务环境。

（4）对外投资综合服务体系

加强境外投资合作信息平台建设，国家发展改革委、商务部、中国出口信用保险公司、中国社会科学院等政府部门、金融机构和智库定期发布对外投资领域的年度报告，如《对外投资合作国别（地区）指南》《中国对外投资合作发展报告》《中国对外直接投资统计公报》《国别投资经营便利化状况报告》等，机制化地举办各类对外投资和国际产能合作论坛和展会，如中国－东盟博览会国际产能合作专题论坛、中部国际产能合作论坛、西部国际产能合作论坛、国际产能合作论坛暨企业对外投资洽谈会等，帮助"走出去"企业搭建合作平台，积极促成与各国企业的投资合作。

（5）对外投资风险防范体系

我国不断改进境外企业和对外投资安全工作，在注重监督统计的同时，也建立健全相关法律规范，并积极提高国际安全合作。同时，我国政府也在研究制定企业海外经营行为规范，鼓励企业设立海外投资风险评估部门，加强与国际机构、跨国公司、东道国企业和中介组织的合作，对投资地区或国家的政治动向、监管政策、安全形势、各利益相关方诉求等方面进行综合分析，科学评估投资项目的收益和风险；加强政府各部门、驻外机构和使领馆的沟通协调，在我国海外投资利益受到损害时协同运作、互相配合，支持我国企业维护海外权益。

3.2　投资模式的主要分类

"一带一路"基础设施建设投资模式的分类标准较多，从投资形式来看，包括直接投资和承包合同两种形式；从投资主体来看，包括央企投资和民企投资两类主体。

3.2.1　按投资形式：直接投资和承包合同

1. 直接投资和承包合同简介

从宏观维度来看，可以将"一带一路"基础设施的投资方式分为直接投资和承包合同两种形式。

作为基础设施投资的两种不同形式，直接投资较为直观且易于理解，是指除了承包合同之外的基础设施建设投资方式。相对而言，承包合同的内容更为丰富和复杂。

承包合同又称"建设合同""建造合同"或"承包工程合同"。在该形式下，基础设施建造具体是通过工程承包方式进行的，即具有施工资质的承包者通过与工程项目的项目法人（业主）签订承包合同，负责承建工程项目。具体而言，工程承包合同可分为总承包合同、分项承包合同、分包合同、转包合同、劳务承包合同和设计－施工合同等。其中，总承包合同便于业主简化管理、充分整合资源、提高施工效率、平衡工程投资。因此，基于经济效益和性价比的考虑，总承包合同往往是业主的优先选择。

对于实际工程项目，由于管理需求、项目组成和实施特点不同，总承包合同又可分为 EPC、DB、EPCM、PMC 等具体模式，下面分别简要介绍。

（1）EPC 模式

EPC 模式，即"设计（engineering）、采购（procurement）、建设（construction）"模式，又称为"设计、采购、施工总承包"。具体而言，在 EPC 模式下，项目投资人与承包商签订 EPC 合同后，由承包商负责项目设计、采购、建设的全程管理，并对此承担风险，而投资人在竣工时对项目进行验收。

图 3-1 列示了 EPC 模式的组织示意图。

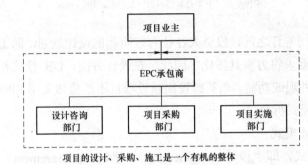

图 3-1 EPC 模式的组织示意图

图片参考：姚颢. EPC、DB、EPCM、PMC 四种典型总承包管理模式的介绍和比较[J].
中国水运（下半月），2012，12（10）：106-108.

另外，在签订 EPC 合同之前，投资方对项目的要求往往是抽象的，具体设计方案需要由 EPC 承包商提供。同时，EPC 的设计涉及整个工程项目的整体设计规划。

在 EPC 模式基础上，可衍生出 EPC-Turnkey 模式，它对承包商的责任要求更为严格，合同价格相对更高。另外，EPC 模式并非一成不变。在投资人资金不足时，也可能出现向承包商融资的情形，即"FEPC"模式。此时，若融资额全部由承包商负担，即承包商的身份转变为投资人，即为 BT 模式。若投资人把项目运营权有时限地委托给承包商，即为 BOT 模式。

（2）DB 模式

DB 模式，即设计（design）和建造（built）模式。在 DB 模式下，总承包商负责基础设施项目的设计和施工，投资人不参与建设过程，只负责后期验收。与 EPC 模式不同，DB 模式不含采购环节。

图 3-2 列示了 DB 模式的组织示意图。

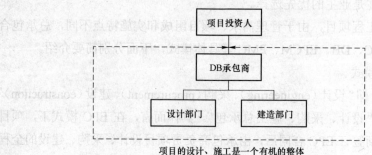

图 3-2　DB 模式的组织示意图

图片参考：姚颢. EPC、DB、EPCM、PMC 四种典型总承包管理模式的介绍和比较[J].
中国水运（下半月），2012，12（10）：106-108.

在 DB 合同签订之前，投资人往往有较明确的设计规划，而 DB 承包商则需要根据施工要求将方案具体化。因此，在设计方面，DB 模式往往侧重单一方面的结构、外观或功能。当基础设施建设项目不能整体采用 EPC 模式时，可将项目以 DB 模式拆分。

（3）EPCM 模式

EPCM 模式，即"设计（engineering）、采购（procurement）与施工管理（construction management）"模式。在该模式下，投资者往往与一方签订 EPCM 合同，则该方应配合业主选择和管理承包商。同时，投资者与另一方签订 EPC 合同，则该方对项目的实施负有直接责任（包括质量、安全、成本、进度等）。因此，EPCM 模式下的合同具有双重任务角色。

图 3-3 列示了 EPCM 模式的组织示意图。

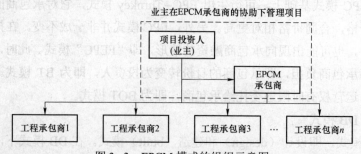

图 3-3　EPCM 模式的组织示意图

图片参考：姚颢. EPC、DB、EPCM、PMC 四种典型总承包管理模式的介绍和比较[J].
中国水运（下半月），2012，12（10）：106-108.

在该模式下,投资人通过与承包商签订 EPCM 合同,实现对项目过程的共同控制,从而规避部分管理风险。因此,在 EPCM 模式下,承包商也是分担管理风险的担保人。

(4) PMC 模式

PMC 模式,即项目总承包(project management contract)模式,又称为一体化项目管理(IPMT,integrated project management team)模式。从广义上讲,受聘于投资人的专业项目管理公司提供项目实施全过程的一体化管理服务。作为管理类总承包的高端模式,PMC 承包商的管理角色类似于 EPCM,但合同地位更高、管理责任更大,对承包商在工程专业方面的要求也更高。

图 3-4 列示了 PMC 模式的组织示意图。

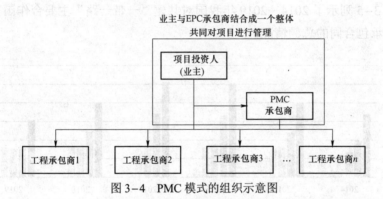

图 3-4 PMC 模式的组织示意图

图片参考:姚颢. EPC、DB、EPCM、PMC 四种典型总承包管理模式的介绍和比较[J].
中国水运(下半月),2012,12(10):106-108.

不同于传统项目,PMC 承包商承担信托责任义务,人员的调遣更为灵活,可以更迅速地为业主提供专业项目管理团队。此外,在 PCM 模式下,管理对象可以是多个 EPC 承包商或不同专业的承包商、供应商或采购商。富有经验的管理团队往往可以同时统筹处理各项专业业务,并优化各承包商之间的资源配置。

2."一带一路"基础设施投资中的直接投资和承包合同

基础设施建设是推进"一带一路"倡议的保障,在我国对"一带一路"的基础设施投资中,承包合同和直接投资均有采用。下面结合"一带一路"基础设施建设情况,对两种投资形式的应用进行介绍。

本部分笔者采用 AEI(the American Enterprise Institute)和世界银行的数据库进行统计分析,与商务部网站的统计数据有一定区别。采用 AEI 数据库的优势在于可以精确地统计直接投资和承包合同的区域、行业和国家分布。当然，该数据库仅包括"一带一路"最初规划的 64 个国家，也可以说是共建"一带一路"主要合作国家，并分为四个地区：东亚、西亚、欧洲、中东和北非，而且不包括不丹、黎巴嫩、立陶宛及爱沙尼亚等国，我国对这几个国家投资量小，因此不影响对总体投资趋势的分析。

1）直接投资与承包合同的总体情况

根据 AEI 的数据，2019 年"一带一路"建设进入深入实施阶段，我国对全球对外直接投资和承包合同投资总计达到 1 524.3 亿美元，其中我国对"一带一路"主要合作国家的投资总额约为 788.9 亿美元（298.6 亿美元为直接投资，490.3 亿美元为承包合同）。

图 3-5 列示了 2014—2019 年我国对共建"一带一路"主要合作国家直接投资及承包合同的总额情况。

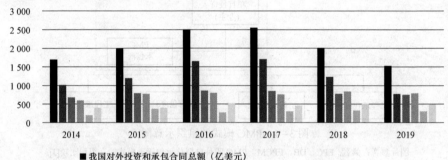

图 3-5　2014—2019 年我国对"一带一路"主要合作国家直接投资及
承包合同的总额情况（单位：亿美元）

数据来源：AEI。

从近几年的数据来看，"一带一路"主要合作国家投资表现出承包合同模式呈现高速增长且略有波动态势，其中 2016 年达到高峰 522.4 亿美元，相较于 2015 年上升 16.75%。然而，直接投资依然是我国整体对外投资的主要形式。2019 年，我国对外直接投资总额为 773.4 亿美元，其中 38.61%（即 298.6 亿美元）为对"一带一路"主要合作国家的直接投资。

表 3-1 具体列示了直接投资和承包合同的总额情况。

表 3-1　直接投资和承包合同总额情况

年份	我国对外投资和承包合同总额/亿美元	我国直接投资总额/亿美元	我国对外承包合同总额/亿美元	我国对共建"一带一路"合作国家投资和承包合同总额/亿美元	我国对共建"一带一路"合作国家直接投资总额/亿美元	我国对共建"一带一路"合作国家承包合同总额/亿美元
2014	1 691	1 009.1	681.9	596.9	201.2	395.7
2015	1 985.4	1 194.5	790.9	773.2	373.6	399.6
2016	2 505.4	1 647.6	857.8	799.4	277	522.4
2017	2 555.3	1 708.4	846.9	761.6	305	456.6
2018	2 006.2	1 229.5	776.7	838.5	327.5	511
2019	1 524.3	773.4	750.9	788.9	298.6	490.3

数据来源：AEI。

可以看出，全球对外直接投资和承包合同总额不断增长，而我国对共建"一带一路"合作国家的直接投资和承包合同总额呈波动增长，并于 2018 年达到峰值 838.5 亿美元。

图 3-6 列示了我国对共建"一带一路"合作国家两种投资的对比情况。

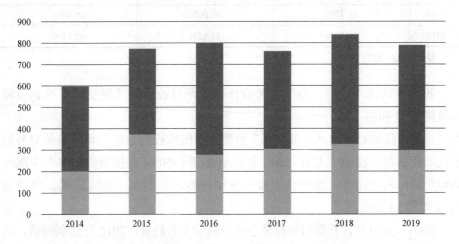

图 3-6　我国对共建"一带一路"合作国家直接投资和
承包合同的对比情况（单位：亿美元）

资料来源：AEI。

具体而言,"一带一路"倡议提出后的 2014 年,我国对外直接投资总额为 1 009.1 亿美元,其中 201.2 亿美元(约占比 20%)投向共建"一带一路"主要合作国家。同年,我国对外承包合同总额为 681.9 亿美元,其中 395.7 亿美元(约占比 58%)投向共建"一带一路"主要合作国家。2019 年,我国对外直接投资总额为 773.4 亿美元,其中 298.6 亿美元(约占比 38.6%)投向共建"一带一路"主要合作国家,比例大幅增加。同年,我国对外承包合同总额为 750.9 亿美元,其中 490.3 亿美元(约占比 65.3%)投向共建"一带一路"主要合作国家。从总体上看,我国"一带一路"直接投资和承包合同占我国对外投资总额的比例不断升高。两种投资的占比情况可以参见表 3-2。

表 3-2　我国对共建"一带一路"主要合作国家直接投资和承包合同占比情况

年份	我国对共建"一带一路"主要合作国家直接投资和承包合同总额占当年我国对外投资总额	我国对"一带一路"直接投资占我国对"一带一路"投资总额	我国对"一带一路"承包合同占我国对"一带一路"投资总额
2014	35.30%	33.71%	66.29%
2015	38.94%	48.32%	51.68%
2016	31.91%	34.65%	65.35%
2017	29.80%	40.05%	59.95%
2018	41.80%	39.06%	60.94%
2019	51.75%	37.85%	62.15%

数据来源:AEI。

我国对共建"一带一路"主要合作国家两种投资的比例变动情况也可以参见图 3-7 和图 3-8。

可见,我国对共建"一带一路"主要合作国家投资总额占我国总体对外投资额的比例保持在 30% 左右,2019 年甚至达到了 50%,直接投资比例在 30%~40% 之间,相对而言,承包合同投资占比较高,在 50%~70% 之间,峰值为 2014 年的 66.29%。

2005—2019 年,我国对外投资总体呈波动上升趋势,2017 年达到峰值,近两年有所下降。"十五"期间,我国全球直接投资总体规模为 12 256.1 亿美元,其中直接投资为 2 926.1 亿美元(约占比 23.87%)。同期,对"一带一路"区域投资基本呈现稳步增长的趋势,从 2005 年的 46.9 亿美元增至 2019 年的 298.6 亿美元。图 3-9 列示了我国对共建"一带一路"主要合作国家直接投资占比情况。

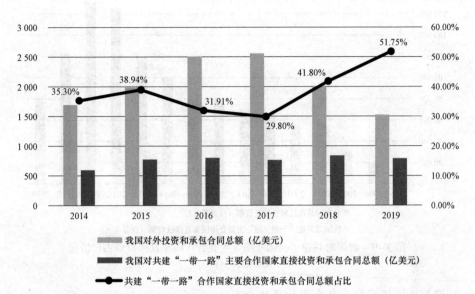

图 3-7 我国对共建"一带一路"主要合作国家直接投资和承包合同的比例变动情况

数据来源：AEI。

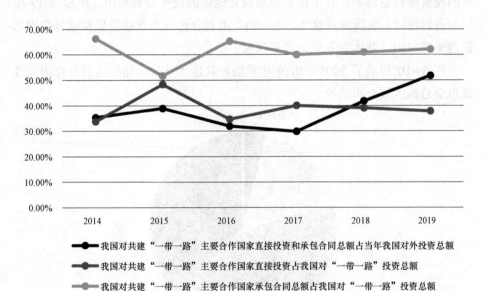

图 3-8 我国对共建"一带一路"主要合作国家直接投资和承包合同占比情况

数据来源：AEI。

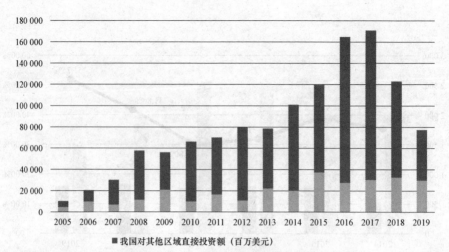

■ 我国对其他区域直接投资额（百万美元）
■ 我国对共建"一带一路"主要合作国家直接投资额（百万美元）

图 3-9　我国对共建"一带一路"主要合作国家直接投资占比情况

数据来源：AEI。

2）直接投资与承包合同的区域分布

随着"一带一路"倡议的持续推进，我国对共建"一带一路"主要合作国家的投资额日益增多，其中在东亚和西亚地区的投资最为集中。根据 2019 年相关资料统计，我国对共建"一带一路"主要合作国家直接投资和承包合同总额前十国家中，基本为东亚、西亚国家。

图 3-10 列示了 2005—2019 年我国对共建"一带一路"主要合作国家直接投资总额区域分布情况。

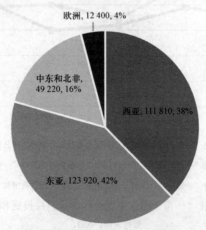

图 3-10　2005—2019 我国对共建"一带一路"主要合作国家直接
投资总额区域分布情况（单位：百万美元）

数据来源：AEI。

图 3-11 和图 3-12 分别列示了我国对东亚地区和西亚地区国家的直接投资额变动情况。

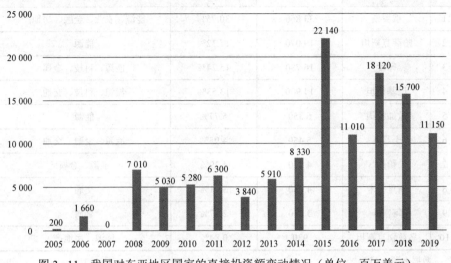

图 3-11　我国对东亚地区国家的直接投资额变动情况（单位：百万美元）

数据来源：AEI。

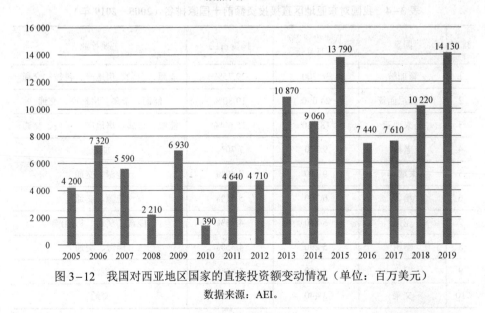

图 3-12　我国对西亚地区国家的直接投资额变动情况（单位：百万美元）

数据来源：AEI。

表 3-3 和表 3-4 进一步分别列示了我国对西亚地区和东亚地区国家直接投资的前十名国家排名情况。

表3-3　我国对西亚地区直接投资额前十国家排名（2005—2019年）

排序	国家	直接投资额/百万美元	投资占比	主要行业
1	俄罗斯	33 860	30.75%	能源、农业、金融、房地产
2	哈萨克斯坦	19 070	17.32%	能源
3	印度	16 780	15.24%	能源、科技、金属
4	巴基斯坦	14 900	13.53%	能源、科技、交通
5	孟加拉国	6 350	5.77%	能源
6	土耳其	5 450	4.95%	能源、金融、交通
7	伊朗	4 720	4.29%	能源、金属
8	斯里兰卡	4 080	3.71%	交通
9	阿富汗	3 270	2.97%	金属
10	乌兹别克斯坦	930	0.84%	能源、房地产

数据来源：AEI。

表3-4　我国对东亚地区直接投资额前十国家排名（2005—2019年）

排序	国家	直接投资额/百万美元	投资占比	主要行业
1	新加坡	36 200	29.75%	能源、金融、房地产、科技、交通
2	印度尼西亚	24 090	19.80%	能源、金属、房地产、交通
3	马来西亚	18 980	15.60%	能源、金属、房地产、科技、交通
4	老挝	9 370	7.70%	能源
5	柬埔寨	9 110	7.49%	能源、交通
6	缅甸	6 700	5.51%	能源、交通
7	越南	5 880	4.83%	能源、交通、房地产
8	泰国	5 290	4.35%	能源、交通
9	蒙古	4 660	3.83%	能源
10	文莱	3 440	2.83%	交通

数据来源：AEI。

　　由此可见，从直接投资在两个地区的分布来看，我国对西亚地区的直接投资主要集中于俄罗斯、哈萨克斯坦、印度和巴基斯坦等，而东亚地区则主要集中于新加坡、印度尼西亚、马来西亚等。相比较而言,西亚各国的投资额差异较大。

图 3-13 和图 3-14 分别列示了我国对共建"一带一路"主要合作国家投资总额地区占比情况和投资总额地区分布。

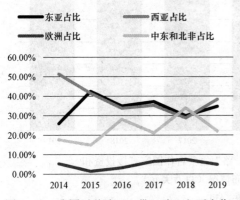

图 3-13 我国对共建"一带一路"主要合作
国家投资总额地区占比情况

数据来源:AEI。

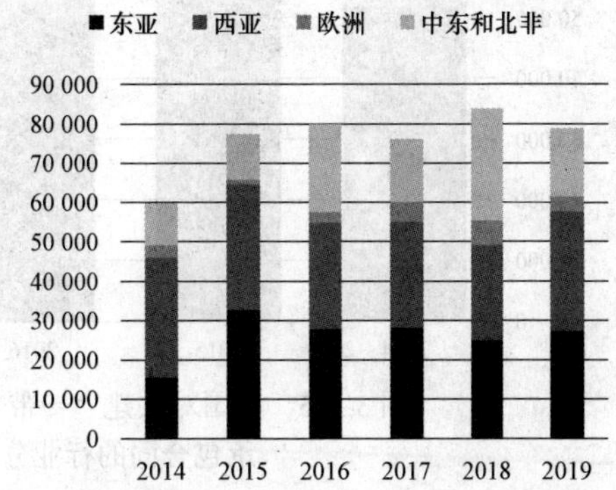

图 3-14 我国对共建"一带一路"主要合作
国家投资总额地区分布(单位:百万美元)

数据来源:AEI。

除了投资集中于东亚和西亚之外,还可以发现,我国对中东和北非的投资力度总体上升。其中,2018 年对中东和北非的投资为 284.7 亿美元,较 2014 年的 104.8 亿美元有较大提升,占比从 2014 年的 14.78% 增加至 2018 年的 33.95%。

3)直接投资与承包合同的行业分布

我国对共建"一带一路"主要合作国家的直接投资和承包合同中涉及能源、交通、金属、房地产、科技、化工、农业、金融、公共事业、旅游、娱乐及其他行业,其中最为集中的是能源和交通运输行业。图 3-15 是我国对共建"一带一路"主要合作国家直接投资和承包合同的行业分布情况。

可以看出,2014—2019 年,我国对共建"一带一路"主要合作国家两类投资中能源和运输的投资占比始终保持在 60%以上。2019 年,两项投资加总高达 496.7 亿美元,约占三分之二。图 3-16 列示了我国对共建"一带一路"主要合作国家投资总额的行业分布情况。

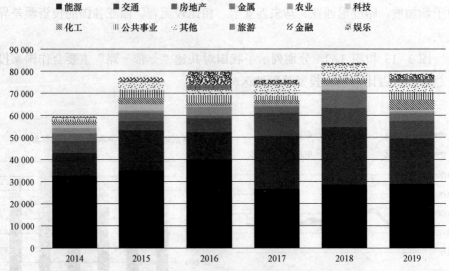

图 3-15 我国对共建"一带一路"主要合作国家直接投资和
承包合同的行业分布情况（百万美元）

数据来源：AEI。

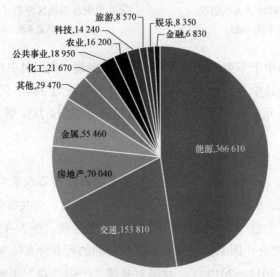

图 3-16 我国对共建"一带一路"主要合作国家投资总额的行业分布情况
（2005—2019 年）（单位：百万美元）

数据来源：AEI。

如果分地区观察，可以看到不同地区投资总额的行业分布虽然集中于能源，但仍有所差别。

（1）西亚地区：以能源、交通和有色金属行业为主

西亚地区是我国对"一带一路"投资分布最为集中的区域之一。由于西亚地区覆盖范围大，投资占比也比较大，2005—2019 年投资呈现稳步上升的趋势，2005 年为 42 亿美元，2019 年达到 141.3 亿美元。在西亚地区，我国 2005—2019 年的总投资高达 1 101.1 亿美元，主要集中于能源、交通和有色金属行业。图 3-17 列示了我国对共建"一带一路"西亚地区国家投资总额的行业分布情况。

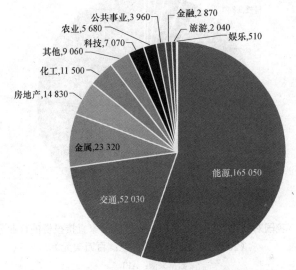

图 3-17　我国对共建"一带一路"西亚地区国家投资总额的行业分布情况
（2005—2019 年）（单位：百万美元）

数据来源：AEI。

在西亚地区，在 2005—2019 年主要投资国家中，俄罗斯和哈萨克斯坦投资之和占西亚地区投资总额的 48%，其次为印度（15.24%）、巴基斯坦（13.53%）、伊朗（5.30%）等国。其中，对俄罗斯的投资主要集中在能源、农业、金融、金属、房地产等领域，对哈萨克斯坦的投资主要集中在能源领域，对巴基斯坦的投资主要集中在能源、科技、交通等领域，对印度的投资主要集中在能源、科技、金属等领域，对伊朗的投资主要集中在能源领域；对土耳其的投资主要集中在能源、金融、交通等领域。

（2）东亚地区：以能源、交通运输行业为主

东亚地区是另一个我国主要的"一带一路"投资集中区域。2005—2019

年，我国对东亚地区的直接投资呈现波动增长的趋势，2015 年投资额为历年最高，达到 221 亿美元。行业方面，东亚地区投资最多的为能源领域，达到430.7 亿美元，占比 35%；其次是交通运输行业，高达 287.2 亿美元。图 3–18列示了我国对共建"一带一路"东亚地区国家直接投资的行业分布情况。

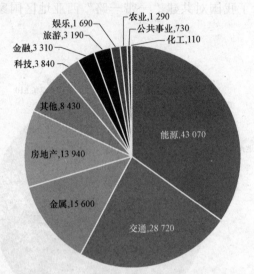

图 3–18　我国对共建"一带一路"东亚地区国家直接投资的行业分布情况
（2005—2019 年）（单位：百万美元）

数据来源：AEI。

在东亚地区，2005—2019 年主要投资国家为新加坡（29.75%）、印度尼西亚（19.8%）、马来西亚（15.6%）、老挝（7.7%）、柬埔寨（7.49%）、缅甸（5.51%）等。其中，对新加坡和印度尼西亚的投资额之和占对东亚地区投资额的48.65%。对新加坡的投资主要集中在能源、金融、房地产、科技、交通等方面，对印度尼西亚的投资主要集中在能源、金属、房地产、交通等方面，对马来西亚的投资主要集中在能源、金属、房地产、科技、交通等方面。

（3）中东、北非地区：以能源、娱乐行业为主

2005—2019 年，我国对中东和北非地区的总投资额增速迅猛，总体呈增长态势，其中 2009 年达到峰值 89.6 亿美元，近几年回落至 38 亿元美元左右。图 3–19 为我国对共建"一带一路"中东、北非地区国家的直接投资额情况。

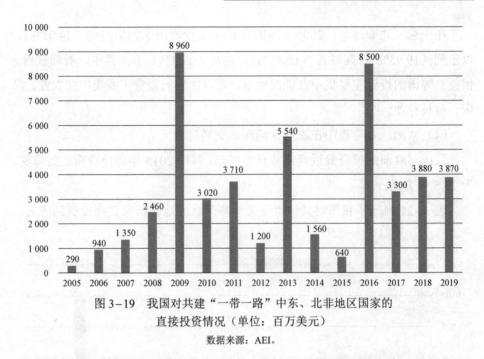

图 3-19 我国对共建"一带一路"中东、北非地区国家的
直接投资情况（单位：百万美元）

数据来源：AEI。

从投资的行业分布来看，中东、北非地区的投资集中于能源、农业及娱乐业。
图 3-20 为我国对共建"一带一路"中东、北非地区国家直接投资的行业分布情况。

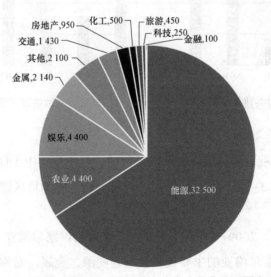

图 3-20 我国对共建"一带一路"中东、北非地区国家直接
投资的行业分布情况（单位：百万美元）

数据来源：AEI。

在中东、北非地区，2005—2019年，主要投资国家为伊拉克（24.02%）、以色列（19.95%）、阿联酋（15.81%）、埃及（11.3%）等。其中，对阿联酋、伊拉克等国的投资主要集中在能源领域，对以色列的投资主要集中在农业、娱乐、科技行业。

（4）欧洲：主要集中在农业、能源、交通行业

我国对欧洲的投资最近几年才开始兴起，其中2018年总投资额达到峰值，为29.5亿美元。

表3-21列示了我国对共建"一带一路"欧洲地区国家直接投资额情况。

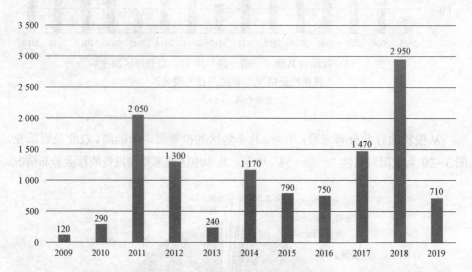

图3-21　我国对共建"一带一路"欧洲地区国家直接投资额情况（单位：百万美元）
数据来源：AEI。

从投资的行业分布来看，对欧洲地区的投资主要集中于能源、化工、金属及交通行业。图3-22列示了我国对"一带一路"欧洲地区国家直接投资的行业分布情况。

在欧洲地区，2009—2019年主要投资国家为以塞尔维亚（10%）、匈牙利（8.2%）等。对塞尔维亚的主要投资领域为能源、金属，对匈牙利的主要投资领域为化工、科技。

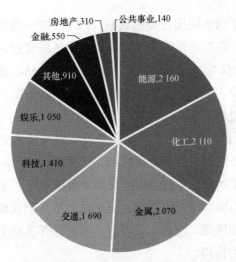

图 3-22 我国对共建"一带一路"欧洲地区国家直接投资的
行业分布情况（单位：百万美元）

数据来源：AEI。

综合各地区的行业分布情况，可以列示为表 3-5。

表 3-5 2009—2019 我国"一带一路"投资地区、行业分布

地区	主要涉及国家	主要投资领域
西亚	哈萨克斯坦、乌兹别克斯坦、土库曼斯坦、吉尔吉斯斯坦、塔吉克斯坦、孟加拉国、巴基斯坦、印度、斯里兰卡、尼泊尔、阿富汗、马尔代夫、不丹、俄罗斯、土耳其、伊朗	能源交通有色金属
东亚	新加坡、泰国、越南、马来西亚、印度尼西亚、菲律宾、缅甸、柬埔寨、文莱、老挝、东帝汶、蒙古	能源交通
中东、北非	伊拉克、约旦、卡塔尔、沙特阿拉伯、阿联酋、也门、埃及、黎巴嫩、以色列、科威特、阿曼、巴林、阿塞拜疆、格鲁吉亚、亚美尼亚、叙利亚、巴勒斯坦	能源娱乐业
欧洲	波兰、捷克、匈牙利、斯洛伐克、罗马尼亚、乌克兰、斯洛文尼亚、立陶宛、白俄罗斯、保加利亚、塞尔维亚、克罗地亚、爱沙尼亚、拉脱维亚、波黑、北马其顿、阿尔巴尼亚、摩尔多瓦、黑山	农业能源交通

3.2.2 按投资主体：央企投资和民企投资

企业投资也在"一带一路"基础设施项目中占很大的比重。按投资主体可以分为央企投资和民企投资，目前央企投资仍然是"一带一路"基础设施项目

投资的主力军。根据国务院国资委的数据,自"一带一路"倡议实施以来,央企便将共建"一带一路"合作国家作为境外业务拓展重点,每年在境外投资都保持15%左右的增速,年均境外营业收入增长率达4.5%。截至2020年,在"一带一路"合作国家中,90%以上的央企参与3 000多个项目建设,包括铁路、公路、港口、通信设施等重大的基础设施。同时,陆续与30多个国家开展了60多个油气合作项目,在参与矿产资源开发中加强技术交流和共享,并结合共建"一带一路"合作国家产业发展情况,加强国际产能和装备制造合作,加大投资力度,在马来西亚、老挝、印度尼西亚等国设立了多个工业、制造业项目,有效地满足了当地经济发展需求。央企以大型基础设施建设为先导,为民企走出去创造完备的路线、交通、资源、产业园区等基础条件,形成了"国企搭台,民企唱戏"的格局。

2015年7月,国资委发布《一带一路线路图》,发布了"交通丝路""海上丝路""空中丝路""能源丝路""电力丝路""信息丝路"六个部分的重大项目进展情况,行业主要分布在交通、海运、航空、能源、电力、通信等领域,涉及央企为中交集团、中国中铁,中国海运、中远集团和招商局集团,中国国航、东方航空和南方航空,南方电网、中国国家电网,中国石油、中国石化,中国联通、中国移动和中国电信等。

民营企业在"一带一路"建设中发挥的作用越来越突出,产业投资高端化、企业抱团走出去、从发展中国家进军发达国家的趋势明显。华为、联想、长城、三一重工、吉利、红豆、万达等大型民营企业在"走出去"的过程中获得了较好的成果。

1. 央企投资

1)央企是"一带一路"主力军

2019年12月20日,国资委、中国社科院联合课题组在京发布《中央企业海外社会责任蓝皮书(2019)》。蓝皮书显示,中央企业在共建"一带一路"主要合作国家主动承担社会责任,促进东道国经济、环境、社会协调发展。2019年,我国企业在62个共建"一带一路"合作国家新签对外承包工程项目合同6 944份,新签合同额1 548.9亿美元,占同期我国对外承包工程新签合同额的59.5%,同比增长23.1%;完成营业额979.8亿美元,占同期总额的56.7%,同比增长9.7%。

表3-6列示了八大央企近几年在境外的业务表现情况。

表 3-6　八大央企近几年在境外的业务表现情况

单位名称	2017 年境外新签		2018 年境外新签		2019 年境外新签	
	金额/亿美元	占新签合同额/%	金额/亿美元	占新签合同额/%	金额/亿美元	占新签合同额/%
中国建筑	1 988	8.95	1 556	6.70	1 760	7.09
中国中铁	904.80	5.81	1 049	6.20	1 275.98	5.89
中国铁建	1 049.89	6.96	1 302.19	8.22	2 692.43	13.42
中国交建	2 255.85	25.06	1 590.13	17.85	1 958.3	20.34
中国中冶	572.9	9.50	460.6	6.92	423.8	5.38
中国电建	1 188.26	29.21	1 536.32	33.70	1 484.3	29.00
中国化学	336.84	35.43	503.72	34.74	1 365.66	60.11
葛洲坝	805.82	35.65	760.73	34.10	805.2	31.95

数据来源：Wind 数据库、搜狐财经。

　　从境外新签项目的金额来看，除了细小的波动外，近三年来八大央企境外签订项目总额总体趋势上几乎都保持着比较稳定的增长状态，但从占新签合同额比重来看，每年的波动都比较大，增长和下降没有太大规律，图 3-23 和图 3-24 分别列示了其变化情况。

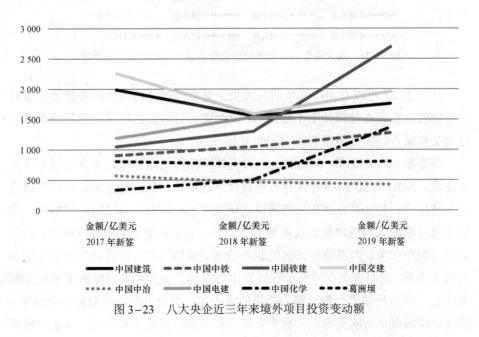

图 3-23　八大央企近三年来境外项目投资变动额

从图中可以看出，除了中国交建的 2018 年境外项目投资额发生了比较显著的下滑以外，列举的其他央企的境外项目投资额都保持比较稳定的增长状态，即使存在细微的下降，但也属于正常波动范围。总体来看，央企对境外项目的投资在逐渐增加，按照整体的发展趋势，会逐渐加大对"一带一路"境外基础设施项目的投资，这说明我国央企牢牢抓住了"一带一路"倡议的机遇，不断开拓境外市场，并取得了不俗的成绩。

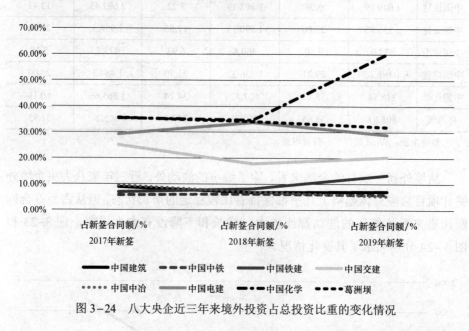

图 3-24 八大央企近三年来境外投资占总投资比重的变化情况

从图 3-24 可以看出，列举的八大央企对境外项目的投资额占整体的项目投资额的比重大部分都处于平稳趋势，说明央企目前仍然以国内的基础设施项目为工作重点，国外市场有待进一步开拓。

调查显示，2019 年，83%的央企向境外经营相关方提供技术咨询服务及人员交流，54%的央企向境外经营方进行技术援助，54%的央企通过合营公司进行合作生产，27%的央企在东道国设立研发中心。同时，与 2018 年相比，除以文化交流形式为当地社会发展做出贡献外，央企在参与基础设施建设、提供教育与健康服务、为当地居民提供职业培训、参加当地志愿活动等多个方面均有较大上升，表明央企在境外运营过程中对当地社会发展做贡献的形式越来越多样化。作为我国"一带一路"投资的主力军，央企开放合作取得丰硕成果。然而，我国央企与欧美等国际化企业还存在差距，仍要积极学习，以实现更多的央企参与,推动"一带一路"建设发展。

作为我国"一带一路"投资的主力军,截至 2019 年央企境外单位 11 000
多家,实现 7.98 万亿美元的资产总体规模,投资业务遍布全球近 200 个国家和
地区。可见,央企正大踏步走向世界。

2)央企"一带一路"的投资方式

央企参与"一带一路"基础设施项目投资的方式有以下几种:第一,对外
承包工程,央企国外工程承包发展较早,投资项目领域主要集中在交通、能源、
通信等基础设施建设、资源工程、大型土木工程及部分制造业等;第二,项目/
企业股权投资,项目/企业股权投资模式主要表现为央企及其子公司通过股权投
资,投资于国外相关企业和项目;第三,设立中外合资企业,单个央企(国内
外子公司)或者多家央企组成联合体与国外公司设立中外合资企业,进而展开
相关领域的投资合作,设立中外合资企业的优势在于可以提高适应能力,降低
异国经营交易成本;第四,设立国外公司,央企在国外设立子公司现象普遍,
通过国外子公司进行股权收购、债权融资等比国内直接投资更具优势;第五,
并购重组,主要为单个或者多家央企收购国外企业股权,从而实现战略布局。
这里以央企国外签订的项目总额代表其在"一带一路"基础设施项目建设中的
投资额,以我国在基础设施建设类别表现突出的八大央企作为代表,展示央企
在"一带一路"基础设施项目投资中的表现。

(1)工程承包

央企国外工程承包发展较早,属于相对成熟的模式,项目领域主要集中在
交通、能源、通信等基础设施建设、资源工程、大型土木工程及部分制造业等。
项目可以是单家企业及其国内外子公司进行投标建设,或者国内几家央企组成
联合体进行投标,也可以是国内外企业共同承包。一般由中标央企进行融资,
按照承包合同进行项目移交。

案例:孟加拉国砖瓦产业升级及园区建设项目

2016 年 6 月,由中国节能环保集团公司下属的中国建筑材料联合会和中国
节能绿色建筑产业有限公司牵头,承包孟加拉国砖瓦产业升级及园区建设项目。
该项目预计总投资 21 亿美元,并被国家发改委列入"孟中印缅经济走廊建设务
实合作工作方案"。该项目计划在孟加拉国建设 300 条日产 30 万块烧结砖生产线。
中国节能绿色建筑产业有限公司是中孟砖瓦产业及园区建设合作项目的总包单位。

案例：阿尔及利亚阿德拉尔 500 t/d 浮法玻璃生产线 EPC 项目

2015 年 3 月，中国建筑材料集团有限公司的子公司——中国建材国际工程集团有限公司总承包阿尔及利亚阿德拉尔 500 t/d 浮法玻璃生产线 EPC 项目，由中国建材国际工程集团有限公司为阿尔及利亚 HAMEL 再生能源有限责任公司建设，包括从矿山开采至浮法玻璃成品发运的全套生产线，项目工期 28 个月。中国建材国际工程集团有限公司承担工程设计、设备供货、土建施工、设备安装、人员培训、生产调试及达标考核等工作。

案例：坦桑尼亚姆纳兹湾气田和松戈松戈气田

以中国石油技术开发有限公司（CPTDC）为总承包商，以中国石油工程设计有限公司（CPE）西南分公司和中国石油天然气管道局（CPP）为联合体伙伴，负责坦桑尼亚姆纳兹湾（Mnazi Bay）气田和松戈松戈（Songo Songo）气田处理厂和一条 542 km 输气管道的建设。管道和加工厂由中国方面提供 10 亿美元贷款融资，坦桑尼亚政府拥有所有权。中国石油天然气集团旗下的中国石油技术开发有限公司和坦桑尼亚石油发展公司（TPDC）是项目执行方。中国石油集团工程设计有限公司是该项目的主承包商，全权负责项目的工程、采购和建设。

案例："东非亚吉铁路"项目

"东非亚吉铁路"是非洲首条跨国标准轨电气化铁路，被誉为"新时期的坦赞铁路"，也是中国第一条全产业链出口的铁路。该铁路从投融资到设计、建设、运营，均使用中国标准，并形成了参与铁路沿线经济带建设的"亚吉模式"，帮助中国土木工程集团有限公司（简称中土集团）实现了从建设单一项目到参与沿线开发的跨越，是中非"十大合作计划"的早期重要收获，是中非"三网一化"和产能合作的标志性工程，也是"一带一路"倡议的标志性成果。其运作模式主要是 EPC+OM 模式，具体可分为 EPC 阶段和 OM 阶段，相关信息统计如表 3-7 所示。

表 3-7　"东非亚吉铁路"项目基本信息

运作模式		EPC+OM
EPC 阶段	总投资额	建设总投资约 40 亿美元
	融资安排	中国进出口银行提供商业贷款共计约 29 亿美元,涵盖埃塞俄比亚段 70% 的资金和吉布提段 85% 的资金
	总承包商	中国铁建所属中国土木工程集团有限公司与中铁二局组成的联营体为 EPC 总承包商,其中前者承建东段米埃索至吉布提 423 余千米,后者承建西段斯亚贝巴至米埃索约 329 km,北方国际合作股份有限公司负责本项目全部 1 171 辆铁路机车的设计、制造和供货
	项目业主代表(监理)	中国国际工程咨询公司及铁道第三勘察设计院组成的联合体
OM 阶段	招标主体	埃塞俄比亚铁路公司和吉布提铁路公司组成的联营体公司
	招标方式	邀请招标
	中标运营商	中土集团与中国中铁联营体,中土集团为联营体牵头方
	运营合同谈判难点	① 界定业主方和运营方的责任;② 设定对中方的考核指标;③ 对当地人培训的方式;④ 必要的商务条款、外汇比例、预付款比例等
	合作期限	运营期 6 年(届时如业主需要,还将续签 2 年的技术服务合同)

(2)项目/企业股权投资

　　项目/企业股权投资模式主要是央企及其子公司通过股权投资于境外相关企业和项目。央企主要通过总公司、境内外子公司和股权投资基金等方式入股相关项目/企业,一般由投资主体自身进行融资,按照持有股份比例分成。

案例: 亚马尔液化天然气(Yamal LNG)项目

　　亚马尔液化天然气项目包括西伯利亚西北部马尔半岛南坦贝斯科耶气田的勘探开发,以及一家天然气液化厂、天然气输送港口的建设和运营,已签订的长期供货合同中,85% 的液化天然气将销往包含中国在内的亚太地区。项目位于俄罗斯西伯利亚北部的亚马尔-涅涅茨自治区亚马尔半岛上。

　　诺瓦泰克公司是俄罗斯最大的独立天然气生产商,主要从事天然气和液态烃的勘探、生产、加工和销售。2013 年,亚马尔液化天然气项目获得自主出口权,2014 年诺瓦泰克公司拿到了出口权的资质(之前只有 Gazprom 有出口天然气的资质)。项目 96% 的液化天然气已签订了长期供货合同,其中 85% 供往亚太地区，与中国石油签署了每年向中国供应不少于 300 万吨液化天然气的长期合同。2014 年初，中国石油与俄罗斯诺瓦泰克公司签署战略合作协议，持有亚马尔液化天然气项目 20% 的股份，这是中国能源公司第一次参与到能源勘探、开发、生产、液化天然气工厂建设和运营中。2015 年末，在国务院总理李克强和俄罗斯总理梅德韦杰夫的共同推动下，丝路基金与诺瓦泰克公司签订股权转让协议，购买亚马尔项目 9.9% 的股权。最终该项目股东结构为：诺瓦泰克（50.1%）、中国石油（20%）、道达尔（20%）、丝路基金（9.9%），并按照各自持有的股份比例来分成。

亚马尔液化天然气项目计划分三期建成，每期年产能为 550 万吨，于 2017 年按期投产，二期和三期生产线分别于 2018 年和 2019 年投产。

项目得到了俄罗斯联邦储蓄银行和俄罗斯天然气工业银行对亚马尔液化天然气项目价值 36 亿欧元的贷款，并与中国进出口银行和国家开发银行签署了为期 15 年、信用总额度为 120 亿美元的贷款合同。

项目总承包商为法国德希尼布、日本日晖和千代田，分包商和供应商包括中国石油、中国海油、宝钢、韩国大宇造船等。图 3-25 是亚马尔液化天然气项目示意图。

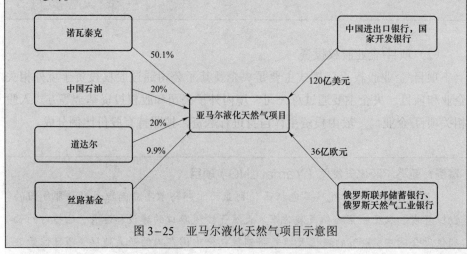

图 3-25　亚马尔液化天然气项目示意图

（3）设立中外合资企业

单个央企（国内外子公司）或者多家央企组成联合体与国外公司设立中外合资企业，开展相关领域的投资合作。设立中外合资企业的优势在于可以提高适应能力，降低异国经营交易成本；劣势在于不利于央企对合资公司的控制。

目前，很多央企采取境外子公司与当地国家相关企业设立合资公司，合资公司可以针对专门的项目，也可以展开长期合作。

案例：雅加达至万隆高铁（雅万高铁）

雅万高铁是雅加达至第四大城市万隆的高速铁路，雅万高铁全长 150 km，最高设计时速 300 km，全部采用中国技术、中国标准和中国装备。雅万高速铁路项目是"中国高铁全产业链走出去"的第一个项目。由中国铁路总公司牵头组成的中国企业联合体，以及由印度尼西亚维卡公司牵头的印尼国企联合体共同组建中印尼合资公司，并由该公司负责印度尼西亚雅加达至万隆高速铁路项目的建设和运营，印度尼西亚占股 60%，中方占股 40%。项目规模为 55 亿美元（后调整为 51.35 亿美元）。雅万高铁采用企业对企业商业合作（B-B）模式，不占用印度尼西亚国家预算，政府亦不提供担保。国家开发银行提供 75% 的商业贷款融资，印度尼西亚政府未提供政府预算和主权担保（贷款期限为 50 年，利率为 2% 且有宽限期），剩余 25% 为项目资本金，由中印尼合资公司（KCIC）提供。

案例：新兴铸管印尼项目

新兴际华集团核心企业新兴铸管股份有限公司与印度尼西亚哈利达集团合资组建 PT.MSP 公司，投资建设年产 19 万 t 镍铁项目，并于 2015 年 8 月 25 日正式开工建设。MSP 公司是专门用于在印度尼西亚 Obi 岛上建设镍矿熔炼加工厂而设立的。该公司将用于经营运作印度尼西亚 Obi 岛上的业务，并充分利用哈利达控制下的 3 个开采公司的镍矿资源。后来 MSP 公司进行增资重组，最终实现总投资金额 1.05 亿美元，其中 XQ 公司（新兴铸管新加坡全资子公司）对 MSP 公司投资 5 250 万美元，持股比例为 50%；哈利达对 MSP 公司投资 2 100 万美元，持股比例为 20%；CI 公司（Corsa Investments Pte. Ltd，科萨投资私人有限公司，简称 CI 公司）对 MSP 公司投资 3 150 万美元，持股比例为 30%。

（4）设立国外公司

央企在国外设立子公司比较普遍，通过国外子公司进行股权收购、债权融资等比国内直接投资更具优势。截至 2014 年底，国资委监管的所有央企基本上都在境外设有分支机构，80 多家央企已在共建"一带一路"合作国家设立分支机构。

目前，对外投资面临资本管制问题，大额对外投资需要外管局特批，加之国外融资成本优势吸引，因此许多央企在境外设立分支机构，通过境外分支机构进行投资并购，通过境外分支机构进行贷款、发债等融资，国内央企母公司提供担保增信。

案例：中化集团国外子公司收购先正达

中化集团收购先正达，要约收购的发起方为设立在荷兰的中农化土星公司，是中化集团的第七级子公司。首先中化集团的子公司——中国化工农化总公司在香港就设立了四层控股公司，国内银行对并购贷款的额度有所限制，如果遇到融资困难，中化集团在香港的四层子公司均可以发债或者发行认股权证进行融资。香港控股公司最下层的中农化土星（香港）公司是位于卢森堡的中间层公司，该公司设立于卢森堡是因为卢森堡是签署双边税收协议最多的国家之一（比利时和荷兰也是较为常见的中间层级公司设立国）。最后卢森堡的中间层公司再控股位于荷兰的发起要约收购的子公司。图3-26是中化集团设置的七层子公司。

图3-26　中化集团设置的七层子公司

（5）并购重组

并购重组主要是单家或多家央企收购海外企业股权，从而实现战略布局。

案例：中远、招商局和中投收购土耳其第三大集装箱码头

2015年8月，中远太平洋下属的中远码头（伊斯坦布尔）、招商局国际的全

资子公司景晋发展、中投境外的全资子公司北京汉广，三家公司共同出资设立一家项目公司 Euro-Asia Oceangate Sarl（称为 SPV），持股占比分别为 40%、40% 和 20%。

Fina Liman Holding 公司将向 SPV 出售 64.522% 的股份，加上少数股东出售约 1.346% 的股份，共出售 65.87% 的股份，交易价款共计约 9.4 亿美元。Fina Liman Holding 公司持有 Kumport 码头 98.54% 的股份，并购完成后 SPV 将通过控股 Fina Liman Holding 公司成为 Kumport 码头的控股方，如图 3-27 所示。

Kumport 码头是土耳其第三大集装箱码头，现有 6 个泊位，装载量为 184 万 TEU，位于土耳其伊斯坦布尔阿姆巴利（Ambarli）港区，是黑海门户和欧亚之间的枢纽之地。Kumport 码头虽属于中小型集装箱港口，但可将装载量扩充至最高 350 万 TEU，其规模不亚于我国位列第十一位的苏州港。

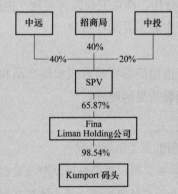

图 3-27　中远、招商局和中投收购土耳其第三大集装箱码头

2. 民企投资

1）非国企对外非金融类直接投资已占半壁江山

虽然目前仍然是央企在"一带一路"基础设施项目中起主导作用，但民营企业也是共建"一带一路"建设的重要力量。民营企业市场嗅觉灵敏，经营机制灵活，把握市场机遇的能力较强，开辟市场积极性较高，涉及国家、行业领域广，能填补与相关国家的合作空白，尤其是一些民营企业前沿技术优势突出，已经具备了专项技术并且处于领先地位。目前，一些民营企业投资或建设的项目已成为东道国的重大标志性项目，在促进经济社会发展中发挥了积极作用。例如，浙江华立集团在泰国建设的泰中罗勇工业园，累计入园企业超百家，带动中国企业对泰投资超过 30 亿美元；江苏红豆集团在柬埔寨建设的西哈努克港

经济特区，对西哈努克省经济贡献率超过 50%，解决当地就业近两万人。

2019 年，我国非金融类对外直接投资存量达到 19 443.5 亿美元。非央企表现亮眼，占 50.3%，投资规模高于央企的 49.7%。与 2006 年央企占比 81% 相比，非央企进步飞速，逐渐成为"走出去"的重要力量。

2）民企"一带一路"投资方式

根据 2014—2019 年《中国直接对外投资统计公报》中披露的数据，在对外非金融类直接投资存量中，民企能占 50% 左右，几乎与央企平分秋色，华为、联想、吉利、万达等大型民营企业都取得了较好的成果。民营企业在参与"一带一路"建设的过程中，应结合供给侧结构性改革，从劳动密集型企业转变为技术密集型企业，加强创新，促进需求，真正发挥中国企业的市场引领作用。

民营企业参与"一带一路"的方式呈现多元化趋势，主要包括：产品和服务贸易、工程承包与劳务合作、设立工业园区实现"抱团走出去"，以及设立境外子公司、设立中外合资企业、并购投资等。

（1）产品和服务贸易

产品和服务贸易，是借由商品贸易方式实现产品和服务的直接进出口，它是企业跨国运作最基础和最常见的模式。

案例：关于 McWiLL 设备的买卖框架协议

2016 年 1 月 21 日，信威集团控股孙公司分别与爱尔兰和英国的电信运营商签订关于 McWiLL 设备的买卖框架协议，用于爱尔兰和北爱尔兰境内建立移动通信网络并提供公众电信服务。协议总金额约为 1.14 亿美元，双方约定在框架协议生效后的六个月内签署正式销售合同。

（2）工程承包与劳务合作

中国企业"走出去"的常见模式之一是进行境外工程承包与劳务合作。在建筑工程方面中国企业具有领先技术、丰富经验及大量人力资本，工程项目承包的范围涵盖咨询、规划、设计、施工、运营等多个环节，能带动先进技术、装备、标准、服务、劳务等全产业链输出。

因此，对于民营企业而言，通过与国内企业合作实现项目股权投资是可行之策。民营企业也可通过企业联合体设立境外工程公司，通过与境外企业合作设立中外合资企业。

案例："钻石"建筑群工程项目

印尼宝鹰是宝鹰股份的控股子公司,2014 年宝鹰股份通过其与印尼柯世模公司签署了"钻石"建筑群工程项目的总承包合同,具体提供咨询、规划、设计、施工等个性化的开发建设整体解决方案。该项目总金额为 1.613 亿美元,毛利率达 44%,占公司当年主营业务收入的 19%。

案例:印尼自备电厂 EPC 项目

天沃科技控股子公司中机电力与德龙镍业签署"EPC 总承包合同",由中机电力担任德龙镍业"印尼自备电厂 EPC 项目"的总承包商,合同总价款为 50 亿美元,占上市公司 2015 年营业收入的 127.07%,项目自 2017 年 4 月 1 日开工,回款期为 3 年。

案例:柬埔寨金边双子大厦世贸中心建设项目

神州国际(神州长城的全资子公司)与武船重工联合中标柬埔寨金边双子大厦世贸中心建设项目,中标金额为 27 亿美元(折合人民币约 187.81 亿元)。项目采取 F+EPC 模式,工期暂定 60 个月,两大业主是海外知名投资公司——澳门新建业集团和柬埔寨最大商贸集团之一——泰文隆集团;联合体合作方武船重工隶属于中国船舶重工集团。该项目位于柬埔寨首都金边市中心,包括多栋高层写字楼、豪华住宅楼和配套设施。

案例:华西能源多国项目

华西能源与瑞典 EcoEnergy Scandinavia Holding AB 公司于 2016 年 1 月 18 日签署了"23.5MW 生物质热电联产项目 EPC 总承包合同"和"500TPD 城市生活垃圾热电联产项目 EPC 总承包合同",合同总金额为 7 890 万美元(折合人民币约 51 750 万元)。

华西能源与德国 DoRex 咨询股份有限公司、德国 Rayer 工程有限公司签署了"西非 1 000 t/h 热力供气 EPC 工程总包合同项目授标函",项目金额为 1.63 亿欧元。

华西能源与巴基斯坦 Grange Power Limited 公司签署了"巴基斯坦 Grange

Power 150 MW 燃煤电站项目 EPC 承包合同",标的额为 1.93 亿美元。

华西能源与泰国 Sermsappaisal Group 1999 Co., Ltd 签订了两份"泰国 SPS1999 公司 9.5 MW 生活垃圾焚烧发电项目 EPC 总包合同",总金额折合人民币分别约 6.67 亿元、10.51 亿元,分别占 2014 年度经审计营业总收入的约 20.41%、32.14%。两份合同分别在 2015—2017 年、2017—2019 年执行。

华西能源中标西非塞内加尔 3×120 MW 洁净高效电厂项目 EPC 工程总包,与非洲能源公司签署"塞内加尔 AESA 3×120 MW 洁净高效电厂 EPC 工程总承包项目授标函"合同,总金额为 5.715 亿美元(折合人民币约 34.96 亿元),约占公司 2014 年度经审计营业总收入的 106.96%。

(3)设立工业园区实现"抱团走出去"

在共建"一带一路"合作国家建立工业园区,实现"抱团走出去",是民营企业参与"一带一路"建设的方式。而境外产业园区的建设往往是借由实力强劲的领军民营企业牵头。截止到 2016 年 11 月,"一带一路"合作国家的 46 个境外合作园区是由我国企业建立,其中有一半位于东盟国家(共 421 家中资企业入驻),总投资额约 213 亿美元。

案例: 红豆集团柬埔寨项目

西哈努克港特区是柬埔寨西哈努克港最大的经济特区,该特区由主营纺织服装的红豆集团牵头投资建立。该特区占地 5 km²,建有 148 栋厂房,有 103 家企业入驻(其中,中资企业 88 家),主要致力于传统的纺织服装、箱包皮具、五金机械等产业。

(4)设立境外子公司、设立中外合资企业、并购投资

实现国内过剩产能的转移、获取合作发展新空间及优势资源、学习境外先进技术、凭借自身优势进行全球战略布局,是"一带一路"建设境外投资设厂、合资及并购的主要目标。

第一,产能转移或者合作获取新的发展空间。共建"一带一路"合作国家中很多都处于工业发展阶段,国内很多过剩产业(如钢铁、水泥等)在国外不仅有市场,而且还可以得到当地税收等政策优惠,因此本国企业通过在境外建厂获得新的市场,化解国内生产成本提高、企业税负重等竞争压力,利用国外

优势要素(比如土地、劳动力、税收优惠)降低生产成本,提高生产效益。

第二,获取境外优势资源和技术。民营企业通过股权投资或者项目合作,一方面可获得国外优势资源;另一方面则是获取国外企业的先进技术、品牌、销售渠道等优势资源,从而缩短企业在国际市场运营的时间,降低企业走出去的试错成本,帮助企业实现国际化布局。

第三,凭借自身的优势技术及品牌,实现全球化布局。运用自身技术和品牌优势获取全球竞争力,开拓境外市场,包括设立境外销售网络、业务分支机构、研究机构等。

3.3 对外投资的影响因素

随着"一带一路"建设的推进,加大对合作国家基础设施建设的投资力度,既是全球化战略布局的内在要求,也是我国彰显国际影响力的大国担当;既提升了合作国家的经济竞争力,也为我国企业"走出去"开辟了新机遇。现阶段,各国对"一带一路"基础设施建设的投资热情日益高涨。对此,明确对外投资的影响因素,有助于跨国基础设施建设的平稳落实。

综合国际对外投资经验,能够影响对外投资的因素很多,从东道国角度出发,这里选取比较主要的区位因素、资源禀赋、基建水平、政治因素进行介绍。

3.3.1 合作国家的区位因素

共建"一带一路"合作国家的区位因素,会对投资国做出对外投资决策产生重要影响。区位是指任何两个国家之间的客观距离。Dunning 等学者认为,在东道国的对外投资是长期且高成本的资本投入,东道国的环境直接影响企业最终的运营及成败,合适的东道国选择至关重要。根据国际经济学理论,除了考虑跨国企业自身的优势、资金等因素外,基于投资成本,投资国更愿意选择向地理位置邻近的东道国投资。

一方面,投资地理位置邻近的国家,能够有效降低运输成本和交易成本。而交通便利程度往往又与资源(包括自然资源要素、人力资源要素等)密切相关,因此需要引起投资国的重视。随着全球价值链的发展,产品的生产环节及工序往往分布于不同的国家或地区,这些"中间环节与流程"往往涉及多次跨境流动。因此,交通便利性往往也影响投资国在全球价值链中的竞争力。同时,选择邻近的国家投资，也能够促进贸易往来，形成产业集聚的规模效应，从而降低交易成本。当然，随着物流业的迅速发展，交通的便利程度日益增加，对交通运输因素的考虑也将逐渐弱化。

另一方面，空间距离往往也对投资后跨国企业的内部管理效率产生影响，选择区位更近的东道国，能够降低协调与管理成本。例如，相关研究表明，区位距离近的东道国，往往在文化距离、制度距离和心理距离等方面与投资国接近，从而使投资国的企业更容易适应当地环境，进而降低协调成本。

当然，随着研究的深入，学者们赋予区位因素超出地理距离之外更为广泛的内涵，如资源、政治、文化、制度等，这里的介绍仅为狭义上的理解。

3.3.2 合作国家的资源禀赋

共建"一带一路"合作国家的资源禀赋，也是影响对外投资的重要因素。现阶段，随着管理的精细化和效率导向，各国企业更加注重资源的配置和优化，对于资源战略导向的跨国企业而言，东道国的资源禀赋格外重要。

随着全球价值链分工的细化，投资国也希望借对外投资重新整合资源及要素，对价值链进行优化升级，促使自己在全球价值链的地位得到提升。根据联合国贸易和发展会议的研究，全球价值链参与度与该国利用外资存量密切相关。那么，东道国在自然资源、劳动力资源、技术创新资源等方面的要素越充足、性价比越高，在吸引境外投资方面的优势就越明显，在全球价值链方面的参与度也就越高。特别是在现阶段，全球经济环境整体较为疲软，投资国企业在进行境外投资时更加重视成本及风险，也更加注重资源的优化配置。

此外，东道国能够提供的资源禀赋丰富多样，既包括水资源、能源、矿产资源等，也包括劳动力资源、技术创新资源等。随着全球化战略在国际上的普遍认同，跨国公司愈加重视全球布局及国际生产一体化。

3.3.3 合作国家的基建水平

共建"一带一路"合作国家的基建水平是制约其经济发展的重要因素，也是影响投资国进行对外投资的重要因素。Fujimura对跨境区域合作的研究发现，如果基础设施水平差，会削弱发展中国家及地区的劳动成本低等竞争优势，减少对优质境外投资的吸引力。

通常情况下，无论是市场导向型投资国还是资源导向型投资国，东道国的基础设施水平越高，意味着投资环境越好，越有利于吸引来自境外的投资。而且，对外投资往往能够进一步提升该国的基础设施建设水平，从而进入良性发展循环。现有研究及实际经验都表明，改善共建"一带一路"合作国家基础设施的质量，对提升投资国对外直接投资能够起到积极的促进作用。同时，根据国际对外投资经验，东道国的基础设施底子越薄弱、人均收入越低，改善其基础设施对吸引投资的促进作用就越明显。具体而言，基础设施建设水平的提高，一方面通过拉动东道国经济增长，从而引发更多社会总需求，进而吸引境外投资；另一方面，基础设施水平提升，使东道国的运输及生产更为便利，投资及经营环境得到改善，进而提高对境外投资的吸引力。

从全球经济发展角度而言，无论是发达国家还是发展中国家，都力图保障大量的基础设施建设。对发达国家而言，其基础设施的建造较早且相对完善，更新和维护需求大。但对发展中国家而言，其基础设施贫乏且亟待提高，新建需求更为迫切。对各国而言，无论是从短期来看还是从长期来看，提高基础设施建设水平对其本国的经济发展都具有不可替代的重要作用。在短期，投资基础设施建设能够使社会总需求得到扩大，并且当有效需求不足、资源及要素出现闲置时，能够通过乘数效应作用于社会总需求，从而对投资国和东道国都形成丰厚回报。在长期，基础设施建设水平的提高能够打破地理壁垒，降低相关成本，对劳动生产率的提升产生积极影响，也能够有效推动经济增长。

由此可见，提高合作国家基础设施建设水平既是战略需要，也有助于形成经济增长并进入良性循环，更是吸引外资的关键因素。

3.3.4 合作国家的政治因素

共建"一带一路"合作国家的政治因素也会对投资产生重要影响。政治因素所包括的内容十分丰富，具体而言，既要考虑合作国家与我国的政治合作伙伴关系，又要从实际出发考虑合作国家可能存在的政治风险、市场风险及文化差异。

从政治合作方面来看，我国作为"一带一路"倡议国，与许多国家秉承互利共赢原则建立友好的双边或多边贸易伙伴关系。这些双边或多边友好关系，有助于降低非经济风险。根据国际对外投资的经验，双边或多边关系建立的时间越长，关系越融洽，越有助于规则的建立健全，也就越能对外部投资者的利益产生保障。政治、经济、人文等外交活动对拉近投资国与东道之间的政治距离有着重要作用。同时，高层领导人之间的对话也是积极的合作信号，能够降低合作的不确定性。另外，大力支持合作国家的基础设施建设并加大优质投资力度也符合"一带一路"倡议的规划。同时，由于我国与合作国家的经济互补性较大，增加对外投资力度，能激发我国相应领域企业的发展潜力。

然而，共建"一带一路"合作国家的政治制度和宗教文化千差万别，因此不能忽视所在国政治风险、市场风险及文化差异对我国对外投资可能造成的实际影响。而且，部分国家政局动荡、内战及纷争不断、政策频频洗改，这些都增大了我国对外投资的难度。此外，部分国家的市场机制尚不成熟，存在融资和汇率贬值等金融风险，其法律制度往往也不健全，难以对投资者的权益形成应有的保护，也容易使我国投资企业望而却步。与此同时，文化冲突、民族分裂、极端主义、恐怖主义所引发的武装冲突时有发生，也进一步恶化了投资环境。

可见，对共建"一带一路"合作国家的投资，机遇与挑战并存。不稳定的因素和风险可能仍然存在，但不能因噎废食，积极应对才是大国应有的责任与担当。对此，本书后文还针对"一带一路"基础设施的投融资风险问题进行了具体探讨。

3.4　本章小结

提升共建"一带一路"合作国家的基础设施建设水平是实现互联互通的工作重点，同时也离不开有序的基础设施建设投资。基于此，本章对共建"一带一路"合作国家基础设施的投资模式及影响因素进行了梳理。为便于理解，本章还提供了部分来自媒体和报告的统计数据，以供读者参考。

第 4 章
"一带一路"基础设施
融资模式及影响因素

　　"一带一路"倡议的推进，互联互通工作的实施，都有赖于平稳和可持续的基础设施融资作为保障。因此，本章聚焦于"一带一路"基础设施投融资中的融资模式及其影响因素进行分析，以便更好地解读和把握跨境基础设施融资问题。

4.1　融资的主要资金来源

　　"一带一路"基础设施建设涉及范围广、合作国家多、需求大，因此所需资金量巨大。目前，"一带一路"基础设施建设融资的主要资金来源较为多元化，下面逐一进行介绍。

4.1.1　按机构类别分类：各类金融机构

　　共建"一带一路"合作国家较多，更需要投入巨额资金进行基础设施建设。这些资金的来源以各类金融机构信贷融资为主、各类专项投资基金融资为辅，此外资本市场股权融资和债券融资也开始为"一带一路"基础设施建设提供助力。从信贷融资来说，其来源主要包括传统世界多边金融机构、新型多边开发金融机构、国内政策性银行、国内商业银行、出口信用保险机构五个层次（见图4-1）。

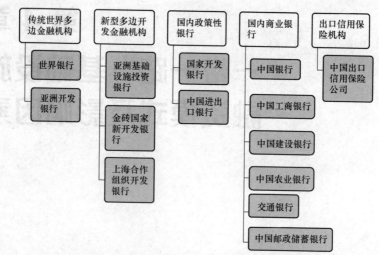

图4-1　基于信贷融资角度的"一带一路"基础设施融资渠道

按照融资性质划分，基础设施融资来源分为公共部门和私人部门两类。公共部门是基础设施建设最主要的融资来源，其资金提供机构包括：国家和地方政府、国内政策性银行（如国家开发银行、中国进出口银行等）、国内商业银行、专项投资基金（如丝路基金等）、传统世界多边金融机构（如世界银行、亚洲开发银行等）、新型多边开发金融机构（如亚洲基础设施投资银行等）、其他融资渠道。私人部门，是指私人所拥有的企事业单位。来源于私人部门的融资属于资本市场的股权及债券融资，它们在"一带一路"基础设施项目投资中参与程度很小，但实际上私人部门有时会比公共部门更适合跨国投资，应该积极鼓励。

鉴于公共部门是"一带一路"基础设施建设项目最主要的融资渠道，本部分选取其中有代表性的渠道进行介绍。

1. 国内政策性银行

国内政策性银行是"一带一路"基础设施建设项目最主要的融资渠道之一，它既可以提供信贷支持，又能够通过设立投资（合作）基金、实现股权投资等多种形式支持共建"一带一路"合作国家在能源、交通等领域的集成设施建设。国内政策性银行的典型代表是国家开发银行和中国进出口银行。

（1）国家开发银行

自"一带一路"倡议提出以来，国家开发银行与哈萨克斯坦、老挝、科威特、柬埔寨等国家陆续签订合作协议，对其基础设施建设提供了大力支持。同时，国家开发银行还参与了中巴、中蒙俄、孟中印缅的经济走廊建设。

国家开发银行还积极与国际金融组织合作，以"贷款支持"结合"国开发展基金投资"等多种形式为"一带一路"基础设施建设提供股权及信贷支持。近年来，国家开发银行还设立了澜沧江—湄公河国际产能等专项贷款，以便更好地支持能源、交通、矿产、高新技术等领域的发展，并陆续支持中蒙俄、新欧亚大陆桥等国际走廊建设，以及产业园区、核电和天然气管线项目。国家开发银行在 2017 年"一带一路"国际高峰论坛上宣布将提供 2 500 亿元等值人民币的专项贷款（其中，2 000 亿元用于基础设施建设和国际产能合作，余下用于金融合作）。2018 年，国家开发银行已陆续实现其专项贷款承诺，并支持了柬埔寨暹粒机场等基础设施建设及合作项目。

表 4-1 列示了国家开发银行支持的部分"一带一路"基础设施建设项目。

表 4-1 国家开发银行支持的部分"一带一路"基础设施建设项目

参与时间	参与项目名称	提供资金支持情况
2017 年	雅万高铁	国家开发银行将为雅万高铁项目提供 45 亿美元的贷款支持
2017 年	斯里兰卡科伦坡港口城项目	BOOT 模式，中国港湾在斯里兰卡注册项目公司，由项目公司负责该项目的融资和实施，总投资额约 13.96 亿美元，其中一期投资 11.50 亿美元，二期投资 2.46 亿美元
2016 年	英国 HPC 核电项目	预估投资总额 180 亿英镑，由 EDF 和中广核集团牵头的中方联合体共同投资建设，中、法企业分别占 33.5%和 66.5%的股份
2015 年	巴基斯坦燃煤电站项目	提供占总投资 74.85%的贷款，项目总投资额约 20.85 亿美元，以 BOOT 模式投资开发。社会资本为中国电力建设集团，项目公司由卡西姆能源投资公司全资设立，后者由中国电建海外投资公司（股比 51%）和卡塔尔公司（股比 49%）共同出资设立
2015 年	哈萨克斯坦阿斯塔纳轻轨项目	国家开发银行与哈方签署阿斯塔纳轻轨项目不超过 16 亿美元的贷款协议
2015 年	中国三峡集团巴西伊利亚电站和朱比亚电站（中国拉美产能合作基金提供融资）	国家开发银行提供贷款 6 亿美元。中国三峡（巴西）有限公司与 Triunfo 公司签署 TPI（与 Triunfo 公司水电资产并购项目）股权交割协议，收购 Garibaldi 水电站、Salto 水电站共 30.8 万千瓦水电资产及电力交易平台 TNE 公司的全部股权
2014 年	投资合作印度尼西亚青山工业园区基础设施建设项目和 30 万吨镍铁冶炼项目	国家开发银行提供总额 3.84 亿美元的十年期贷款

续表

参与时间	参与项目名称	提供资金支持情况
2014 年	加尔金内什气田项目	EPC 总承包项目，合同总价为 31.28 亿美元
2014 年	收购（秘鲁）嘉能可邦巴斯铜矿项目股权（国家开发银行、工银国际等联合授信）	收购总金额为 58.5 亿美元，由国家开发银行牵头的中资银团提供合计 69.57 亿美元的贷款。在收购该矿的财团中，五矿资源占 62.5%，国新国际投资有限公司占 22.5%，中信金属占 15%

（2）中国进出口银行

中国进出口银行是由我国出资设立的另一家重要的国有政策性银行，其依托国家信用支持，在我国对外经济贸易发展与国际经济合作方面发挥着重要作用。

自"一带一路"倡议提出以来，中国进出口银行与合作国家陆续签约项目，并大力支持基础设施的互联互通，如蒙内铁路、中老铁路等重大项目。根据相关统计资料显示，仅在倡议提出后的两年内，中国进出口银行就与 50 多个国家陆续签约，累计超过 900 个项目，金额约计 6 000 亿元，发放贷款达 4 500 亿元。2018 年一季度末，由中国进出口银行支持的"一带一路"建设贷款余额超过 8 300 亿元。现阶段，中国进出口银行针对"一带一路"建设，积极发起、设立基金并参与合作基金。其中，丝路基金、中国–东盟投资合作基金、中国–欧亚经济合作基金、中国–中东投资合作基金、中非产能合作基金等对共建"一带一路"合作区域建设起到了重要作用，涉及信息通信、矿产资源、绿色电力等领域。

在对"一带一路"基础设施建设融资支持上，中国进出口银行提供"两优"贷款，促进了参与国家的互利合作。此外，中国进出口银行还于 2018 年在上海设立了"一带一路"金融研究院，以便更好地服务于"一带一路"基础设施建设的融资工作。

表 4-2 是中国进出口银行提供资金支持的部分项目。

表 4-2　中国进出口银行提供资金支持的部分项目

参与时间	参与项目名称	提供资金支持情况
2018 年	乌干达坎帕拉–恩德培机场高速公路项目	全长 49.56 km，采用中国技术标准与规范建造

续表

参与时间	参与项目名称	提供资金支持情况
2017 年	越南沿海二期燃煤电站项目	该项目采用 BOOT 模式,由中国华电集团公司下属中国华电科工集团有限公司以控股股东的身份与外资股东合资建设实施
2016 年	孟加拉国帕亚拉超临界燃煤电站项目	中国能建东电一公司 EPC 总承包
2016 年	加里萨 50 兆瓦光伏电站项目	由中国进出口银行提供 130 亿肯先令(约合人民币 8.6 亿元)优惠贷款,是中国政府优惠贷款在肯尼亚支持的第一个发电项目
2016 年	中老铁路项目	中国中车在建设部分所占比例为 30%
2016 年	肯尼亚内罗毕－马拉巴标轨铁路项目	项目金额 14.8 亿美元,由中国进出口银行提供商业贷款
2016 年	巴基斯坦喀喇昆仑公路二期项目	合同金额 13.15 亿美元,由中交集团中国路桥公司承建
2015 年	缅甸通信基础设施建设工程 I 期 2-1 号项目	中国进出口银行浙江省分行与缅甸光纤通信网络有限公司签署 1.3 亿美元出口买方信贷协议,用于支持该公司投资建设缅甸通信基础设施建设工程 I 期 2-1 号项目。该项目的主承包商为中电建华东勘测设计院,光纤光缆供应商为富通集团有限公司,将带动浙江省境外工程承包、设备及材料出口总额近 1.55 亿美元
2015 年	老挝南俄 3 水电站	工程合同金额 12.9 亿美元,由中国进出口银行提供商业贷款,由中国水电国际工程有限公司以 EPC 方式总承包
2015 年	巴基斯坦卡洛特水电站项目	总投资金额约 16.5 亿美元。项目采用"建设—经营—转让"的模式运作,已于 2015 年底开工建设,计划在 2020 年投入运营,运营期 30 年,到期后将无偿转让给巴基斯坦政府
2015 年	斯里兰卡南部高速公路延长线项目	项目总金额为 8 亿美元,中航国际工程公司为总承包商
2015 年	马尔代夫中马友谊大桥项目	EPC 总承包模式,中国进出口银行提供优惠贷款
2015 年	老挝胡埃兰潘格雷河水电站	位于南部胡埃兰潘格雷河上,总装机容量 8.8 万千瓦,电站大坝为黏土心墙堆石坝,坝高 75.6 m,长 557.3 m,最大库容为 1.41 亿 m³,有效库容为 1.22 亿 m³
2014 年	波黑图兹拉 7 号机组火电项目	中国葛洲坝集团股份有限公司中标波黑图兹拉火电站 45 万千瓦火电机组设计、采购和施工总承包(EPC)项目,项目金额达 74.53 亿元人民币,总工期为 56 个月
2014 年	肯尼亚蒙巴萨－内罗毕标轨铁路项目	中国进出口银行提供蒙内标轨铁路一期工程 36 亿美元成本中的 90% 的贷款,由中国路桥公司采用中国国产设备建成
2014 年	巴基斯坦拉合尔轨道交通橙线项目	旁遮普省公共交通公司与联营体正式签订橙线项目 EPC 总承包合同,合同总约价为 16 亿美元,由中国进出口银行提供融资支持
2014 年	以色列阿什杜德港口项目	中国交建承建合约额约 9.5 亿美元的以色列阿什杜德港口建设项目
2014 年	马尔代夫易卜拉欣纳西尔国际机场改扩建项目	EPC 工程总承包,合同金额约 4.398 1 亿美元,中国进出口银行提供优惠买方信贷
2013 年	巴基斯坦旁遮普省 900 兆瓦光伏地面电站项目	中兴能源 900 兆瓦光伏地面电站位于巴基斯坦旁遮普省巴哈瓦尔布尔真纳太阳能工业园,总投资额逾 15 亿美元,是中巴经济走廊的优先实施项目之一
2013 年	埃塞俄比亚阿达玛风电项目	由中国水电工程顾问集团公司牵头,与中地海外集团有限公司组成联营体,与埃塞俄比亚国家电力公司签订了阿达玛二期风电 EPC 项目

参与时间	参与项目名称	提供资金支持情况
2013 年	赤道几内亚吉布洛上游调蓄水库项目	中国水电集团国际公司与赤道几内亚能源矿产部、财政预算部、国家项目办共同签署了赤道几内亚吉布洛瀑布上游调蓄水库项目合同,该项目为设计施工总承包(EPC)项目,合同金额为 2.36 亿美元
2012 年	塔吉克斯坦杜尚别 2 号火电站二期项目	杜尚别 2 号火电站二期项目建设金额为 3.49 亿美元,主要使用两优贷款实施
2012 年	埃塞俄比亚亚的斯—阿达玛高速公路项目	亚的斯至阿达玛高速公路项目使用的是中国政府优惠贷款,项目资金由中国进出口银行提供融资支持,由中交集团建设
2011 年	亚吉铁路	EPC 模式,埃塞俄比亚段铁路 70%的资金和吉布提段铁路 85%的资金使用商业贷款,中土集团提供了占合同额 10%的资金,中土集团拥有吉布提铁路 10%的股份,采用股权投资的方式介入项目后续业务
2011 年	印度尼西亚塔延桥项目	中路公司承建,中国进出口银行提供 8 590 万美元贷款
2010 年	白俄罗斯铁路电气化项目	项目总造价 1.7 亿美元
2010 年	塞尔维亚泽蒙大桥及附属公路项目	合同金额为 2.55 亿美元,中国进出口银行提供 85%的优惠贷款,塞尔维亚政府负责其余 15%的资金
2010 年	老挝琅勃拉邦机场项目	老挝政府使用我国 8 642 万美元优惠出口买方信贷,并由中工国际股份有限公司以 EPC 方式实施

以下是中国进出口银行提供融资支持的基础设施建设项目的案例。

案例:加里萨 50 兆瓦光伏电站项目

项目启动日期:2016 年 9 月

项目金额:1.375 亿美元

融资方式:中国进出口银行提供 130 亿肯先令(约合人民币 8.6 亿元)优惠贷款,是中国优惠贷款在肯尼亚支持的第一个发电项目。

项目简介:由中国与肯尼亚共建,由中国江西国际(肯尼亚)有限公司 EPC 总承包,将是非洲东部地区最大的光伏电站。

建成后将成为肯尼亚及非洲东部地区最大的并网光伏电站及非洲最大的光伏电站,年均发电量为 7 647.3 万度,每年为当地减少 6.419 万 t 二氧化碳排放,节约标准煤约 2.447 万 t。预计在 25 年运行期内,将满足 7 万户家庭共计 35 万人口的用电需求,相当于加里萨郡人口的一半。加里萨光伏电站项目将缓解长期困扰肯尼亚的"用电荒"难题。

案例：乌干达坎帕拉—恩德培机场高速公路

由中国进出口银行融资支持的乌干达坎帕拉—恩德培机场高速公路项目于 2018 年正式通车。这是乌干达境内第一条高速公路，被视为该国的"国宾大道"。

乌干达工程与交通部国务部长爱德华·卡通巴·瓦马拉说，乌全国范围的车流量不断增长，与此同时，恩德培国际机场接待旅客人数也较过去大幅增长。在项目建设前，连接首都和机场的公路较为陈旧和狭窄，无法满足交通需求，造成拥堵，旅客有时甚至因此错过了航班。这条高速公路的开通将缩短行车时间，并提高舒适度。坎帕拉—恩德培机场高速公路连接乌干达首都坎帕拉和恩德培机场，全长 49.56 km，采用中国技术标准与规范建造。高速公路通车后，坎帕拉至恩德培的交通时间由 2 h 缩短到 40 min。此外，建设期间该项目还有力拉动了当地就业，每年创造就业岗位达 1 500 余个，乌方参建员工占比达到 90% 以上。

2. 国内商业银行

随着我国金融行业的发展，国内商业银行逐渐在境外设立分支机构且境外经营网络也日益广泛，也慢慢积累了"走出去"的经验。其中，"工、农、中、建"是我国传统的四大国有商业银行，它们在"一带一路"建设融资中发挥着重要作用，积极助力了共建"一带一路"合作区域公路、铁路、港口等多领域的基础设施建设。

（1）中国工商银行

作为国有四大行之首，中国工商银行多次蝉联全球银行排行榜第一，在"一带一路"金融服务中地域辐射范围最广泛。据相关统计资料显示，中国工商银行拥有 419 家境外机构，遍布全球 42 个国家。其中，有 127 家分支机构分布在共建"一带一路"的 18 个合作国家和地区。

作为具有丰富金融服务经验的国资银行，中国工商银行积极助力"一带一路"基础设施项目的建设。目前，中国工商银行"全面支持、深度参与"的项目超过 212 个，承贷金额超过 674 亿美元，业务遍及欧亚非，在能源、交通、电力、矿产等行业基本实现了全覆盖。

（2）中国农业银行

中国农业银行是另一家重要的国有综合性金融服务银行，在 2018 年《财富》世界 500 强中排名第 40 位。近年来，中国农业银行在立足境内发展的同时，也积极将业务拓展到境外。截止到 2018 年，中国农业银行设立了 22 家境外分支机构和 1 家合资银行，范围涉及全球逾 17 个国家和地区，其中 6 个分支机构位于共建"一带一路"合作区域。

在"一带一路"倡议提出后，中国农业银行积极制定落实措施。2014—2018 年，中国农业银行已累计为共建"一带一路"合作区域逾 45 个国家办理贷款，金额达 126 亿美元。2016—2018 年，中国农业银行服务企业和共建"一带一路"合作国家贸易往来超过 2 100 亿美元。此外，中国农业银行建立了"走出去"项目库，为中铁建、中联重科等重点央企提供金融支持。

中国农业银行在稳步走出去、不断完善境外网络的同时，也通过金融机构的联动服务和合作沟通，积极助力"一带一路"建设。其中，中国农业银行作为唯一打通坚戈现钞跨境调运通道的国有银行，成功将 1.39 亿坚戈通过中哈霍尔果斯边境，调运至哈萨克斯坦人民储蓄银行，有效破解了"一带一路"建设的资金融通难题。

（3）中国银行

中国银行是我国唯一持续经营超过百年的国有银行。在全球范围内，中国银行与逾 1 600 家机构建立了代理行关系，有 179 个国家和地区被覆盖，其中有 500 家代理机构位于共建"一带一路"合作区域。同时，截至 2018 年，中国银行累计跟进"一带一路"建设的重点项目数逾 600 个，并提供超过 1 159 亿美元的授信支持。

在"一带一路"倡议提出后，中国银行提出打造"一带一路"金融大动脉，并积极为基础设施建设提供金融支持。以下是中国银行支持基础设施建设项目的案例。

案例：中国银行对安徽海螺水泥股份有限公司提供授信

项目开始时间：2015 年 3 月

项目金额：不超过 50 亿美元的授信服务

项目简介：中国银行与安徽海螺水泥股份有限公司在两会期间签署了《"一带一路"战略合作总协议》，协议表示中国银行将以综合授信方式在全球范围内向海螺水泥提供意向性授信服务，总额不超过 50 亿美元（或等值人民币），主要用来支持海螺水泥在"一带一路"的产业布局和其他新兴市场的战略推广。

为共建"一带一路"合作国家的基础设施建设提供支持是我国的战略重点，因此在战略实施中将对建设材料（包括对水泥）有着巨大需求，对我国水泥企业出口及转移产能是一个绝佳的发展机遇。海螺水泥是我国水泥行业的领军企业，

在战略、技术、资金等多个方面都具备竞争优势，并且从 2001 年开始就积极实施"走出去"战略，在共建"一带一路"合作区域的多个国家都进行了战略布局，因此中国银行对海螺水泥的资金支持有助于其加快"走出去"步伐，引导国内水泥产能向境外转移。

案例： 迪拜 950 MW 光热光伏电站项目

2019 年，中国银行作为牵头行为迪拜 950 MW 光热光伏电站项目提供资金支持。该项目是全球迄今为止规模最大的光能发电综合体，光热发电量将达到 700 MW。该项目采用世界上最先进的塔式光热发电技术和槽式光热发电技术，代表了世界新能源发电技术的发展方向。该项目由迪拜水电局 DEWA、沙特水电公司及丝路基金共同投资，上海电气为 EPC 承包商。中国银行通过参与股本金搭桥贷款（EBL）及高级债银团，为该项目提供金融支持。该项目带动了中国投资"走出去"，并为中资企业参与高技术新能源发电项目提供了宝贵的机遇，具有重大战略意义。

（4）中国建设银行

作为人民币综合业务实力领先的国有四大银行之一，中国建设银行在 2018年《财富》世界 500 强中排名第 31 位。另外，中国建设银行也是曾经的基础设施贷款专业银行，具有丰富的基础设施建设融资经验。因此，中国建设银行的金融支持对"一带一路"金融服务网络的构建具有重要意义。

自"一带一路"倡议提出以来，中国建设银行积极响应并付诸行动。截止到 2017年一季度末，中国建设银行累计为新加坡、俄罗斯、越南等 18 个共建"一带一路"合作国家的逾 50 个项目提供服务，签约额逾 98 亿美元。其中，25 个项目为基础设施建设领域的重大项目，投资额超过 470 亿美元。随着"一带一路"倡议的推进，中国建设银行参与投资的项目涉及铁路、公路、航运、能源等诸多领域，并且为这些项目提供了信贷、国际债券、金融租赁等多元化的结构性金融产品。

为响应"一带一路"倡议，中国建设银行近年来在支持基础设施项目建设方面成绩斐然。2018 年 9 月，中国建设银行新加坡分行发行了 3 亿新加坡元的"一带一路"基础设施债券，认购金额超过 6 亿新加坡元。

3. 专项投资基金

随着"一带一路"倡议的推进，相关合作国家逐渐启动大批基础设施建设项目,这些数额巨大的开支,同样需要专项投资基金的支持。其中,支持"一带一路"建设的专项投资基金主要包括:丝路基金、中国-东盟投资合作基金、中非发展基金等。

(1)丝路基金

丝路基金于2014年底在北京注册成立,由国家开发银行、中国进出口银行等共同出资,资金总规模为400亿美元。股权投资是丝路基金投资的主要类型,另外还有债券、基金、资产受托管理等多元化投资类型。在中哈产能合作基金中,也有20亿美元出资来自丝路基金。

作为中长期开发投资基金,丝路基金旨在推进共建"一带一路"合作国家的基础设施建设,同时也涉及金融合作、产业合作与资源开发。从成立至今,丝路基金在推进"一带一路"建设方面硕果累累。截至2018年8月,已有25个签约投资项目,有68亿美元的出资金额已实现,覆盖中亚、西亚、北非、南亚、东南亚,以及欧洲多地的基础设施建设。近五年来,来自丝路基金的逾5万亿美元的直接投资流向共建"一带一路"合作国家,基础设施建设和产能合作项目稳步推进,24.4万个当地就业岗位被创造,经贸区建设逐步落实,为"一带一路"建设提供了更多层次的投融资服务。

表4-3是丝路基金参与的部分"一带一路"基础设施建设项目。

表4-3 丝路基金参与的部分"一带一路"基础设施建设项目

参与时间	参与项目名称	提供资金支持情况
2018年	ACWA Power 太阳能发电项目	发电与海水淡化开发商、业主和营运商 ACWA Power 宣布,中国丝路基金将收购阿拉伯联合大公国 DEWA 700 MW 聚光太阳能发电(CSP)专案24.01%的股权
2016年	阿联酋及埃及电站项目	丝路基金以股权加债券投资方式与 ACWA 电力公司共同开发阿联酋 Hassyan 清洁燃煤电站、埃及 Darirut 天然气电站
2016年	迪拜哈翔清洁燃煤电站项目	该项目由中建三局二公司与中建中东公司以联合体形式承接,合同额为14亿元人民币。丝路基金作为项目业主投资并提供贷款,有力地提高了项目的信用保障能力,共带动了约16亿美元的中方银行信贷
2015年	亚马尔液化天然气项目	由丝路基金提供为期15年、总额约7.3亿欧元的贷款
2015年	意大利倍耐力公司	2015年6月5日,丝路基金有限责任公司成功受让倍耐力,作价15.00亿欧元
2015年	卡洛特水电站项目	采用 BOT 模式运作,于2015年底开工建设,2020年投入运营,运营期30年,到期后无偿转让给巴基斯坦政府。丝路基金此次的投资方式是股权加债权。在股权投资方面,丝路基金为三峡集团控股的三峡南亚公司注资,提供项目资本金支持,丝路基金总投资金额约为16.5亿美元

以下是丝路基金参与的"一带一路"基础设施建设项目的案例。

案例：卡洛特水电站项目

　　2015 年 4 月 20 日，丝路基金与三峡集团、巴基斯坦私营电力和基础设施委员会签署合作备忘录，启动首单对外投资。项目建设期为 2016—2020 年。

　　项目金额：项目总投资约 16.5 亿美元，采用 BOOT 方式投资建设

　　融资方式：丝路基金将投资入股由三峡集团控股的三峡南亚公司，为吉拉姆河卡洛特水电站项目提供资金支持。巴基斯坦私营电力和基础设施委员会将为丝路基金和三峡集团提供便利。丝路基金此次的投资方式是股权加债权。在股权投资方面，丝路基金为三峡集团控股的三峡南亚公司注资，提供项目资本金支持。三峡南亚公司是三峡集团在南亚国家的投资运营平台，主要投资巴基斯坦等国的水电、风电清洁能源开发项目。在债权投资方面，丝路基金与中国进出口银行、国家开发银行、国际金融公司组成银团，为该项目提供贷款资金支持。

　　项目简介：卡洛特水电站位于巴基斯坦北部印度河支流吉拉姆河流域，是吉拉姆河梯级水电开发的第四级，装机容量为 72 万千瓦，是巴基斯坦第五大水电站。卡洛特水电站是"一带一路"首个水电大型投资建设项目，也是"中巴经济走廊"首个水电投资项目，由三峡集团投资、长江委设计院设计、中国电建水电七局承建。

（2）中国－东盟投资合作基金

　　中国－东盟投资合作基金，由我国领导人于 2009 年对外宣布设立，由中国进出口银行（主发起人）、中国投资有限公司等多方共同出资，总规模达到 100 亿美元。该基金主要投资于东盟地区。东盟是全球最具活力的经济体之一，其市场空间巨大，支持东盟地区的基础设施、能源等领域的建设和发展具有重要的社会效益和经济效益。

　　中国－东盟投资合作基金使"一带一路"倡议下的双边经贸合作成果卓著。2010 年，中国－东盟自贸区建立，2015 年实现成功升级，2017 年双方贸易额达到 5 148.2 亿美元，占中国对外贸易总额的 12.5%。2018 年上半年，中国－东盟贸易额同比增长 18.9%，达到 2 326.4 亿美元。

　　中国－东盟投资合作基金一期的投资项目涵盖了能源、航运、矿产、港口、医疗等众多领域，促成柬埔寨光纤网扩展等项目，为"一带一路"基础设施建

设的互联互通发挥了重要作用。

（3）中非发展基金

中非发展基金是我国领导人于 2006 年提出，于 2007 年运营的专项投资基金。该基金旨在支持中国企业积极开展对非合作，其初始规模为 50 亿美元（由国家开发银行承办）。2015 年底，习近平宣布为中非发展基金增资 50 亿美元，使基金总规模达到了 100 亿美元。

"一带一路"倡议提出后，非洲作为海上丝绸之路的延伸，中非合作迎来大好机遇，进行基础设施互联互通的建设势必将有力推动非洲国家的发展。作为对非发展的主要平台，截至 2017 年底，中非发展基金累计对非洲 36 个国家的 91 个项目投资 45 亿美元，实际累计出资达到 32 亿美元，带动了中国企业对非投资 200 亿美元。同时，围绕基础设施建设，中非发展基金还重点聚焦了港口、航空、电力等领域的项目。中国首家专门从事基础设施项目前期开发的投资企业——中国海外基础设施开发投资有限公司，正是在中非发展基金的支持下成立的。可见，中非发展基金对未来共建"一带一路"非洲区域基础设施建设的互联互通作用巨大。

4. 传统世界多边金融机构

世界多边金融机构能够在"一带一路"基础设施建设过程中发挥其国际金融合作优势，对支持合作国家的基础设施建设提供了积极支持。其中，世界银行集团和亚洲开发银行是传统世界多边金融机构的典型代表。

（1）世界银行集团

世界银行集团（简称世界银行）是联合国下属机构，负责经营国际金融业务，包括 5 个具体机构，如图 4-2 所示。

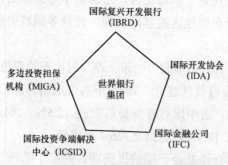

图 4-2　世界银行集团及其五大机构

在世界银行的五大机构中，国际复兴开发银行是主要的贷款机构。该机构除了向信用良好的中低收入国家提供贷款外，还可提供担保、风险管理和咨询等服务。对于最贫困国家的多边融资，世界银行集团的国际开发协会可以为其提供优惠贷款（无息、信贷或赠款形式）。

2016 年，世界银行提供贷款、赠款、股权投资和担保共 642 亿美元，其中"一带一路"相关地区占比达 60%左右。表 4-4 是世界银行 2016 财年支付资金额。

表 4-4　世界银行 2016 财年支付资金额

单位：百万美元

地区	IBRD	IDA	IBRD 与 IDA 合计	在 IBRD 与 IDA 总和中占比
非洲	874	6 813	7 687	21%
东亚和太平洋	5 205	1 204	6 409	18%
欧洲和中亚	5 167	365	5 532	15%
拉美和加勒比	5 236	303	5 539	16%
中东和北非	4 427	44	4 471	13%
南亚	1 623	4 462	6 085	17%
总计	22 532	13 191	35 723	100%

资料来源：世界银行、民生证券研究院。

世界银行在融资方面优势明显，期限长且利率低于国际资本市场，对于我国的贷款，还款期为 20 年（含 5 年宽限期）。IDA（国际开发协会）提供的软贷款，还款期限为 35 年（含 10 年宽限期），征收办法与 IBRD（国际复兴开发银行）提供的硬贷款相同。

（2）亚洲开发银行

亚洲开发银行（ADB，Asian Development Bank），简称"亚行"，主要是通过提供贷款、联合融资担保、技术援助、赠款等，支持其成员在基础设施、能源等领域的建设。

作为"一带一路"倡议推行的重要资金来源，2019 年，亚行就贡献了 337.4 亿美元的援助总额（包括联合融资），并且其服务区域遍布"一带一路"多个合作地区（见表 4-5）。

表 4-5 亚行对"一带一路"合作地区提供资金服务情况

地区	资金服务情况
中西亚	批准贷款、赠款金额为 47.6 亿美元,联合融资达 21.8 亿美元,主要用于支持能源(31%)、公共部门管理（24%）、交通运输（21%）
东亚	赠款金额为 18.6 亿美元,联合融资达 5.158 亿美元,为 43 个项目提供了 0.182 亿美元的技术支持,主要用于支持能源（35%）、农业和自然资源（30%）、交通（13%）、城市基础设施和服务（9%）、工业和贸易（7%）
太平洋	批准 23 个贷款、赠款项目,总额达 5.96 亿美元,对该地区的 31 个项目提供了 0.3 亿美元的技术支持,在联合融资上吸引了 2.23 亿美元,主要是用于支持交通（75%）、公共部门管理（13%）、城市基础设施和服务（8%）
南亚	批准 30 个贷款、赠款项目,总额达 44 亿美元,技术支持达到 0.541 亿美元,在联合融资上吸引了 23.6 亿美元,主要是用于支持交通（40%）、能源（18%）、金融（16%）、城市服务（10%）
东南亚	批准的贷款、赠款项目总额达 33.4 亿美元,主要用于支持公共部门管理（45%）、教育（16%）、交通（14%）

5. 新型多边开发金融机构

"一带一路"基础设施建设规模大且范围广,除了传统世界范围的金融机构参与外,还有新型多边开发金融机构参与。

（1）亚洲基础设施投资银行

亚洲基础设施投资银行（简称"亚投行",AIIB）,是政府间多边国际金融机构。亚投行于 2015 年底由中国主导建立,是迄今为止中国规模最大、规格最高的政府多边合作机构。亚投行致力于促进亚洲地区基础设施建设和其他生产设施的发展建设。

亚投行依托其平台,对"一带一路"倡议的落实起到了资金保障作用,与其他国际金融组织携手共同支持共建"一带一路"合作国家基础设施建设。近年来,亚投行积极发挥融资效力,对孟加拉国、巴基斯坦、缅甸、印度尼西亚、塔吉克斯坦等共建"一带一路"合作国家的能源、交通等领域的基础设施建设提供了大力支持。

表 4-6 列示了亚投行参与投资建设的部分基础设施项目。

表 4-6 亚投行参与投资建设的部分基础设施项目

参与时间	参与项目名称	提供资金支持情况
2016 年 6 月	孟加拉国电力输配系统升级扩建项目	贷款额度 1.65 亿美元,亚投行独立提供贷款

参与时间	参与项目名称	提供资金支持情况
2016 年 6 月	印度尼西亚国家贫民窟改造升级项目	贷款额度 2.16 亿美元，与世界银行联合融资
2016 年 6 月	巴基斯坦国家高速公路 M-4 的 Shorkot–Khanewal 路段项目	贷款额度 1 亿美元，与亚洲开发银行、英国国际开发部联合融资
2016 年 6 月	杜尚别－乌兹别克斯坦边界道路塔吉克斯坦境内路段改善项目	贷款额度 2 750 万美元，与欧洲复兴开发银行联合融资
2016 年 9 月	巴基斯坦水电站扩建工程	贷款额度 3 亿美元，联合融资（世界银行）
2016 年 9 月	缅甸 225 兆瓦联合循环燃气轮机发电厂项目	贷款额度 0.2 亿美元，联合融资（其他多边开发银行、商业银行）
2016 年 12 月	杜库姆港基础设施建设及铁路网项目	贷款额度 3.01 亿美元
2016 年 12 月	跨安纳托利亚天然气管道项目	贷款额度 6 亿美元

案例：孟加拉国电力输配系统升级扩建项目

项目期限：2016 年 6 月到 2019 年 6 月

项目金额：项目总投资 2.6 亿美元

融资方式：1.65 亿美元由亚投行提供贷款进行融资，贷款期限为 25 年，宽限期 5 年，贷款利率为亚投行主权担保贷款的标准利率，还款利率和还款期相关联，为伦敦银行间拆借利率（LIBOR）上浮 0.8~1.4 个百分点，还款期为 8~20 年，即如果还款期为 8 年，还款利率为 LIBOR+0.8%，如还款期为 20 年，还款利率为 LIBOR+1.4%。

项目简介：项目的目的是改进电力输送系统，增加农村和城市电力消费。项目包括两个部分：一是为孟加拉国农村地区 2 500 万人口提供电力配送；二是两处变电所的升级工程和达卡地区空中线缆入地工程。

（2）金砖国家新开发银行

金砖国家新开发银行（NDB，又称"金砖银行"）于 2012 年被提出，2015 年正式成立。金砖银行是为避免金融危机造成货币不稳定而构筑的"金融安全网"，其法定资本为 1 000 亿美元，初始资本为 500 亿美元。同时，金砖银行也为新兴经济体和发展中国家的基础设施建设（如交通、能源、港口等）提供资金支持。

共建"一带一路"合作国家的基础设施建设所需资金颇多，金砖银行的参与为夯实基础设施建设注入了原动力。根据路透社相关报道，2017年，金砖银行发放贷款250亿～300亿美元，对推动全球经济增长起到了重要作用。根据2017年金砖银行公布的发展战略，其未来重心将聚焦可持续发展，预计基础设施建设将占到其贷款项目的67%以上。

（3）上海合作组织开发银行

2014年9月，《上海合作组织成员国元首杜尚别宣言》通过，意味着上海合作组织开发银行正式进入议事程序。上海合作组织成员和观察国大多为共建"一带一路"合作国家，上海合作组织将为"一带一路"倡议的开展提供重要的机制支撑和保障，成为丝绸之路经济带建设中发展规划和机制对接的重要平台。

上海合作组织开发银行主要为上海合作组织成员的基础设施建设提供资金。上海合作组织成员中俄罗斯、哈萨克斯坦能源资源丰富，但受制于交通条件而开发有限。上海合作组织开发银行的成立将有利于弥补这些国家基础设施建设的资金缺口，推动各国间的经济合作。

6. 其他融资渠道

除了国家政策性银行、商业银行等主要融资渠道外，还有其他主要融资渠道助力推进共建"一带一路"合作国家的建设和发展，如中国出口信用保险公司。

中国出口信用保险公司是推动我国对外经贸投资发展的重要国有政策性保险公司。共建"一带一路"合作国家基础设施建设周期长、任务重，出口信用保险将起到重要作用。

中国出口信用保险公司自成立以来，对国内企业出口投资的支持作用日益显著，承保金额持续增长，从2007年的396.3万亿元人民币上升到2019年的6 098万亿元人民币；出口渗透率（出口信用保险承保金额占总出口额的比例）逐年稳步上升，从2007年的3.25%提高到2019年的19.3%，已超过发达国家平均值（15%）。截至2016年末，中国出口信用保险公司已累计投资国内外贸易项目2.8万亿美元，累计赔付94.8亿美元，带动233家银行累计为出口企业融资超过2.7万亿元人民币，对共建"一带一路"合作国家的投资达到1 133.1亿美元，跟踪项目180多个，对小微出口企业的覆盖率达到21.3%。

图 4-3 为中国出口信用保险公司承保总金额与出口渗透率情况。

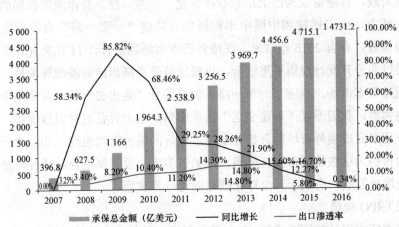

图 4-3 中国出口信用保险公司承保总金额与出口渗透率情况
资料来源：中国进出口保险公司、民生证券研究院。

中国出口信用保险公司采取重点行业重点支持的政策，向共建"一带一路"合作国家重点领域倾斜，如园区建设、路上交通和农业合作等。不同的业务，其重点支持的领域也不同，其中短期出口信贷主要关注出口增长和外贸转型升级，不仅对传统领域的转型升级提供支持，还关注自主品牌和新兴产业的发展；中长期出口信用保险则主要针对大型长期工程，如基建、电力、铁路、电信、船舶和海洋装备等；境外投资保险则侧重于服务能源、农业、境外经贸合作和收购类业务等。

4.1.2 按融资形式分类：股权融资和债券融资

对共建"一带一路"合作国家基础设施建设融资渠道的研究，往往根据主流金融机构的形式来划分。然而，由于"一带一路"倡议是全球规模的战略平台，其融资问题必然需要得到资本市场的积极响应。虽然难以和银行信贷融资的体量相提并论，但资本市场的股权融资和债券融资仍然在尽其所能地为共建"一带一路"合作国家基础设施建设填平融资缺口。下面介绍资本市场中的股权融资和债券融资。

1. 股权融资

在股权融资方式下，许多企业利用再融资和 IPO 融资这两种渠道助力共建"一带一路"合作国家的建设。

（1）再融资渠道

现阶段，再融资成为已上市企业在共建"一带一路"合作国家布局的重要手段。其中，中国铁建和中国中车积极参与共建"一带一路"合作国家的基础设施建设，并自 2016 年以来，在境外资本市场融资合计 11 亿美元。广汇能源也通过非公开发行股票募集资金，以投建哈萨克斯坦清洁能源等项目。

通过资本市场，响应"一带一路"倡议并且"走出去"的企业多集中于能源、电力类。我国不仅"基建交运"技术成熟，电力设备也有明显优势，其骨干企业逐渐完成境外市场的开拓并取得了较好的境外营收表现。同时，"一带一路"项目也为这些领域带来新机遇，比如诸多电力设备制造企业通过再融资途径实现境外发展，有利于其全球化战略的进一步实现。

（2）IPO 渠道

随着资本市场的逐渐成熟，IPO 是再融资之外另一个能够填补"一带一路"基础设施建设融资缺口的良好渠道。

与再融资不同，IPO 对"一带一路"基础设施建设融资的影响更多地体现在 IPO 发审方面，能够给予相关地区一定的优惠政策。2017 年 1 月，新疆桥头堡地区，当地政府、生产建设兵团及相关部委联合发布《关于发挥资本市场作用 进一步支持新疆经济社会发展的战略合作协议》。该协议生效后，新疆 IPO 上市和新疆板挂牌将享受"即报即批"的绿色通道。

与"一带一路"倡议有交集的新天燃气、贝肯能源、德新交运、熙菱信息、立昂技术等企业已经享受了"绿色通道"。可见，IPO 渠道也是"一带一路"基础设施建设融资可以考虑的选择。

2. 债券融资

债券融资是资本市场上另一种较为传统的常见融资形式。共建"一带一路"合作国家的基础设施建设需要大量的融资资金，而债券市场往往具有信息公开、市场化程度较高、融资体量较大等特点，因而引起了广泛关注。虽然没有"一带一路"债券之说，但许多共建"一带一路"合作国家的相关基础设施建设项目也采用了债券融资这种募集资金的形式，其中主要包括境内企业债和熊猫债。

（1）境内企业债

于 2015 年发布的《推动共建丝绸之路经济带和 21 世纪海上丝绸之路的愿景与行动》将基础设施建设视为"一带一路"倡议的重点优先领域。对此，"一带一路"倡议中债券融资的焦点也正是基础设施建设领域。

福建和新疆是境内企业债现阶段的重点支持区域，截至 2017 年 4 月，发债规模约计 2 350 亿元,而"一带一路"倡议互联互通中的重点领域的发债更是颇具规模,如建设类企业发行的债务融资工具高达 1 433.6 亿元。2017 年 4 月,浙江恒逸集团有限公司企业债券获批,成为首只采用境内人民币债券融资以支持"一带一路"倡议的债券。该债券的融资将用于与文莱政府合作的石油化工项目。同期,伊宁国资公司也为"一带一路"倡议提供了服务和保障,也采用发行中期票据的方式融资,用于保税物流中心项目建设(该中心在中国-中亚贸易中发挥重要作用)。类似地,厦门海沧投资也采用发行中期票据的方式融资,以用于东南国际航运中心总部大厦项目建设。

(2)熊猫债

熊猫债,即境外发行人在境内发行的人民币债券(其命名始于 2005 年 9 月),属于国际债券中的外国债券。

2016 年,波兰成为首个进入我国内地市场发行熊猫债的欧洲主权国家。2017 年 3 月 16 日,俄罗斯铝业联合公司成为首家在我国发行熊猫债的共建"一带一路"合作国家的企业。随着"一带一路"基础设施建设的推进,截至 2017 年 4 月末共发行 265 亿元的熊猫债。同期,完成注册的熊猫债有 2 371 亿元(共成功发行 30 单,合计 631 亿元),涉及 25 家境外发行人。该数据表明,银行间市场用于支持"一带一路"倡议的熊猫债,注册规模超过 25%,已发行的规模接近 50%。其中,属于"一带一路"建设的重要港口——漳州招商局港口,也是通过发行熊猫债的方式募集 25 亿元资金,用于支持码头的建设。

据中国银行间市场交易商协会资料,截至 2018 年 3 月初,波兰、匈牙利、阿联酋沙迦酋长国、法国液化空气、普洛斯洛华及招商局港口等"一带一路"相关的国家及企业已累计注册超过 1 200 亿元的熊猫债,超过 480 亿元已发行。

表 4–7 列示了"一带一路"熊猫债的部分发行情况。

表 4–7 "一带一路"熊猫债的部分发行情况

时间	交易所/市场类型	承销商	企业/国家名称	发行规模	资金用途
2016 年 8 月	中国银行间债券市场	汇丰银行	波兰	30 亿元	用于"一带一路"相关建设
2017 年 2 月	上海证券交易所	中国国际金融有限公司	俄罗斯铝业联合公司	首期熊猫债 10 亿元	用于"一带一路"相关建设
2017 年 7 月	中国银行间债券市场	中国银行	匈牙利	10 亿元	用于"一带一路"相关合作项目

时间	交易所/市场类型	承销商	企业/国家名称	发行规模	资金用途
2017年9月	上海证券交易所	中国国际金融有限公司	俄罗斯铝业联合公司	第二期熊猫债10亿元	用于"一带一路"相关建设
2018年2月	深圳证券交易所	招商证券股份有限公司	招商局港口控股有限公司	5亿元	收购位于斯里兰卡南部的汉班托塔港港口
2018年2月	深圳证券交易所	招商证券股份有限公司	普洛斯洛华	12亿元	利用资金收购英国、德国、法国和荷兰的物流基础设施资产
2018年2月	中国银行间债券市场	中国银行	阿联酋沙迦酋长国	20亿元	用于"一带一路"相关建设

随着"一带一路"倡议的推进，合作国家项目蓬勃发展，资金需求势必增大，熊猫债不失为满足资金需求的重要途径。

（3）"一带一路"专项债券

由于"一带一路"基础设施建设需要投入巨额资金，投资回报期长且跨境建设涉及国家多，远非单国国力之所能及。同时，仅靠股权型资金（如亚投行和丝路基金等主要以股权投资为主）不足以填补巨大的融资缺口。在我国，债券市场对外开放程度逐渐提高，境内外机构人民币债券的发行类型及涉及区域在不断丰富和拓展，"一带一路"专项债券的融资环境逐步成熟。

当前"一带一路"倡议的债券业务主要分为金融机构承销和金融机构直接发行两种方式。在债券承销业务方面，金融机构几乎全部都能参与进去，具有较强的可行性与普适性。但是金融机构的大部分承销业务尤其是非国有银行的承销业务是服务于国内项目。在债券承销的过程中，金融机构要做好风险管控。在选择客户时，不能仅仅根据企业规模、评级情况、所处行业、经营现金流等"硬性指标"来选择债券客户，还要考虑企业本身的管理水平、发展潜力、抗风险能力、后续管理的潜在风险等"软性指标"。

随着人民币国际化进程的推进，国内一些金融机构，尤其是四大国有银行已尝试发行"一带一路"专项债券，各国的本土金融机构也选择发行人民币债券来募集资金，但相较其他的融资方式，规模偏小。

根据证监会报道，为推进"一带一路"建设，我国积极开展了"一带一路"专项债券试点，已有共11家企业发行235亿元"一带一路"专项债券。表4-8

列示了"一带一路"专项债券的部分发行情况。

表4-8 "一带一路"专项债券的部分发行情况

时间	承销商	债券名称	资金规模	发行地	备注
2014 年 9 月	中国工商银行	"狮城债"	40 亿元	新加坡和中国台湾	—
2014 年 9 月	中国农业银行	全球中期票据计划的"酋长债"	10 亿元	迪拜	—
2014 年 9 月	马来西亚国家再抵押机构	离岸人民币债券	15 亿元	马来西亚	—
2015 年 6 月	中国银行	"一带一路"债券	40 亿美元	迪拜、新加坡、中国台湾、中国香港和伦敦	—
2015 年	中国交通银行四川省分行	2015 年第一批四川省政府一般债券	450 亿元	中国	—
2017 年 9 月	中国工商银行卢森堡分行	"一带一路"绿色气候债	21.5 亿美元、欧元双币种	卢森堡	首只"一带一路"气候债券
2017 年 10 月	中国建设银行金华分行与国泰君安联合承销	"一带一路"专项永续债券（红狮控股集团有限公司 2017 年第四期中期票据）	10 亿元	中国	全国民营企业首次获批发行"一带一路"永续债，用于"一带一路"项目老挝万象水泥项目、尼泊尔红狮希望水泥项目资本金
2017 年 11 月	云南能投集团	境外第三期美元债，"3 年+5 年"	6 亿美元	国际资本市场	云南省首家境外债券成功发行者
2017 年 12 月	国家开发银行	5 年期固息"一带一路"专项债券	3.5 亿美元	中国香港	国家开发银行发行的首笔"一带一路"专项债
2017 年 10 月	中国建设银行新加坡分行	"一带一路"基础设施"新元债"	5 亿新加坡元	新加坡	募集资金主要用于"一带一路"相关项目的融资
2017 年 7 月	浦发银行	厦门翔业集团有限公司 2017 年第三期超短期融资券（债券通）	5 亿元	中国	国内首单服务于"一带一路"的债券通债务融资工具
2017 年 4 月	兴业银行	厦门东南国际航运中心建设项目的中期票据	10 亿元	中国	全国首批服务"一带一路"建设项目的中期票据
2017 年 4 月	兴业银行	新疆伊宁保税物流中心的中期票据	注册 15 亿元，首期发行 6 亿元	中国	全国首批支持"一带一路"建设项目的中期票据之一

时间	承销商	债券名称	资金规模	发行地	备注
2017年4月	国开证券	2017年浙江恒逸集团有限公司企业债券	15亿元	中国	我国首只专项支持"一带一路"建设的企业债券
2018年11月	云南能投集团	境外第4期美元债	2亿美元	国际资本市场	云南省首家境外债券成功发行者

4.2 融资模式的主要分类

共建"一带一路"合作国家的基础设施整体水平落后，其建设需求迫切且规模庞大。对我国而言，加强与共建"一带一路"合作国家在基础设施建设方面的合作，有助于缓解国内基建行业的剩余产能。而产能"走出去"的前提是使资本"走出去"，基础设施建设项目的推进也需要以稳健的资金作为保障。

4.2.1 政府主导模式

政府是推进"一带一路"建设的主要金融支撑力量。各类银行和投资基金为"一带一路"项目提供了多样的融资方式，包括发放贷款（包括银团贷款、并购贷款等）、发行证券、股权融资、银行授信、融资租赁、资产证券化（ABS）、银行理财基金等。

在我国，作为央行的中国人民银行是国家层面重要主导力量的体现。中国人民银行为推进"一带一路"建设，与众多合作国家的央行通过签署协议的方式，达成双边本币互换。此外，中国人民银行还在许多国家进行人民币清算行的设立。与此同时，开放性金融机构、政策性金融机构、商业银行及投资基金等也在加大扶持力度。比如，国家开发银行和中国进出口银行为响应"一带一路"倡议，尽职为合作国家基础设施建设发放贷款。以中国出口信用保险公司为代表的其他重要金融机构也积极参与。

在世界范围内，金砖银行、亚投行、丝路基金等都是政府主导模式下的代表，它们积极参与"一带一路"基础设施建设，为合作国家提供便捷和全面的金融服务。不仅如此，随着"一带一路"倡议的推进，各国政府或全球官方金融机构之间也在积极加强合作，全球性的金融网络逐渐成型。

可以说，在政府主导模式下，各国政府及官方金融组织为"一带一路"基础设施建设投入了大量的财力和物力，是十分重要的融资模式。

4.2.2　PPP 模式

然而，"一带一路"基础设施建设需求庞大，覆盖范围大、涉及投资领域广，且多为跨国项目，项目结构复杂，参与主体繁多。与此同时，共建"一带一路"合作各国基础设施建设水平不一，中低收入国家的基础设施建设仍严重滞后。因此，"一带一路"基础设施建设资金仅靠政府远远不够，需要社会资本的参与。

表 4-9 列示了与"一带一路"倡议相关的主要基础设施。

表 4-9　与"一带一路"倡议相关的主要基础设施

序号	类　　别
1	铁路、公路、航空、水运等交通运输领域
2	水库、大坝及城市供排水、污水处理、空气净化等环保水利领域
3	石油、煤炭、天然气、电力等能源动力领域
4	住宅区、别墅、公寓等居住建筑领域
5	高档酒店、商场、写字楼、办公楼等办公商用建筑领域
6	与电信、通信、信息网络相关的邮电通信领域等

上述基础设施建设具有如下特点。首先，需要投入巨额资金，并且建设运营具有长周期性。如果由政府或者某个公司单独承接，资金周转压力都将非常巨大。其次，基础设施具有较高的资产专用性，交易双方互相需求、依赖程度较高，相对于外部市场合同形式，更倾向于采用内部组织一体化形式。最后，基础设施自然垄断性较高。某领域内，通常只由某一企业负责。上述特点使得基础设施建设不仅需要政府主导，也需要民间资本参与。对此，PPP 模式恰逢其时。

作为基础设施建设的基本方式，PPP 模式能够与基础设施建设形成较好的配合。具体而言，PPP 模式（public private partnership，公共私营合作制），是政府与私人组织之间建立合作，完成基础设施建设项目或其他公共服务设施等。在该模式下，通过合同的签署界定权责，通过有效合作实现"1+1>2"的基础设施建设效果。

在 PPP 模式下，政府通常与中标的建筑公司、服务经营公司等进行特许合同的签订，交由其负责建设与经营，并且允许其利用基础设施建设收益偿还贷款、支付债券等融资工具的利息，并向特殊目的的公司的股东或合伙人分红。

PPP 模式具有以下特点：首先，PPP 模式是一种由 BOT 模式发展而来的新型融资模式，以项目为主体，根据项目的预期收益和政府扶持力度来安排融资；其次，在该模式下，风险能够被更好地分担，同时也降低了政府的融资难度；再次，民营资本在一定程度上得到了相应的补偿；最后，PPP 模式有利于减轻财政负担，转变政府在基础设施建设中的角色。

4.2.3　BOT 模式

BOT 模式最早起源于发达国家并且出现在石油领域。随着社会的发展，基础设施建设的需求日益迫切，而政府财力可能存在不足的情况，此时 BOT 模式应运而生。此后，该模式逐渐被其他领域的基础设施建设项目所采用并迅速发展。

BOT 模式〔建设（build）—经营（operate）—转让（transfer）〕，通常是政府与私人公司双方签订协议，此后由私人公司进行项目的经营管理，并获取收益来弥补其投资。待到约定的运营期满，由政府无偿收回项目的所有权。

图 4-4 为 BOT 模式。

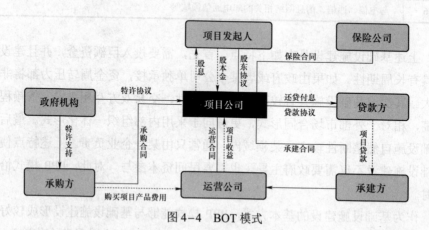

图 4-4　BOT 模式

将基础设施的经营权抵押给私人公司是 BOT 模式的明显特征，其抵押目的是获得融资且是有期限的。那么，私人公司必须得到政府授予的特许权，并且政府将在特许期满时收回项目的经营权。因此，私人公司仅在特许期内享有项目的经营权,而项目的所有权始终属于政府。

　　鉴于基础设施往往具有一定的公共福利属性,为促成 BOT 模式,政府往往会对未达到最低收益率标准的私人公司给予一定补偿。基于此,BOT 模式常见于投资大、建设时间长且运营获利性较好的基础设施建设项目(如机场、港口、收费公路等)中。可见,BOT 模式的实质是利用资产进行融资,项目投入使用后所产生的现金流量是偿还贷款和提供投资回报的唯一来源。

　　BOT 模式对发达国家和发展中国家有着不同的优点。对发达国家而言,可以做到:第一,政府采用 BOT 模式可以减少政府债务和赤字;第二,提高私营公司的效率。对发展中国家而言,则存在以下优点:第一,BOT 模式可以帮助政府解决由经济发展推动带来的基础设施建设的强劲需求问题;第二,会加速促进技术转移和效率的提高。

　　然而也要注意,BOT 模式虽然使政府的建设及融资风险被私人公司分担,但可能会造成设施的掠夺性经营等问题。

案例:"牙买加 H2K 高速公路南北线"项目

　　项目名称: 牙买加 H2K 高速公路南北线

　　项目意义: 牙买加历史上最大的交通运输类项目;最大的中牙经济合作项目;中交建在牙买加投资的首个基础设施项目;中资企业在境外的首个高速公路 PPP 项目。

　　项目类别: 交通运输——高速公路建设

　　建设内容: 连接西班牙城和牙买加旅游中心奥乔里奥斯的高速公路南北线,全长 66.163 km,双向四车道,设计时速 80 km。

　　总投资额: 7.34 亿美元

　　运作方式: BOT 模式

　　合作期限: 建设期 3 年,运营期 50 年

　　项目公司: 牙买加南北高速公路公司成立于 2011 年 9 月 13 日,注册资本为 50 万美元,为项目借款方和运营方。该公司由中交国际、中国港湾、中交一航局等共同出资成立。

　　融资方案: 项目的银行贷款全部由国家开发银行提供。2013 年 8 月 27 日,项目公司与国家开发银行签署贷款协议,根据长期贷款协议,南北高速配套资本金与贷款的比例为 1:3,项目资本金约 1.5 亿美元,贷款额度为 4.255 亿美元和 2

亿元人民币，贷款期限为 20 年，其中宽限期 3 年（含建设期），还款期为
2017—2033 年，合同约定贷款利率为 6 个月 Libor +460BP。

4.2.4 BT 模式

BT 模式是 BOT 模式的一种变换形式，即建设（build）—转让（transfer），
故 BT 模式更为简单。同样地，在基础设施建设竣工后，由政府按协议收回。

图 4–5 为 BT 模式。

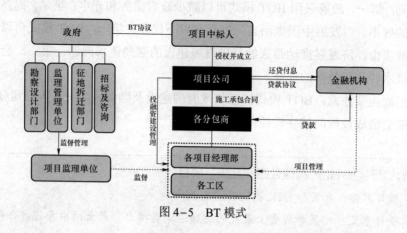

图 4–5　BT 模式

BT 模式有如下特点：一方面，该模式局限于政府的非经营性基础设施建
设项目；另一方面，项目建成移交前，私人资本不涉及经营，故也不涉及经营
收入问题。

基于此，BT 模式往往适用于基础设施建设准备工作较成熟但亟待投建，
建设资金能够回收但时间较长的项目，包括：土地储备整治及开发（BT 模式）；
城镇供水项目（BT 模式或 BOT 模式）；污水处理项目（BT 模式或 BOT 模式）；
水电站，特别是小水电站开发项目（BT 模式或 BOT 模式）；河堤整治开发建
设项目（BT 模式）；部分水源建设项目（BT 模式）。

4.2.5 BOO 模式

BOO 模式，即建设（build）—拥有（own）—经营（operate），是政府授权
给私人公司，私人公司融资建设基础设施，拥有其所有权和经营权，而政府不
再收回所有权。

与 BOT 模式不同，BOO 模式下不涉及基础设施建设项目所有权的移交，

代表了高级别的私有化。在 BOO 模式下，所有权由私人公司拥有，其在基础设施建设项目上拥有绝对的产权。

BOO 模式的优点是：一方面，它为政府节省了大量的人力、财力、物力；另一方面，由于私人公司拥有基础设施建设项目的所有权，也便于促进其采用先进的技术完成建设和管理，同时私人公司也能从中获得相应回报。

案例：巴基斯坦卡西姆港燃煤电站项目

项目名称：巴基斯坦卡西姆港燃煤电站。

项目意义：卡西姆港燃煤电站建成后，可作为巴基斯坦南部的一个火电基地，直接接入 500 kV 主网，送至中北部地区，满足中北部地区的电力需求。卡西姆港燃煤电站对巴基斯坦调整电力及能源结构、缓解供需矛盾、优化投资环境、促进基础设施建设和人口就业、改善民生等方面都将产生深远影响。

项目类别：大型电力能源类项目。

建设内容：建设电站工程、电站配套的卸煤码头及航道工程，电站设计安装 2 台 660 MW 超临界机组，总装机容量为 132 万 kW，年均发电量约 90 亿度，采用进口煤发电，工程建设期为 36 个月。两台机组将分别于 2017 年 12 月 30 日和 2018 年 3 月 31 日投产发电，项目将于 2018 年 6 月底进入商业运行。

总投资额：20.85 亿美元

运作方式：BOO 模式。中国电力建设集团负责整个项目的规划、设计、采购、施工与运营，期满后可向巴方政府申请继续运营。

合作期限：建设期 3 年（2015—2017 年），运营期 30 年。

项目公司：项目公司由卡西姆港能源（迪拜）投资有限公司全资设立，后者由中国电建海外投资公司（股比 51%）和卡塔尔 Al Mirqab Capital 公司（股比 49%）共同出资设立。

融资方案：向中国进出口银行贷款，巴基斯坦政府提供主权担保。

4.2.6 BOOT 模式

BOOT 模式，即建设（build）—拥有（own）—经营（operate）—移交（transfer），是由私人公司融资进行基础设施建设，竣工后，在规定期限内拥有所有权和经营权。期满后，私人公司将基础设施建设项目移交给政府。

BOOT 模式主要具有以下两方面的特征。一方面，所有权的归属。在 BOOT

模式下，私人公司在项目建成后的约定期间，同时拥有所有权和经营权。不同于 BOT 模式，BOOT 模式存在一定的私有化，并未在基础设施建设完成后立即丧失所有权。因此，对于政府不适宜将所有权转让的基础设施建设项目（如收费公路、桥梁、铁路等），往往会采用 BOT 模式，而非 BOOT 模式。另一方面，时间周期较长。与 BOT 模式相比，BOOT 模式多了一个拥有环节。那么，相对而言，BOOT 模式从"基础设施建设完成到移交"的链条要比 BOT 模式长，实际中往往所用时间也更长。

案例：斯里兰卡科伦坡港口城项目

　　项目名称：斯里兰卡科伦坡港口城项目。

　　项目意义：加强中斯两国合作关系；践行国家"一带一路"倡议；把握优质投资机会，实现国有资产保值增值。

　　建设内容：项目分两期，一期的主要内容为：填海造地陆域面积约 269 公顷，一条长约 2 000 m、宽约 70 m 的运河，一条总长 3 245 m 的防波堤（两侧含沙堤）和 10 公顷沙滩，并完成一期规划区域内的道路、绿地、给排水、供电、通信及其他管线等基础设施建设运营维护、土地销售及开发。二期的主要内容为：二期规划区域内的道路、绿地、给排水、供电、通信及其他管线等基础设施建设。

　　总投资额：约 13.96 亿美元。其中，一期投资 11.50 亿美元，二期投资 2.46 亿美元。

　　运作方式：BOOT 模式。

　　合作期限：一期于 2014 年 9 月开工，原计划工期 4 年，后计划于 2021 年初建成；二期计划 2022 年 3 月开工，工期 2 年，2024 年 4 月建成。

　　项目公司：项目由斯里兰卡大都市和西部发展部协调海域使用权及负责项目区域外的配套设施建设；由中国港湾负责项目投融资并进行填海造地形成 269 公顷陆域，并负责项目区域内基础设施建设运营维护、土地销售及开发。

　　融资方案：项目一期融资 8.05 亿美元，占一期总投资额的 70%，贷款期 10 年（含宽限期 3 年）。项目一期贷款协议已于 2017 年 5 月 12 日与国家开发银行签署。项目二期拟以本债比 3:7 的比例进行融资。

4.2.7　TOT 模式

　　TOT 模式，即移交（transfer）—经营（operate）—移交（transfer），是政府将已建成项目有偿移交给私人公司，交由其在合同期内运营并收回投资，期满后再移交给政府。

图 4-6 为 TOT 模式。

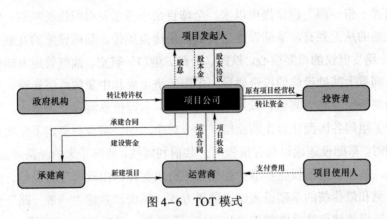

图 4-6 TOT 模式

在 TOT 模式下,财政资金可以被灵活运用。当财政资金充裕时,政府可自行筹建并管理、运营基础设施建设项目;反之,政府则可以借助 TOT 模式,转让经营权以获取资金。值得注意的是,政府在建设阶段全权负责并承担风险,而私人公司在运营阶段承担责任并获取回报,这种责任安排有利于双方统筹协调,也便于提高项目的建设效率及运营效率。

与 BOT 模式不同,TOT 模式不涉及建设环节,私人公司因此规避了建设风险。另外,私人公司在接手项目时便可以取得正常运营收益,这也使其向金融机构质押再融资更便利。

4.3 项目融资的影响因素

"一带一路"基础设施建设项目所需资金数额庞大、时间长,绝非一国之力能承担,而是需要汇集政府、双边或多边金融机构、私人公司等各方力量持续发力。同时,"一带一路"基础设施建设涉及的国家众多,跨国合作也使项目融资对金融监管的制度环境变化尤为敏感。下面对"一带一路"项目融资可能涉及的主要影响因素进行介绍。

4.3.1 合作国家的财政实力

作为承载历史发展使命的战略平台,"一带一路"倡议将中国与全球相连,构筑起全球合作共赢的"世界梦"。合作各国的往来随之密切，基础设施建设的合作发展空间和潜力巨大，给各国经济发展注入了强劲动力。

自"一带一路"倡议提出以来，全球百余个国家及组织纷纷响应，实现了互联互通的从无到有，基础设施建设的成果捷报频传。基础设施的互联互通是"一带一路"倡议的重要核心，铁路、公路、港口、航空、油气管道及输电线路等一系列重大基础设施的投资建设，中巴经济走廊和中蒙俄经济走廊、中欧班列、匈塞铁路、雅万高铁、瓜达尔港、中国－东盟信息港等变为现实，这些逐步扫清了阻碍各国深化合作的桎梏，为今后全球的经济合作奠定了坚实基础。

同时，基础设施建设具有很强的公共福利属性，能够带来的经济效益有限。基于此，基础设施的投建及维护往往依赖财政支撑，由政府垄断经营，并且成为最常见和最传统的基础设施建设融资方式。然而，共建"一带一路"合作区域的基础设施建设往往跨越国界和边境，不再是一国内部的"家事"，而是全球参与的"天下事"。因此，更需要各国政府协调，公共部门起到"领头羊"作用，同时也能够发挥政府对公共福利项目的监督管理职能。因此，对基础设施建设提供国家层面的财政支持十分重要。

作为倡议国，我国积极参与基础设施投资和建设，体现了大国的责任与担当。作为"一带一路"基础设施建设投资资金的主要供给国，我国以国家主权财富基金、国家政策性银行贷款、商业银行贷款、开发性银行贷款等多种形式进行投资。

截至 2017 年末，中国工商银行累计支持"一带一路"项目 358 个，合计承贷金额约 945 亿美元。其中，包括许多具有重要影响力的重大项目，如近年来总投资规模前三的电力项目：阿根廷核电项目、安哥拉卡卡水电站项目及迪拜哈翔燃煤电站项目。除此以外，中国工商银行还为中巴经济走廊多个项目提供融资服务。

截至 2018 年末，中国进出口银行支持"走出去"项目的贷款余额超过 1 万亿元人民币，遍布全球 70 多个国家和地区；支持国际基础设施建设贷款余额超过 6 000 亿元人民币，支持项目 1 000 多个，覆盖公路、铁路、机场、航运、电力、水利、通信等基础设施重点领域，取得了良好的经济效益和社会效益。

截至 2018 年 6 月，中投公司在共建"一带一路"合作国家的投资已经达到 222 亿美元，涵盖科技、农业、电力等领域。

截至 2019 年末，中国银行跟进"一带一路"重大项目逾 600 个，提供约

1 300 亿美元授信支持，发行债券近 150 亿美元。

截至 2019 年 9 月末，中国建设银行累计为俄罗斯、巴基斯坦、阿联酋、越南、沙特阿拉伯、马来西亚等 30 个共建"一带一路"合作国家的 136 个项目提供了金融支持，签约金额约 22.67 亿美元，涉及电力热力生产、交通运输、水利设施、石油和天然气开采等基础设施建设领域。

4.3.2 金融网络的合作水平

由于共建"一带一路"合作区域基础设施建设往往在地理上跨越国界，属于全球性的公共福利设施。同时，由于基础设施建设开支庞大，政府财力往往难以负荷，而构筑金融网络则能对政府财政资金不足进行很好的补充。因此，全球性金融网络的合作水平也是"一带一路"基础设施建设项目融资的重要影响因素。

世界银行的统计数据显示，到 2030 年，预计全球基础设施建设投资需要 57 万亿美元，而发展中国家若想满足未来需求并维持当前的经济增速，则需要每年投入 2 万亿美元用于基础设施建设。

然而，由于刚性的财政约束普遍存在于这些合作国家及地区，因而部分国家在基础设施建设投资方面力不从心，投资支出匮乏，从而使基础设施建设逐渐落后。例如，叙利亚、缅甸、俄罗斯等国财政紧张，赤字甚至超过国际警戒线，无力平衡甚至承担基础设施建设开支。另外，共建"一带一路"合作多国的人均铁路、公路里程指标都远远低于我国平均水平。与此同时，我国西北部省、自治区与共建"一带一路"合作国家进行对接，其铁路、公路与高速公路的密度也大大落后于我国的平均水平，基础设施水平亟待提升，需求十分迫切。

对此，构筑全球性的金融网络合作平台将有助于为"一带一路"基础设施建设提供持续稳定的资金来源，为国家财力不足提供有效补充。基于此，一系列金融服务机构逐渐形成全球合作。

截至 2017 年末，中国工商银行已在全球 45 个国家和地区建立了 419 家境外机构，与 143 个国家和地区的 1 545 家境外银行建立了代理行关系，服务网络覆盖六大洲和全球重要的国际金融中心。其中，在共建"一带一路"合作区域的 20 个国家和地区拥有 129 家分支机构，业务范围涵盖电力、交通、油气、机械、农业等。2019 年 4 月，第二届"一带一路"峰会的成果清单上，中国工商银行发行首只"一带一路"银行间常态化合作机制绿色债券，并与欧洲复兴开发银行、法国东方理汇银行、日本瑞穗银行等 BRBR 机制相关成员共同发布"一带一路"绿色金融指数，深入推动"一带一路"绿色金融合作。

截至 2019 年 4 月，已有 11 家中资银行在 28 个合作国家设立了 76 家一级机构，其中中国银行已在共建"一带一路"的 24 个合作国家设立分支机构，22 个合作国家的 50 家银行在中国设立了 7 家法人银行、19 家外国银行分行和 34 家代表处。

截至 2019 年 11 月，中国人民银行与欧洲复兴开发银行签署加强第三方市场投融资合作谅解备忘录，中国进出口银行与瑞穗银行、渣打银行等同业机构签署"一带一路"项下第三方市场合作协议，国家开发银行与白俄罗斯银行、智利智定银行、斯里兰卡人民银行签署融资合作协议等。

作为传统世界多边金融机构的代表，世界银行和亚洲开发银行是助力"一带一路"建设的重要力量，是全球性金融服务网络中的重要成员，其中世界银行提供的贷款融资期限长、利率低。根据相关报道，政策性银行、亚投行及丝路基金对共建"一带一路"合作区域的投资很大部分是与世界银行合作的。

相关统计资料显示，世界银行通过贷款、赠款、股权投资和担保等形式向成员和私营企业提供资金共计 642 亿美元，其中共建"一带一路"合作地区占比为 60%。

图 4-7 为国际复兴开发银行 2016 年度对共建"一带一路"合作区域的融资情况。

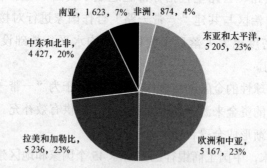

图 4-7　国际复兴开发银行 2016 年度对共建"一带一路"
合作区域的融资情况（单位：亿美元）
资料来源：世界银行、民生证券研究院。

国际复兴开发银行是世界银行对"一带一路"建设的主要融资机构，主要行业分布情况如图 4-8 所示。

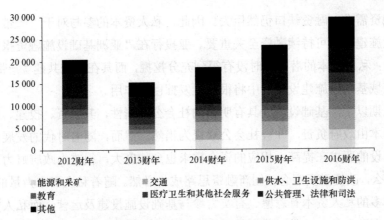

图 4-8 IBRD 融资主要行业分布（单位：亿美元）

资料来源：世界银行、民生证券研究院。

而具有区位优势的亚洲开发银行，其融资的性价比较高且种类较多，是东南亚地区"一带一路"基础设施建设融资的中流砥柱。此外，作为新型多边开发金融机构的代表，亚投行和丝路基金也在金融合作网络中起到越来越最重要的作用。亚投行对"一带一路"基础设施建设融资专项性较好，同时也能够与丝路基金等进行金融创新合作，从而对"一带一路"基础设施建设融资发挥重要作用。类似地，由中国在内的五个金砖国家发起的金砖国家新开发银行，也在为"一带一路"基础设施建设项目提供融资支持。

现阶段，其他新型多边开发性金融机构等金融合作力量也在持续助力，使金融网络合作平台的规模效益日益增大，这为创新融资方式、缓解各国政府压力提供了有力的支持和保障。

4.3.3 私人资本的参与力度

除了政府财政支持及金融机构形成的网络合作平台外，私人资本也是非常重要的项目融资影响因素。

基础设施建设是"一带一路"互联互通的关键内容，有助于国际贸易通道的建立和提升贸易能力，进而推动经济增长。然而，"一带一路"范围广阔，部分合作国家基础设施建设底子薄弱、财力吃紧，融资需求巨大。根据亚洲开发银行的预测，到 2030 年仅亚洲的基础设施建设投资就需要 22.6 万亿美元，这意味着每年需融资 1.7 万亿～2 万亿美元。然而，现有政府资助、亚投行、丝路基金、政策性银行及商业银行等渠道的资金总和大约只能满足每年 4 000 亿美元的融资需求，融资缺口仍然巨大。因此，私人资本的参与对于"一带一路"基础设施建设的可持续融资至关重要。亚投行在"亚洲基础设施融资报告"中也提出：私人资本的潜力暂时没有得到充分挖掘，而其在未来共建"一带一路"合作区域基础设施建设融资中将很可能发挥巨大作用。

长期以来，基础设施因具有明显的社会公益属性，其融资、投建、运营和维护基本由政府负责，并被社会公众视为当然。然而，随着时代的发展，基础设施建设的要求在提高，相应的资金需求也愈加庞大，很难由政府财力单独负担。那么，改变融资观念，创新融资思路成为必然。随着私人资本力量的兴起，越来越多的私人资本有意愿、有实力参与基础设施投建及运营。而私人资本的参与也有助于使"一带一路"基设设施建设的融资结构更为合理，并形成有效的风险分担结构。同时，私人资本具有管理高效的特性，能够提高资金的整合能力。

因此，放眼未来，采用 PPP 模式及相关的政策支持可能给予私人资本更大的发挥空间，从而使"一带一路"基础设施建设项目的融资缺口得到有效缓解。

4.3.4　金融监管的制度环境

由于共建"一带一路"合作区域广泛，基础设施建设往往可能跨越国界和边境。因此，对于项目融资而言，金融监管的制度环境是其重要的影响因素。

亚投行在"亚洲基础设施融资报告"中也认为，信贷环境对基础设施建设项目的融资而言是敏感因素。

基于此，营造良好的金融监管制度环境对于"一带一路"基础设施建设融资将起到经济的保障作用。对此，出于对跨境金融监管的重视，中国银保监会积极与境外金融监管机构进行合作。据相关统计资料，截止到 2017 年底，中国银保监会与共建"一带一路"的 32 个合作国家的金融监管部门进行合作（合作换文或签署 MOU），这意味着各国的金融监管部门在正式信息共享及监管合作方面达成了共识。2018 年 7 月初，李克强总理出席第七次中国–中东欧国家（16+1）领导人会晤，并进一步提出了对中东欧国家与中国签署双边金融监管合作的欢迎。

加强金融监管，有助于构建共建"一带一路"合作区域跨境的良好金融环境，从而对金融服务水平的提升、金融风险的防范起到积极作用。

未来，我国还将与共建"一带一路"合作国家建立深入长期的监管合作，并积极提升监管有效性,为支持基础设施建设融资营造健康、良好的金融合作环境。

4.4 本章小结

本章对"一带一路"基础设施建设融资的模式进行了介绍,并且对项目融资的影响因素进行了梳理。为便于理解,本章还提供了部分来自民生证券、世界银行的统计数据,以供读者参考。

第 5 章
"一带一路"基础设施
投融资的现状与风险

本章主要对"一带一路"基础设施投融资的现状及风险进行介绍，具体从现阶段"一带一路"基础设施建设与发展入手，进一步介绍投融资的现状，进而剖析投融资面临的主要风险。在此基础上，为了更生动地解读"一带一路"基础设施投融资风险，本章还列举了相关案例。

5.1 "一带一路"基础设施建设与发展的现状

现阶段，全球基础设施建设的资金缺口仍较大。在"一带一路"倡议提出五年后，我国在基础设施建设投融资方面不懈努力，取得了很大进展。基础设施建设是"一带一路"倡议资金融通的归宿和落脚点，因此本部分首先对"一带一路"基础设施建设与发展的现状进行梳理。

5.1.1 基础设施总体发展向好

"一带一路"倡议一经提出便得到了世界各国的广泛关注，并陆续得到共建"一带一路"合作国家的积极参与。基础设施的互联互通,是合作国家参与共建"一带一路"的重要途径。近年来,随着"一带一路"建设的稳步推进,铁路、港口等重大基础设施互联互通取得了重要进展,如莫喀高铁、亚吉铁路等项目的完成,不仅使合作国家的基础设施水平得到了较大改善,而且为我国与其他国家双边或多边互利合作奠定了重要基础。

中国对外承包工程商会的统计资料显示,2018 年共建"一带一路"合作各国的基础设施发展总体向好,近十年的发展总指数总体呈上升趋势,并于 2018 年达到了新高(124)。

图 5-1 列示了共建"一带一路"合作国家基础设施发展总指数情况。

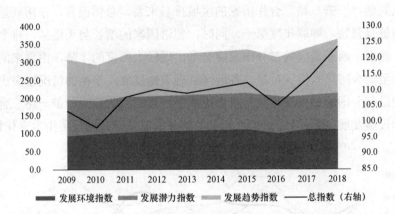

图 5-1 共建"一带一路"合作国家基础设施发展总指数情况(2009—2018 年)
资料来源:中国对外承包工程商会,"一带一路"国家基础设施发展指数报告。

通过"一带一路"基础设施发展总指数可知,共建"一带一路"合作国家基础设施的发展速度实现了稳步攀升,发展环境逐步得到了改善,发展潜力仍然巨大。随着跨国基础设施建设的蓬勃发展,未来势必能够迎来更好的发展机遇,有望为投资者和合作者带来丰厚的投资回报,也为全球基础设施环境的营造和"一带一路"建设奠定了坚实的基础。

5.1.2 各地区发展势头不平衡

共建"一带一路"合作国家众多,其基础设施水平参差不齐,发展进程差异化明显。

表 5-1 列示了共建"一带一路"合作国家区域指数排名及变动情况。

表 5-1　共建"一带一路"合作国家区域指数排名及变动情况

地区	2018排名	2017排名	排名变动	地区	2018排名	2017排名	排名变动
东南亚	1	1	持平	葡语国家	5	7	↑2
中东欧	2	4	↑2	西亚	6	2	↓4
南亚	3	3	持平	东亚	7	6	↓1
中亚	4	5	↑1				

资料来源：中国对外承包工程商会，"一带一路"国家基础设施发展指数报告。

从共建"一带一路"合作国家的区域排名来看，总体而言，东南亚地区的增长稳健且强劲，蝉联年度第一。同时，葡语国家的增长势头迅猛，排名上升两位。然而，西亚地区的部分国家排名则出现较大幅度的下降，由原来的第二位下降至如今的第六位。可见，各地区基础设施发展不平衡的情况较突出。

通过部分国家的发展指数，可以更明显地观察到共建"一带一路"合作国家基础设施发展的差异性。图 5-2 列示了部分国家基础设施发展指数变化情况。

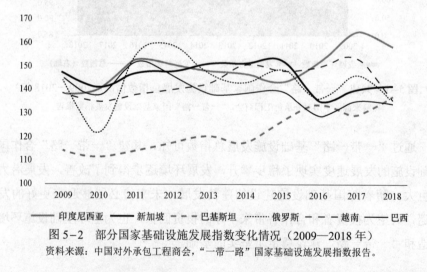

图 5-2　部分国家基础设施发展指数变化情况（2009—2018 年）
资料来源：中国对外承包工程商会，"一带一路"国家基础设施发展指数报告。

从共建"一带一路"的部分合作国家基础设施的发展情况来看，印度尼西亚、新加坡、巴基斯坦、俄罗斯、越南及巴西是近年来发展状况位于前十名的国家。其中，印度尼西亚蝉联榜首两年，这与其良好的发展环境、较大的发展潜力密不可分。位居第二的是新加坡，发展环境是其优势所在。此外，巴基斯坦从十名开外跃居至第三名,这也得益于其备受关注的跨国基建项目及高增长的基础设施建设。巴西在葡语国家中表现突出,排在第六位,其具有丰富的生产要素资源且市场需求广阔,因而具有较大的未来发展潜力。

5.1.3 交通业与能源业成为主力

根据国家信息中心的相关数据,我国与亚洲、大洋洲等地区的交通与能源设施互联互通水平较高,成为主力。在交通领域,航空和铁路的发展较为迅速。

图 5-3 列示了共建"一带一路"合作国家交通业总产值、电力业总产值和基础设施总产值的增长情况。

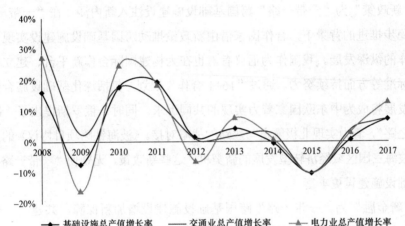

图 5-3 共建"一带一路"合作国家交通业总产值、电力业总产值和
基础设施总产值的增长情况

数据来源:BMI。

作为推动"一带一路"基础设施建设的主要动力,交通业对"五通"的实现也起着重要的纽带作用。

2018 年,交通业的规模和增速实现平稳增长,交通业指数得分由上年度的 109.9 增至 113.8。相应地,交通业产值的增长率达到 7.9%,高于基础设施产值的增长率。同时,合作国家境内外公路、铁路、机场、港口等基础设施项目陆续开始建设,进一步推动了"一带一路"相关基础设施的发展。

在国际基础设施领域成为主力军的,还有以电力基础设施建设为核心的能源业。随着电气化进程的加快及工商业用电、居民用电的增加,能源业指数得分连年攀升,2018 年升至 135.7。从 2017 年的数据来看,"一带一路"电力业产值达到 2 177.8 亿美元，在上年基础上增加了 25.3 亿美元，增长率达到 13.1%，显著高于同期基础设施总产值的增长率。

随着"一带一路"倡议的深入推进，势必为电力业带来发展新机遇。现阶段，交通业和电力业的基础设施为发展主力，预计其领军态势将会保持，并为各国未来基础设施的发展起到引领作用。

5.1.4 基础设施发展出现新动能

随着"一带一路"建设的推进，国际基础设施发展正悄然呈现出新模式，其中"新政策、新金融、新技术"的出现成为发展新动能。

"新政策"为"一带一路"跨国基础设施建设注入新内涵。在"一带一路"倡议稳步推进的背景下，合作国家借由新政策推动跨国基础设施建设实现了国际合作的纵深发展。我国作为倡议者，也在为构建国际合作新平台、建立行业国际标准等方面持续努力。通过"16+1 合作"规划，包括深化基础设施合作在内的发展将成为中东欧国家着力实现的共同诉求。同时，俄罗斯提出了"冰上丝绸之路"，着力实现北极航道与丝路的战略对接。《波海铁路项目协议》的签署成为波海三国区域经济转型发展的新契机。这些新政策，无疑使"一带一路"跨国基础设施建设更丰富。

"新金融"为"一带一路"跨国基础设施建设增加新保障。共建"一带一路"合作国家的金融实力是实现基础设施建设的重要前提。近年来，"一带一路"基础设施建设融资路径不断被拓宽，各国央行、商业银行、全球性多边金融机构携手共建金融合作网络，为改善跨国基础设施建设持续发力并取得了重要进展。其中，亚洲基础设施投资银行建立，并持续推出有竞争力的金融产品，支持"一带一路"基础设施建设的互联互通。2017 年，中国人民银行与俄罗斯、瑞士等国的央行签署双边本币互换协议，进一步保障了跨国基础设施建设的财产安全，同时汇率风险也得到降低。

"新技术"为"一带一路"跨国基础设施建设带来了新发展。跨国基础设施建设的发展除了受限于资金外，更受到技术环境的影响。国际领先的技术，能够更好地为"一带一路"跨国基础设施建设服务，进而助力相关合作国家的发展。现阶段，工程建筑类的新技术发展日新月异，如高铁集成技术、特高压直流输电技术等，必将为跨国基础设施建设的发展带来更多机遇。

5.1.5 跨国基础设施建设热度持续提升

经济的发展离不开基础设施建设,对共建"一带一路"合作国家来说,更是如此。自"一带一路"倡议提出以来,各国积极响应并参与建设。随着"一带一路"建设步伐的加快,越来越多的红利开始显现,也因此吸引了越来越多的跨国基础设施建设参与者。公开数据显示,近两年跨国基础设施建设的热情高涨不退,项目热情不断上涨,这些也提高了共建"一带一路"合作国家发展趋势指数。

图 5-4 为共建"一带一路"合作国家跨国基础设施建设项目新签合同额与发展趋势指数。

图 5-4 共建"一带一路"合作国家跨国基础设施建设项目新签合同额与发展趋势指数

数据来源:根据商务部合作司公布的数据,BMI。

由图 5-4 可知,2017 年,共建"一带一路"合作国家跨国基础设施建设项目新签合同继续保持高增长态势,同比增长 6.1%。此外,合作国家跨国基础设施建设热情持续高涨,跨国基础设施建设项目热度指数高达 217.4。其中,从地区分布来看,基础设施建设项目热度指数较高的国家多集中于南亚地区(如印度、巴基斯坦、孟加拉国等),这些国家也许会成为"一带一路"相关跨国基础设施建设的主要力量。

5.2 "一带一路"基础设施投融资的现状分析

自"一带一路"倡议提出以来，合作各国基础设施投融资有序开展，资金融通形势向好。"一带一路"倡议是长久之基，其辐射广泛，福祉绵长。基础设施投融资是"一带一路"倡议资金融通的重点，理清"一带一路"基础设施投融资的发展现状，有利于明确得失，为未来推进"一带一路"倡议并造福全球经济社会积累经验。

5.2.1 "一带一路"基础设施投融资总体概况

"一带一路"倡议自提出以来，不少国家积极响应，并陆续达成双边及多边的金融、贸易等相关领域的合作。其中，基础设施建设关乎"一带一路"建设的长远发展，而资金融通是基础设施建设和推进"一带一路"互联互通的前提保障，因此得到了全球各界的广泛关注。

近年来，我国和共建"一带一路"合作国共同努力，在基础设施投融资方面积极开展了多元化合作，取得了系列成果。

1. 金融网络服务水平不断提升

我国是"一带一路"建设的倡议者，同时也是积极的行动者。自"一带一路"倡议提出以来，我国积极促成各类主体参与对外投融资机构或基金，以构建金融服务网络。

丝路基金成立于 2014 年，是"一带一路"投融资网络中的重要力量。现阶段，丝路基金已签项目超过 20 个，承诺投资 80 多亿美元。2018 年 6 月，丝路基金购买阿斯塔纳国际交易所部分股权（通过中哈产能合作基金）；2018 年 7 月，丝路基金签订与欧洲投资基金的谅解备忘录，与中欧共同投资基金实现了实质性运作。

在我国的不懈努力下，2015 年底，由我国倡议的亚洲基础设施投资银行（亚投行）成立。随着亚投行的发展壮大，成员规模不断扩大。截至 2020 年 7 月，成员达到 103 个，投资项目已超过 40 个，总额近百亿美元。

此外，诸多政策性、开发性金融机构及商业银行也凭借自身优势，在推进"一带一路"基础设施建设方面发挥着重要作用。政策性及开发性金融机构因贷款具有较长期限，对于基础设施建设具有关键作用。而多家商业银行近年来为

"一带一路"建设助力,加大优质信贷的投放,对相关重大基础设施建设给予了大力支持。同时,商业银行也在利用筹资渠道多元化的优势,创新金融产品和提升服务水平。以中国银行为例,截至 2019 年上半年底,共计跟进 600 多个"一带一路"重大项目,约 1 361 亿美元的信贷投放到相关国家。此外,为了为"一带一路"建设提供更优质的金融服务,中国银行还在全球 57 个国家和地区设立了境外机构。与之类似,我国其他商业银行对于"一带一路"建设也给予了大力支持,在信贷审批等方面的金融服务水平不断提升。

2. 开放性投融资体系逐步完善

"一带一路"倡议放眼全球、分布广泛,其投融资的互联互通还需要其他国家广泛与深入的参与,形成满足开放性经济体制的金融体系。

开放性投融资体系的构建,需集各方之力。基于此,在我国的积极倡议下,2017 年 5 月,包括中国、阿根廷、俄罗斯等国在内的 26 个国家联合核准了《"一带一路"融资指导原则》。该指导原则对各国支持"一带一路"资金融通方面提出了更为细致的明确表述。例如,为支持"一带一路"相关实体经济的发展,各国重点要加大对基础设施互联互通及产能合作等领域的资金支持。为支持"一带一路"建设,在现有的资金渠道(如对外援助资金、政府间合作基金及其他资金等)被各国继续利用的同时,也应积极鼓励政策性金融机构和出口信用机构等的参与,以提供更多的融资支持。为了推进跨境基础设施建设,应鼓励多边开发银行等机构通过贷款、联合融资等多种形式积极参与。同时,也提到了对各国商业银行、保险、股权投资基金等机构参与的支持和期待,以共同推进和完善开放性投融资体系。

除了政府主导下的资金融通合作外,以银行为代表的金融机构间的跨境合作日益密切。截至 2019 年,11 家中资银行的 96 家一级机构已经设立,并与欧洲复兴开发银行、泛美开发银行等积极进行金融合作。

此外,外资银行与我国金融机构合作的热情日益高涨。2018 年 4 月,花旗集团与中国银行和招商银行分别签署备忘录,未来将在金融产品、信托、资本市场、公司融资等方面携手合作。

3. 投融资合作成果获普遍认可

随着"一带一路"建设的逐渐推进,资金融通发挥的作用日益明显,投融资的合作成果受到了社会各界的普遍认可。

2018 年 3 月,达卡证券交易所 25%的股权由沪、深交易所组成的联合体竞得,这将为我国与孟加拉国的资本市场的合作带来更多机遇。类似地,国家开发银行与埃及银行积极合作，签署了多项贷款协议。

在"一带一路"倡议的合作框架下，基础设施建设如火如荼，得到了世界各国广泛的投融资支持。中国工商银行积极响应"一带一路"合作倡议，对南非国有运输集团进行资金支持。作为南非最大的运输公司，南非国有运输集团因资金短缺，多年来在新铁路线路、车辆及技术等方面一筹莫展，而当地商业银行又难以缓解其困境。在中国工商银行与南非标准银行的合作下，南非国有运输集团实现了铁路的提速升级，并且基础设施建设得到了很大改善。

"一带一路"建设的全球投融资合作硕果累累，对提振双边乃至多边经济发展起到了积极作用。同时，银行等金融机构的积极参与，对合作国家基础设施建设注入了生机与活力，得到了普遍赞许。

4. 私营部门投资未来潜力巨大

据国际货币基金组织预测，到 2022 年，共建"一带一路"合作国家基础设施建设的累计投资额将超过 3 万亿美元。同样，世界银行也认为"一带一路"基础设施建设耗资巨大，每年至少需要投入 8 000 亿美元。可见，"一带一路"建设的资金融通远非一国或多个金融机构的力量所及，仍需不断探寻和挖掘金融潜力，释放更多力量参与。

亚投行 2019 年初首份融资报告显示，现阶段在基础设施融资方面，私营部门还有很大的潜力没有释放，其重要性将会日益增强。

亚投行的融资报告对中国、印度、菲律宾、土耳其、俄罗斯等国的市场和项目融资情况进行了分析。报告认为，与 2016 年相比，达成融资条件项目的市场交易总额在 2017 年出现下降，在 2018 年则继续呈现小幅走低态势。虽然面临短期不确定性和挑战，但是在亚洲地区的基础设施投资机会仍旧巨大。

亚投行分析认为，现阶段成熟的中国地方性银行已成为基础设施建设融资主力，这不仅有利于规避货币问题，而且有利于使长期基础设施建设融资的利率成本保持稳定。

纵观"一带一路"资金融通的总体情况，现阶段在多边金融合作、跨境资金融通方面已经取得了一些成绩。未来估计会有更多私营部门参与基础设施建设的投融资活动，这将为合作国家经济社会发展注入更多动力。

5.2.2 "一带一路"基础设施的投资现状分析

基础设施建设是拉动经济复苏和增长的有力手段，其在经济发展中的作用突出，已成为发展中国家和发达国家的共识。同样，基础设施建设也是共建

"一带一路"互联互通的关键要义。

1. 投资资金需求巨大

基础设施建设对"一带一路"倡议的推进至关重要,对提升合作国家的经济实力意义重大。然而,由于合作各国基础设施水平参差不齐,且多数国家在铁路、港口、能源等方面的底子薄弱,所以仍需大量资金投入跨国基础设施建设领域。

随着各国政府对基础设施建设投入的重视,毕马威预测到 2030 年,全球基础设施投资需求将高达 57 万亿美元,大约相当于美国 GDP 的 3 倍。经济合作与发展组织认为,因受人口增长、城镇化等因素影响,全球基础设施需求到 2030 年将达到 65 万亿~70 万亿美元。类似地,麦肯锡的预测数值在 57 万亿~ 67 万亿美元,并认为能源和交通将成为基础设施建设中最重要的领域,占比将达到 80%左右。

对于发展中国家而言,基础设施建设投入需求更为迫切。根据世界银行报告,现阶段发展中国家年均投入约 1 万亿美元进行基础设施建设,此外每年还需额外投入 2 000 亿~3 000 亿美元进行与基础设施建设相关的环保工作(如低碳排放)。

与此同时,随着"一带一路"倡议的逐步推进,合作各国的经济日益增长,这种经济环境势必又会催生对基础设施建设的投资需求。

2. 投资资金逐年增加

随着中国成为世界第二大经济体,众多国家将基础设施建设投资聚焦于具有高储蓄率和高外汇储备的中国。与此同时,作为"一带一路"倡议的发起国,我国企业积极回应投资需求,迎接机遇,积极参与跨国基础设施建设,不断提升我国的国际影响力。

根据商务部资料,"一带一路"倡议的提出推进了诸多重大基础设施建设项目,我国对"一带一路"基础设施建设的投入在全球占比中呈现波动性上升趋势。总体上,我国作为"一带一路"相关基础设施建设境外承包项目的主要力量,投资资金逐年增加。2018 年末,我国对共建"一带一路"的 63 个合作国家开展了境外投资,金额达 1 727.7 亿美元。

2013—2017 年,累计达 3 700 亿美元的新签对外承包工程合同源自"一带一路"建设中的中国企业,而其中 60%已经完成,分别占同期总额的 50.5%和 47.9%。

图 5-5 和表 5-2 列示了"一带一路"合作范围内的整体投资情况。

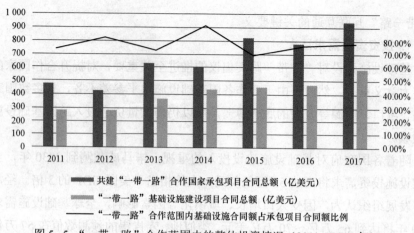

图5-5 "一带一路"合作范围内的整体投资情况（2011—2017年）

数据来源：国家统计局、AEI。

表5-2 "一带一路"合作范围内的整体投资情况（2011—2017年）

年份	共建"一带一路"合作国家承包项目合同总额/亿美元	"一带一路"基础设施建设项目合同总额/亿美元	"一带一路"合作范围内基础设施合同额占承包项目合同额比例
2011	478.2	283.5	59.28%
2012	433	284.6	65.73%
2013	638.6	370.2	57.97%
2014	605.3	440.3	72.74%
2015	825.3	458	55.49%
2016	780.8	474.9	60.82%
2017	943.2	587.3	62.27%

数据来源：国家统计局、AEI。

我国境外承包项目形式的基础设施建设总额占全球境外承包项目形式的基础设施建设总额的比例呈现波动变化，波动范围介于30%～50%之间。另外，我国对"一带一路"承包合同形式的基础设施建设占我国境外承包项目形式的基础设施建设的比例在50%～70%范围内波动。与全球范围相比，这一占比较高，主要是由于共建"一带一路"合作国家中发展中国家数量居多且基础设施贫乏。

通过近年来的投资情况可以看出，我国作为"一带一路"的倡议国，积极履行大国担当，投资资金逐年增加，为相关基础设施建设的发展提供了持续动力。

3. 投资区位较集中

除了对"一带一路"相关基础设施建设投入的资金在逐年增加之外,我国的投资也呈现出区位多但分布较集中的现象。

表 5-3～表 5-8 以 2017—2019 年我国企业对共建"一带一路"合作国家基础设施建设投资排名的前三名国家和地区为例,列示了投资区位分布情况。

表 5-3 我国企业 2017 年对"一带一路"相关基础设施建设投资的主要流向国家

排名	第一	第二	第三
国家名称	新加坡	俄罗斯	印度尼西亚
所属地区	东南亚	俄罗斯	东南亚
具体金额/亿美元	63.19	15.48	16.82
占总量百分比	31.78%	7.79%	8.46%

表 5-4 我国企业 2017 年对"一带一路"相关基础设施建设投资的主要流向地区

排名	第一	第二	第三
地区	东南亚	中亚	俄罗斯
具体金额/亿美元	141.37	22.60	15.48
占总量百分比	71.10%	11.37%	7.79%

表 5-5 我国企业 2018 年对"一带一路"相关基础设施建设投资的主要流向国家

排名	第一	第二	第三
国家名称	新加坡	俄罗斯	印度尼西亚
所属地区	东南亚	俄罗斯	东南亚
具体金额/亿美元	64.11	7.25	18.65
占总量百分比	36.05%	4.08%	10.48%

表 5-6 我国企业 2018 年对"一带一路"相关基础设施建设投资的主要流向地区

排名	第一	第二	第三
地区	东南亚	西亚、北非	俄罗斯
具体金额/亿美元	136.83	19.58	7.25
占总量百分比	76.93%	11.01%	4.08%

表 5-7 我国企业 2019 年对"一带一路"相关基础设施建设投资的主要流向国家

排名	第一	第二	第三
国家名称	新加坡	印度尼西亚	俄罗斯
所属地区	东南亚	东南亚	俄罗斯
具体金额/亿美元	48.256 7	22.230 8	−3.792 3
占总量百分比	25.82%	11.89%	−2.03%

表 5-8 我国企业 2019 年对"一带一路"相关基础设施建设投资的主要流向地区

排名	第一	第二	第三
地区	东南亚	西亚、北非	南亚
具体金额/亿美元	130.10	28.69	18.02
占总量百分比	69.59%	15.35%	9.65%

数据来源：国泰安 CSMAR 数据库整理获得。

根据以上资料，我国企业近年来对共建"一带一路"合作国家的基础设施建设投资，主要投向于新加坡、印度尼西亚和俄罗斯等国家，尤其是新加坡，占比都在 25% 以上。从地区来看，主要是东南亚、西亚、北非和南亚，主要是因为这些地区的经济水平相对较高，政治环境稳定，法律法规相对完善，基础设施项目也比较多，为我国企业进行对外投资创造了比较好的国际环境，但是也反映出我国企业对外投资的地区过于集中。

此外，接受我国对外投资较多的国家和地区较多，包括新加坡、印度尼西亚、俄罗斯和越南等。近年来，我国企业对共建"一带一路"合作国家的投资早已超过 500 亿美元，合作共建项目也早已超过 2 000 个，随着"一带一路"倡议的推进，合作共建项目还在持续增加。

表 5-9 是截至 2019 年末我国对外直接投资的重点国家和地区。

表 5-9 截至 2019 年末我国对外直接投资的重点国家和地区

	国家和地区	存量金额/亿美元	占比/%	国家和地区	流量金额/亿美元	占比/%
1	新加坡	5 263 656	29.33	新加坡	482 567	25.82
2	印度尼西亚	1 513 255	8.43	印度尼西亚	222 308	11.89

续表

	国家和地区	存量金额/亿美元	占比/%	国家和地区	流量金额/亿美元	占比/%
3	俄罗斯	1 280 397	7.13	越南	164 852	8.82
4	老挝	824 959	4.60	泰国	137 191	7.34
5	马来西亚	792 369	4.42	阿联酋	120 741	6.46
6	阿联酋	763 567	4.25	老挝	114 908	6.15
7	哈萨克斯坦	725 413	4.04	马来西亚	110 954	5.94
8	泰国	718 585	4	伊拉克	88 709	4.75
9	越南	707 371	3.94	哈萨克斯坦	78 649	4.21
10	柬埔寨	646 370	3.60	柬埔寨	74 625	3.99
11	巴基斯坦	479 798	2.67	沙特阿拉伯	65 437	3.50
12	缅甸	413 445	2.30	巴基斯坦	56 216	3.01
13	以色列	377 502	2.10	印度	53 460	2.86
14	印度	361 009	2.01	孟加拉国	37 549	2.01
15	蒙古	343 054	1.91	吉尔吉斯斯坦	21 566	1.15
16	乌兹别克斯坦	324 621	1.81	尼泊尔	20 678	1.11
17	伊朗	305 562	1.70	以色列	19 168	1.03
18	沙特阿拉伯	252 773	1.41	白俄罗斯	18 175	0.97
19	塔吉克斯坦	194 608	1.08	蒙古	12 806	0.69
20	土耳其	186 786	1.04	匈牙利	12 315	0.66
	合计	17 946 593	91.80	合计	1 869 069	102.34

数据来源：国泰安 CSMAR 数据库。

随着时间的推移，我国对共建"一带一路"合作国家的投资热度并未减弱，而是根据各国情况，持续增加跨境基础设施建设的投入。

表 5-10 列示了 2019 年我国对共建"一带一路"合作国家的直接投资情况。

表 5-10　2019 年我国对共建"一带一路"合作国家的直接投资情况

单位：万美元

所属板块	国家名称	对外直接投资存量	对外直接投资流量
东南亚	新加坡	5 263 656	482 567
	印度尼西亚	1 513 255	222 308
	老挝	824 959	114 908
	马来西亚	792 369	110 954
	泰国	718 585	137 191
	越南	707 371	164 852
	柬埔寨	646 370	74 625
	缅甸	413 445	−4 194
	菲律宾	66 409	−429
	文莱	42 696	−405
	东帝汶	8 085	−1 630
东亚	蒙古	343 054	12 806
俄罗斯	俄罗斯	1 280 397	−37 923
南亚	巴基斯坦	479 798	56 216
	印度	361 009	53 460
	孟加拉国	124 830	37 549
	斯里兰卡	55 147	9 280
	尼泊尔	53 866	20 678
	阿富汗	41 894	2 408
	马尔代夫	8 247	694
西亚、北非	阿联酋	763 567	120 741
	以色列	377 502	19 168
	伊朗	305 562	−5 917
	沙特阿拉伯	252 773	65 437
	土耳其	186 786	2 883
	伊拉克	137 752	88 709
	埃及	108 580	1 096
	科威特	83 451	−10 052
	格鲁吉亚	67 092	5 690
	也门	54 419	−7 881
	卡塔尔	45 892	2 932
	约旦	31 173	3 093

所属板块	国家名称	对外直接投资存量	对外直接投资流量
西亚、北非	阿曼	11 634	−315
	巴林	7 074	−34
	叙利亚	1 357	1 270
	亚美尼亚	1 289	—
	阿塞拜疆	780	86
	黎巴嫩	222	—
中东欧	白俄罗斯	65 180	18 175
	波兰	55 559	11 160
	罗马尼亚	42 827	8 411
	匈牙利	42 736	12 315
	捷克	28 749	6 053
	斯洛文尼亚	18 960	2 684
	塞尔维亚	16 473	3 360
	乌克兰	15 803	5 332
	保加利亚	15 681	246
	克罗地亚	9 840	2 869
	黑山	8 509	2 266
	斯洛伐克	8 274	−53
	爱沙尼亚	6 333	202
	北马其顿	2 109	−1 338
	波黑	1 670	1 219
	拉脱维亚	1 163	—
	立陶宛	981	—
	阿尔巴尼亚	711	69
	摩尔多瓦	387	—
中亚	哈萨克斯坦	725 413	78 649
	乌兹别克斯坦	324 621	−44 583
	塔吉克斯坦	194 608	6 961
	吉尔吉斯斯坦	155 003	21 566
	土库曼斯坦	22 656	−9 315

数据来源：国泰安 CSMAR 数据库。

从 2019 年我国对共建"一带一路"合作国家的直接投资情况来看，投资涉及的国家和地区依然众多。进一步地，将各区域的投资总额汇总，分别考察直接投资流量和存量的区域分布情况（见图 5-6 和图 5-7）。

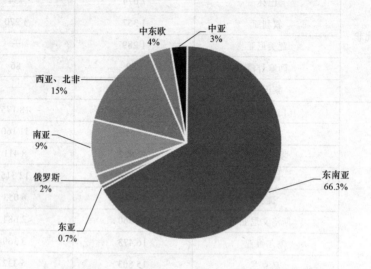

图 5-6 2019 年我国对共建"一带一路"合作国家直接投资流量分布

数据来源：国泰安 CSMAR 数据库。

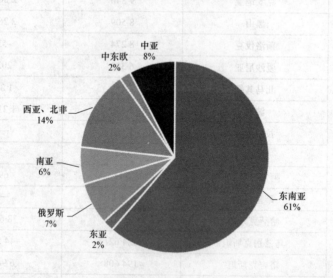

图 5-7 2019 年我国对共建"一带一路"合作国家直接投资存量分布

数据来源：国泰安 CSMAR 数据库。

通过各地区的直接投资汇总发现，虽然我国对共建"一带一路"合作国家的投资具有国家和地区分布广泛的特征，但是区位集中性较明显。从 2019 年投资总额的分布情况来看，无论是存量还是流量，主要都集中在东南亚地区。随着后续"一带一路"建设的推进，投资的区位分布可能会更加分散，这有利于实现合作国家的广泛受益。

4. 投资行业分布广泛

随着"一带一路"建设的推进，各行业的基础设施发展需求不断涌现，这使得在共建"一带一路"合作国家基础设施的投资广泛分布于各行业。同时，对于急需发展的重点行业，在投资数额上有所倾斜。

现阶段，我国对外投资涵盖的行业包括国民经济的 18 个大类别。除了制造业、批发零售业、租赁及商务服务业、农林牧渔业、交通运输仓储和邮政业、金融业、采矿业等传统产业外，近年来对科学研究和技术服务业、信息传输软件和信息技术服务业以及教育、医疗、社会公共服务设施等的投资增长较快，对外投资产业结构进一步优化。

5.2.3 "一带一路"基础设施的融资现状分析

1. 融资机构设置、协议及监管

1）机构设置

共建"一带一路"合作国家和地区一直是中资银行在稳步扩大境外布局和对外开放方面的战略重点。截至 2019 年末，共有 11 家中资银行在共建"一带一路"合作国家设立了 96 家一级分支机构，其中包括 22 家子行、57 家分行和 17 家代表处。11 家中资银行分别为中国银行、中国工商银行、中国建设银行、交通银行、中国农业银行、国家开发银行、中国进出口银行、中信银行、招商银行、浦发银行及民生银行。与此同时，4 家中资保险公司在新加坡、印度尼西亚和马来西亚设立了 6 家保险营业性机构，来自 23 个共建"一带一路"合作国家的 48 家银行在我国设立了机构（包括 7 家法人银行、17 家外国银行分行和 34 个代表处）。

在中资银行覆盖的 33 个共建"一带一路"合作国家中，新加坡拥有 8 家中资银行一级分支机构，阿联酋、韩国和越南均拥有 7 家中资银行一级分支机构，俄罗斯有 6 家，哈萨克斯坦、南非和新西兰各有 5 家。然而，共建"一带一路"合作国家中仍有 38 个国家目前尚未有任何中资银行涉足。图 5-8 是共建"一带一路"合作国家中资银行一级分支机构数量情况。

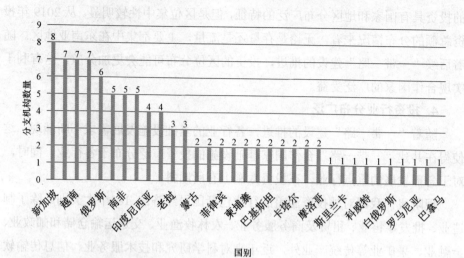

图 5-8 共建"一带一路"合作国家中资银行一级分支机构数量情况
数据来源：根据各大中资银行年报的相关资料整理、计算得到。

（1）从银行来看

中国银行、中国工商银行、中国建设银行和中国农业银行共设立 78 家，占比 81.25%，覆盖 31 个国家。

具体来看，中国银行在共建"一带一路"合作国家共布局 32 家一级分支机构，占比 33.33%，覆盖 29 个国家，数量位于中资银行之首。中国工商银行在合作国家共布局 26 家一级分支机构，占比 27.08%，覆盖 23 个国家。中国建设银行在合作国家布局 13 家一级分支机构，占比 13.54%，覆盖 10 个国家。中国农业银行在合作国家布局 7 家一级分支机构，占比 7.29%，覆盖 5 个国家。中资银行在共建"一带一路"合作国家和区域设立的分支机构情况如表 5-11、图 5-9 和图 5-10 所示。

表 5-11 中资银行在共建"一带一路"合作国家设立的一级分支机构概况

银行名称	数量	分支机构名称
国家开发银行	6	开罗代表处（埃及）、莫斯科代表处（俄罗斯）、万象代表处（老挝）、阿斯塔纳代表处（哈萨克斯坦）、明斯克代表处（白俄罗斯）、雅加达代表处（印度尼西亚）
中国进出口银行	3	东南非代表处（南非）、圣彼得堡代表处（俄罗斯）、西北非代表处（摩洛哥）

银行名称	数量	分支机构名称
中国银行	32	新加坡分行、首尔分行(韩国)、中国银行(香港)有限公司雅加达分行(印度尼西亚)、中国银行(香港)有限公司金边分行(柬埔寨)、中国银行(香港)有限公司胡志明市分行(越南)、马尼拉分行(菲律宾)、万象分行(老挝)、中国银行(香港)有限公司文莱分行、奥克兰分行(新西兰)、卡拉奇分行(巴基斯坦)、科伦坡分行(斯里兰卡)、孟买分行(印度)、迪拜分行(阿联酋)、阿布扎比分行(阿联酋)、卡塔尔金融中心分行、匈牙利分行、中国银行(中东欧)有限公司布拉格分行(捷克)、中国银行(中东欧)有限公司布加勒斯特分行(罗马尼亚)、巴拿马分行、约翰内斯堡分行(南非);马来西亚中国银行、中国银行(泰国)股份有限公司、中国银行(新西兰)有限公司、哈萨克中国银行、中国银行(土耳其)股份有限公司、中国银行(中东欧)有限公司(匈牙利)、中国银行(塞尔维亚)有限公司、俄罗斯中国银行、乌兰巴托代表处(蒙古)、仰光代表处(缅甸)、巴林代表处、摩洛哥代表处
中国工商银行	26	首尔分行(韩国)、釜山分行(韩国)、新加坡分行、马尼拉分行(菲律宾)、河内分行(越南)、万象分行(老挝)、金边分行(柬埔寨)、仰光分行(缅甸)、卡拉奇分行(巴基斯坦)、孟买分行(印度)、迪拜国际金融中心分行(阿联酋)、阿布扎比分行(阿联酋)、多哈分行(卡塔尔)、利雅得分行(沙特)、科威特分行、布拉格分行(捷克);中国工商银行(印度尼西亚)有限公司、中国工商银行马来西亚有限公司、中国工商银行(泰国)股份有限公司、中国工商银行(阿拉木图)股份公司(哈萨克斯坦)、中国工商银行新西兰有限公司、中国工商银行(莫斯科)股份公司(俄罗斯)、中国工商银行(土耳其)股份有限公司、蒙古代表处、胡志明市代表处(越南)、非洲代表处(南非)
中国建设银行	13	阿斯塔纳分行(哈萨克斯坦)、迪拜国际金融中心分行(阿联酋)、胡志明市分行(越南)、纳闽分行(马来西亚)、首尔分行(韩国)、新加坡分行、新西兰分行、约翰内斯堡分行(南非)、开普敦分行(南非);中国建设银行(俄罗斯)有限责任公司、中国建设银行(新西兰)有限公司、中国建设银行(马来西亚)有限公司、中国建设银行(印度尼西亚)股份有限公司
中国农业银行	7	新加坡分行、首尔分行(韩国)、迪拜国际金融中心分行(阿联酋)、迪拜分行(阿联酋)、河内分行(越南)、中国农业银行(莫斯科)有限公司(俄罗斯)、河内代表处(越南)
交通银行	4	新加坡分行、首尔分行(韩国)、胡志明市分行(越南)、布拉格分行(捷克)
中信银行	2	新加坡子行、阿尔金子行(哈萨克斯坦)
招商银行	1	新加坡分行
浦发银行	1	新加坡分行
光大银行	1	首尔分行(韩国)

数据来源:根据各大中资银行年报的相关资料整理。

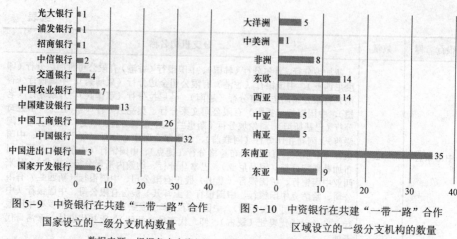

图 5-9　中资银行在共建"一带一路"合作
国家设立的一级分支机构数量

图 5-10　中资银行在共建"一带一路"合作
区域设立的一级分支机构的数量

数据来源：根据各大中资银行年报的相关资料整理、计算得到。

（2）从区域来看

中资银行在"一带一路"各大区域均有布局，但在各区域内分布不均衡，其中东南亚的机构数量与大洋洲的机构密度（该区域中资银行一级分支机构数量/该区域国家数目）居于首位，而中美洲的机构数量和南亚的机构密度处于末位（见图 5-10）。

中资银行已在东南亚 10 个合作国家设立了 35 家一级分支机构，机构密度居于第三位；在东亚 2 个合作国家设立了 9 家一级分支机构，机构密度居于第二位；在西亚 6 个合作国家设立了 14 家一级分支机构，机构数量处于第二位；在南亚 3 个合作国家设立了 5 家一级分支机构，机构数量较少；在中亚 1 个合作国家设立了 5 家一级分支机构，机构数量较少且机构密度处于第五位；在东欧 6 个合作国家设立了 14 家一级分支机构，机构密度处于倒数第二位；在中美洲 1 个合作国家设立了 1 家一级分支机构，机构数量最少；在大洋洲 1 个合作国家设立了 5 家一级分支机构，机构数量较少；在非洲 3 个合作国家设立了 8 家一级分支机构，机构数量和机构密度均处于第四位。

2）多边协议

截至 2019 年末，中国人民银行共与 39 个国家和地区的中央银行或货币部门签署了双边本币互换协议，总金额达到 37 087 亿元人民币。其中，中国人民银行与 25 个共建"一带一路"合作国家签署了双边本币互换协议，这为我国与合作国家的贸易往来、贸易结算、直接投资等打下了坚实的基础，有利于促进双边贸易、维护双边金融市场稳定、推动人民币国际化进程。

从双边本币互换协议的规模来看,中国人民银行与共建"一带一路"合作国家签署货币互换协议的总规模为 15 272 亿元人民币(其中,截至 2019 年末已失效待续签的规模为 612 亿元人民币),韩国、新加坡、俄罗斯、马来西亚和印度尼西亚的协议规模分别为 3 600 亿元人民币、3 000 亿元人民币、1 500 亿元人民币、1 800 亿元人民币和 2 000 亿元人民币,均超过 1 000 亿元人民币,汇率支撑较稳固。表 5-12 列示了与我国签署双边本币互换协议的共建"一带一路"合作国家。

表 5-12 与我国签署双边本币互换协议的共建"一带一路"合作国家

区域	国家（未签国家）	已签国家数目/该区域国家总数
东亚	蒙古、韩国	2/2
东南亚	印度尼西亚、马来西亚、新加坡、泰国 （缅甸、文莱、东帝汶、菲律宾、柬埔寨、越南、老挝）	4/11
南亚	巴基斯坦、斯里兰卡 （不丹、孟加拉国、马尔代夫、阿富汗、尼泊尔、印度）	2/8
中亚	哈萨克斯坦、塔吉克斯坦、乌兹别克斯坦 （土库曼斯坦、吉尔吉斯斯坦）	3/5
西亚	卡塔尔、亚美尼亚、阿联酋、土耳其 （伊拉克、格鲁吉亚、阿塞拜疆、叙利亚、约旦、巴勒斯坦、沙特阿拉伯、也门、阿曼、黎巴嫩、伊朗、以色列、巴林、科威特）	4/18
东欧	阿尔巴尼亚、俄罗斯、白俄罗斯、乌克兰、匈牙利、塞尔维亚 （波黑、保加利亚、克罗地亚、爱沙尼亚、拉脱维亚、北马其顿、黑山、罗马尼亚、摩尔多瓦、斯洛伐克、斯洛文尼亚、波兰、立陶宛、捷克）	6/20
非洲	摩洛哥、埃及、南非 （埃塞俄比亚、马达加斯加）	3/5
中美洲	（巴拿马）	0/1
大洋洲	新西兰	1/1

资料来源:中国人民银行官网。

从区域分布来看,与中国人民银行签署双边本币互换协议的国家主要集中在东南亚、西亚和东欧,占比总和达到 56%;但是覆盖率较高的区域是东亚(100%)、大洋洲(100%)、非洲(60%)和中亚(60%);而西亚和南亚与我国签署双边本币互换协议的国家在区域内的覆盖率较低,分别为 22.22%和25%;中美洲仅巴拿马一国,尚未与我国签署双边本币互换协议。

从有效的互换规模来看，较高的区域依次为东南亚、东亚和东欧，占比总和达到 89.97%。其中，东南亚 11 国中有 4 国与我国签署了双边本币互换协议，覆盖率仅为 36.36%，但协议总规模达到 7 500 亿元人民币，占共建"一带一路"合作国家协议总规模的 51.16%。东亚（2 个国家）和大洋洲（仅新西兰）与我国签署双边本币互换协议的覆盖率达到了 100%，协议规模分别为 3 750 亿元人民币和 250 亿元人民币，分别占总规模的 25.58%和 1.71%。东欧 20 国中有 6 个国家与我国签署了双边本币互换协议，有效互换协议的规模为 1 940 亿元人民币，达到共建"一带一路"合作国家协议总规模的 13.23%。非洲、西亚、南亚及中亚与我国签署的双边本币互换协议的有效规模分别为 480 亿元人民币、470 亿元人民币、200 亿元人民币及 70 亿元人民币，占比分别为 3.27%、3.21%、1.36%和 0.48%，具体见图 5-11 和图 5-12。

除此之外，在上述共建"一带一路"的 25 个合作国家中，我国与 7 个国家的双边本币互换协议处于已失效待续签状态，包括南亚的斯里兰卡、中亚的塔吉克斯坦和乌兹别克斯坦、西亚的亚美尼亚和阿联酋、东欧的塞尔维亚及非洲的摩洛哥。

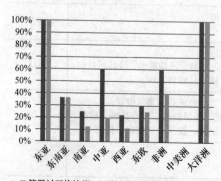

图 5-11　共建"一带一路"合作区域
双边本币互换协议签署覆盖率

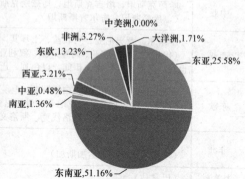

图 5-12　共建"一带一路"合作区域双边
本币互换协议签署的金额占比

数据来源：根据中国人民银行官网的相关资料整理、计算得到。

截至 2019 年末，中国人民银行已在 25 个国家和地区设立人民币清算安排，区域覆盖东亚、东南亚、欧洲、中东、美洲、大洋洲和非洲等，其中在 10 个共建"一带一路"合作国家设立了人民币业务清算行或者签署了关于在当地建立人民币清算安排的合作备忘录。

与中国人民银行建立人民币清算安排的国家集中在东南亚，覆盖率（区域内建立人民币清算安排的国家数目/区域内国家总数）达到 36.36%；西亚和东欧各有 2 个国家已与我国建立人民币清算安排，但是覆盖率较低，分别为 11.11% 和 10%；非洲和东亚各有 1 个国家已与我国建立人民币清算安排，覆盖率分别为 20% 和 50%；而南亚、中亚、中美洲和大洋洲尚无国家与我国建立人民币清算安排。同时，为满足人民币跨境使用需求并提高其跨境支付结算效率，中国人民银行组建了人民币跨境支付系统（CIPS），2018 年 5 月 2 日二期系统已成功上线运行。截至 2019 年 6 月，CIPS 参与者覆盖 41 个共建"一带一路"合作国家和地区，CIPS 业务实际覆盖 63 个国家和地区。2019 年，我国与共建"一带一路"合作国家办理人民币跨境收付金额超过 2.73 万亿元，同比增长 32%，在同期人民币跨境收付总额中占比为 13.9%。表 5–13 是与我国建立人民币清算安排的共建"一带一路"合作国家。

表 5–13　与我国建立人民币清算安排的共建"一带一路"合作国家

区域	国家（未建立国家）	已建立国家数目/该区域国家总数
东亚	韩国（2014 年 7 月 4 日，中国交通银行） （蒙古）	1/2
东南亚	马来西亚（2015 年 1 月 5 日，中国银行）、新加坡（2013 年 2 月 8 日，中国工商银行）、泰国（2015 年 1 月 5 日，中国工商银行）、菲律宾（2019 年 9 月 12 日，中国银行） （印度尼西亚、柬埔寨、越南、老挝、缅甸、文莱、东帝汶）	4/11
南亚	（巴基斯坦、尼泊尔、印度、不丹、孟加拉国、斯里兰卡、马尔代夫）	0/8
中亚	（哈萨克斯坦、吉尔吉斯斯坦、塔吉克斯坦、土库曼斯坦、乌兹别克斯坦）	0/5
西亚	阿联酋（2016 年 12 月 9 日，中国农业银行）、卡塔尔（2014 年 11 月 4 日，中国工商银行） （伊拉克、格鲁吉亚、亚美尼亚、阿塞拜疆、叙利亚、约旦、巴勒斯坦、沙特阿拉伯、也门、阿曼、黎巴嫩、伊朗、土耳其、以色列、巴林、科威特）	2/18
东欧	匈牙利（2015 年 6 月 28 日，中国银行）、俄罗斯（2016 年 9 月 23 日，中国工商银行） （阿尔巴尼亚、波黑、保加利亚、克罗地亚、爱沙尼亚、拉脱维亚、北马其顿、黑山、罗马尼亚、摩尔多瓦、塞尔维亚、斯洛伐克、斯洛文尼亚、白俄罗斯、乌克兰、波兰、立陶宛、捷克）	2/20
非洲	南非（2015 年 7 月 8 日，中国银行） （埃及、埃塞俄比亚、马达加斯加、摩洛哥）	1/5
中美洲	（巴拿马）	0/1
大洋洲	（新西兰）	0/1

资料来源：中国人民银行官网。

3）金融监管

近年来，根据巴塞尔银行监管委员会确定的跨境银行监管原则，同时也为了营造更宽松的监管环境及更便捷的境外投资环境，我国银保监会积极推进与境外监管机构建立正式的监管合作机制。截至 2019 年末，我国银保监会已与 83 个国家和地区的金融监管部门签署了 120 份双边监管合作谅解备忘录（MOU）或监管合作协议（EOL）；在共建"一带一路"的原 64 个合作国中，我国银保监会已与 37 个国家签署了 46 份 MOU 或 EOL，为推动双方银行机构间开展多层次、多领域的合作，促进中资银行和中资企业"走出去"营造了良好的外部条件。

在 71 个共建"一带一路"合作国家中，截至 2017 年末，我国银保监会已与 36 个国家的金融监管部门签署了 MOU 或 EOL，占比达到 50.7%，相关国家集中在西亚、东南亚和东欧。其中，西亚 18 国中有 9 国已与我国签署 MOU 或 EOL，签署国家数目居于首位，但覆盖率（区域内签署 MOU 或 EOL 的国家数目/区域内国家总数）为 50%；东南亚 11 国中有 8 国已签署，覆盖率达到 72.73%；东欧 20 国中有 7 国已签署，覆盖率仅为 35%；东亚和大洋洲已签署国家的覆盖率最高，均为 100%；南亚、中亚和非洲分别有 4 国、3 国和 2 国已签署，覆盖率分别为 50%、60% 和 40%；中美洲 1 国尚未与我国签署相关协议；整体呈现分布较均衡但总量少的特点，应加强与东欧、非洲等地区的合作。表 5-14 是与我国建立跨境银行监管合作的共建"一带一路"合作国家。

表 5-14 与我国建立跨境银行监管合作的共建"一带一路"合作国家

区域	国家（未建立国家）	已建立国家数目/该区域国家总数
东亚	蒙古、韩国	2/2
东南亚	印度尼西亚、马来西亚、菲律宾、新加坡、泰国、柬埔寨、越南、老挝 （缅甸、文莱、东帝汶）	8/11
南亚	尼泊尔、印度、巴基斯坦、马尔代夫 （不丹、孟加拉国、斯里兰卡、阿富汗）	4/8
中亚	哈萨克斯坦、吉尔吉斯斯坦、塔吉克斯坦 （土库曼斯坦、乌兹别克斯坦）	3/5
西亚	伊朗、土耳其、以色列、巴林、卡塔尔、阿联酋、科威特、约旦、黎巴嫩 （伊拉克、格鲁吉亚、亚美尼亚、阿塞拜疆、叙利亚、巴勒斯坦、沙特阿拉伯、也门、阿曼）	9/18

区域	国家（未建立国家）	已建立国家数目/该区域国家总数
东欧	俄罗斯、白俄罗斯、乌克兰、波兰、立陶宛、捷克、匈牙利 （阿尔巴尼亚、波黑、保加利亚、克罗地亚、爱沙尼亚、拉脱维亚、北马其顿、黑山、罗马尼亚、摩尔多瓦、塞尔维亚、斯洛伐克、斯洛文尼亚）	7/20
非洲	摩洛哥、南非 （埃及、埃塞俄比亚、马达加斯加）	2/5
中美洲	（巴拿马）	0/1
大洋洲	新西兰	1/1

资料来源：中国银行保险监督管理委员会官网。

2. 国内政策性银行的融资情况

政策性银行在"一带一路"倡议的参与上主要表现为提供融资及财务咨询服务，通过商业贷款（单个银行授信/银团贷款）、优惠买方信贷、援外贷款、出口信用保险、设立国别/产业基金等为境内外企业、大型项目等提供低成本融资支持。政策性银行主要的融资渠道有金融债券、吸收存款、政府和其他金融机构借款，其中金融债券是最主要的资金来源。

政策性银行为"一带一路"项目提供融资的模式有：提供商业信贷（优惠信贷等）；设立投资（合作）基金进行股权投资。

1）国家开发银行参与"一带一路"的情况

在"一带一路"建设上，国家开发银行以基础设施互联互通和国际产能合作为重点，在油气、核电、高铁、装备、港口、园区等重点领域开展投资，利用国开金融、中非基金等对外投资平台为重大项目建设提供资金支持，支持中国企业通过设备出口、工程承包、投资等方式参与相关国家的基础设施建设。2013—2018 年末，国家开发银行与共建"一带一路"合作国家累计签署协议189 份，累计为 600 余个"一带一路"合作项目提供融资金额 1 934 亿美元。截至 2019 年末，国家开发银行专项贷款累计实现合同签约近 4 000 亿元人民币，累计发放贷款超过 2 400 亿元人民币，外汇贷款余额约 2 456 亿美元，继续保持了中国对外投融资的主力银行地位。

在基础设施领域，国家开发银行融资支持印度尼西亚雅万高铁建设，该项目成为我国首个全系统、全要素、全产业链"走出去"的高铁项目；支持柬埔寨首条高速公路——金边至西哈努克港高速公路建设；支持共建"一带一路"合作国家新建电站装机容量达 2 200 万 kW。

在国际产能合作领域，国家开发银行支持哈萨克斯坦奇姆肯特炼油厂升级改造、年产 50 万 t 聚丙烯等重大项目及文莱恒逸年加工 800 万 t 原油石化项目，进一步完善了当地产业链，提升了工业化发展水平；为印度尼西亚青山工业园产业链发展提供融资支持，助力印度尼西亚不锈钢产量从零跃升至全球第二，并为当地累计创造了 3 万个直接就业岗位。在金融合作领域，国家开发银行通过银团贷款、联合融资、同业授信等方式，主动联合国内外金融机构参与"一带一路"项目建设，实现互利共赢、共担风险，向共建"一带一路"合作国家的金融机构累计授信 1 034 亿元，有效地促进了双边经贸合作、重点项目建设和人民币国际化。

在促进民心相通方面，2013—2018 年，国家开发银行累计面向共建"一带一路"合作国家举办 120 次交流活动，覆盖 58 个国家，共计 3 304 人次。国家开发银行奖学金累计资助和奖励合作国家留学生 333 人次。

2019 年，国家开发银行配合第二届"一带一路"国际合作高峰论坛，推动 5 类 13 项成果纳入高峰论坛成果清单；全年累计发放"一带一路"相关贷款超过 200 亿美元，融资支持合作国家基础设施互联互通、产能合作、金融合作、境外园区建设和中小企业发展等；发起设立中国–拉美开发性金融合作机制、中日韩–东盟银联体等，进一步推动上合组织、中国–中东欧和中国–东盟等银联体、中欧互联互通平台等多双边金融合作；与白俄罗斯财政部签署 35 亿元人民币授信协议并实现贷款发放，助力人民币国际化发展；与世界银行、联合国开发计划署等国际机构联合开展可持续融资研究，与联合国开发计划署共同发布了《融合投融资规则 促进"一带一路"可持续发展》。

国家开发银行对于"一带一路"合作项目的投资方式主要有发放贷款、自营业务和设立基金三种方式。

（1）发放贷款

国家开发银行主要发行中长期信贷，发放的贷款种类主要包括基本建设贷款、技术改造贷款、设备储备贷款、技术援助贷款、外汇固定资产贷款、外汇流动资金贷款等。在服务"一带一路"倡议方面，国家开发银行设立专项贷款融资服务，支持中国与合作国家的金融和投资合作，为中资企业在该国开展项目提供融资并支持对方购买中方产品等，改善对方基础设施建设、工商业发展等。已有贷款项目主要包括：非洲中小企业发展专项贷款、中德中小企业发展专项贷款、大型成套设备融资保险专项机制安排、中希和中德船舶发展专项融资服务、中匈专项融资服务、中国加勒比基础设施专项融资服务等。

国家开发银行发放贷款的贷款期限分为短期贷款（1 年以下）、中期贷款

（1～5 年）和长期贷款（5 年以上），贷款期限一般不超过 15 年。对大型基础
设施建设项目，可根据行业和项目的具体情况适当延长。表 5-15 列出了国家
开发银行的主要融资服务。

表 5-15　国家开发银行的主要融资服务

国内业务	人民币中长期项目贷款	贷款期限在 1 年以上，以项目收益作为主要偿还来源，围绕项目具体建设内容进行，主要用于投资规模大、建设周期长、风险集中、社会性和供应性较强的基础设施、基础产业和支柱产业的基本建设及技术改造项目等，多为固定资产投资项目，贷款额通常高达几千万至数亿元人民币。例如，国家开发银行为三峡工程提供总额 300 亿元人民币贷款
国际业务	外汇中长期项目贷款	期限在 1 年（不含）以上，以贷款形成资产的预期现金流作为主要偿还来源，主要用于基础设施、基础产业和战略新兴产业的基本建设及技术改造项目等领域，支持境内大型企业"走出去""引进来"战略，支持境外金融机构或政府开展开发性金融合作业务，促进对口国家政治经济平稳发展及我国与对口国家经贸发展
	境外人民币项目贷款	向合格境外机构（经国家开发银行认定、符合国家开发银行贷款条件、注册地在境外的金融机构、企业法人等经营性实体及外国政府机构）发放币种为人民币的贷款，根据中国人民银行的要求，应用于境外项目，重点支持境内机构"走出去"过程中开展的各类境外投资和其他合作项目，包括境外直接投资、对外承包工程及出口买方信贷等，贷款用于购买中国大型设备、进口中国商品、支付工程承包和劳务费用、转贷给用款人等
	国际银团贷款	国家开发银行国际银团贷款用于支持境外项目的国内外集团的大型项目融资、贸易融资及各种大额流动资金融资，可优化资产结构、降低贷款集中度且国际影响力较强
	出口买方信贷	直接向外国的进口厂商、进口国政府机构或银行提供贷款，同时要求贷款用途必须用于购买中国商品和服务（中国成分不低于 50%）
		还包括：主权类外汇贷款、外汇流动资金贷款、出口卖方信贷、出口保理、出口贴现、境外代付、进口信用证等

资料来源：民生证券《"一带一路"系列研究："一带一路"融资机制全梳理》。

（2）自营业务

除了提供促进国民经济发展的中长期贷款以外，国家开发银行还通过自营
的国开金融以投资的方式提供融资服务。

2011 年 12 月，国开金融在香港设立全资子公司——国开国际控股有限公司，
作为国家开发银行和国开金融唯一的境外投资平台。国开国际控股有限公司控
股了国开国际投资有限公司（香港上市公司），作为境外股权投资平台，主要投
资于具有中国元素的境外项目，包括中资企业境外上市公司再融资、Pre-IPO、
私有化、中资企业境外并购和境外建设项目、外资企业投资于中国的项目等。

国开金融的境外投资类型包括普通股股权投资和夹层投资。普通股股权投

资主要投资于重大 Pre-IPO 项目、有明显估值优势和未来有较大增长潜力的战略性成长型企业，国家开发银行重要战略客户的 IPO 基石/锚定项目，符合国家开发银行产业政策支持的长期持有性资产等。夹层投资主要适用于国内企业境外投资/并购、已在境外上市企业的再融资、私有化退市融资和过桥融资等项目。以夹层投资的形式参与投资，可在锁定固定收益的同时争取股权增值的回报。

（3）设立基金

国家开发银行通过设立多边或双边合作基金等方式参与国际投资业务，具体形式包括：股权投资，直接以普通股方式投资企业或项目；准股权投资，如优先股、可转换债、混合资本工具等其他形式；基金投资，作为"基金的基金"，在符合国家外交政策的前提下，将适当比例资金投资于其他基金。表 5-16 列示了国家开发银行设立的基金（部分）。

表 5-16　国家开发银行设立的基金（部分）

发起设立	中国-阿联酋共同投资基金（中阿基金）	2015 年 12 月设立，总规模为 100 亿美元，一期规模为 40 亿美元，双方各出资 50%。由阿布扎比的穆巴达拉开发公司（Mubadala Development Company）、国开金融与中国外管局共同管理。基金按照商业原则运作，投资方向为传统能源、基础设施建设和高端制造业、清洁能源及其他高增长行业。投资地域以中国、阿联酋及其他高增长国家和地区为主
	中非发展基金	由中非发展基金提供的股权类投资，基金不控股、不做第一股东。成立于 2007 年 6 月，基金一期 10 亿美元全部由国家开发银行出资，旨在引导中国企业赴非洲投资建厂、支持非洲当地中小企业发展，支持有利于当地经济发展的重大项目建设。目前资金规模达到 50 亿美元，实际投资 24 亿美元，且已带动中国企业对非投资 150 亿美元，主要涵盖基础设施、矿业、制造业、农业等领域
	中葡合作发展基金	主要投资于中国（包括澳门）、安哥拉、巴西、佛得角、几内亚比绍、莫桑比克、葡萄牙和东帝汶 8 个葡语成员国家和地区的股权投资基金。基金总规模为 10 亿美元，首期到位资金 1.25 亿美元，分别由国家开发银行和澳门工商业发展基金出资
参与设立	丝路基金	丝路基金于 2014 年 11 月由中国政府正式宣布出资成立，是配套"一带一路"建设的专项基金，法人股东包括中国进出口银行、国开金融、赛里斯投资、梧桐树投资平台。发起规模为 400 亿美元，首批 100 亿美元由中国外管局、中投公司、中国进出口银行和国家开发银行分别出资 65 亿美元、15 亿美元、15 亿美元和 5 亿美元。可以根据地区、行业或者项目类型设立子基金。其定位为中长期开发性投资基金，通过股权、债权、贷款、基金等多元化投融资方式，为"一带一路"建设中的多边、双边互联互通提供投融资支持

资料来源：民生证券《"一带一路"系列研究："一带一路"融资机制全梳理》。

2）中国进出口银行参与"一带一路"倡议的情况

2019 年，面对国内外复杂的贸易和经济形势，中国进出口银行继续丰富代客交易币种，支持经营单位开展共建"一带一路"合作国家相关货币交易业务；配合信贷业务推出挂钩 LPR（贷款基础利率）的利率掉期品种，完善产品体系，创新服务品种，扩大产品范围。截至 2019 年末，中国进出口银行"一带一路"贷款余额超过 1.6 万亿元，设立 3 000 亿元支持进口专项额度，推动 50 亿美元自非洲进口贸易融资专项资金落实过半；"两优"贷款业务已覆盖东盟、南亚、中亚、西亚、非洲、拉美、南太等地区的 90 多个国家；已与世界银行集团、亚洲开发银行、非洲进出口银行等全球 25 家多边金融机构和国际组织建立了合作关系，共同为发展中国家基础设施建设提供大量资金。

在"一带一路"项目融资支持上，由于中国进出口银行是"两优"贷款的唯一承办银行，除了提供商业贷款以外，提供"两优"贷款是其为"一带一路"建设提供融资服务的重要方式之一。

（1）提供"两优"贷款

"两优"贷款是我国政府为了促进双方互利合作、向项目国（发展中国家）政府提供的具有优惠性质的资金安排，包括援外优惠贷款和优惠出口买方信贷。可给予"两优"支持的国家必须是与我国正式建交、双边关系良好的发展中国家。

"两优"贷款具有利率低（2%～3%）、期限长（一般 15～20 年，分为宽限期和还款期，宽限期只付息不还本，还款期内每半年等额还款一次）的特点。"两优"贷款按协议金额的一定比例一次性收取管理费，按未提款金额的一定比例每半年收取一次承诺费；借贷方式为买方信贷，中方企业不需要负债。"两优"贷款为主权级债务，即项目主权级机构（财政部或中央银行）直接作为借款人，或项目国政府指定机构为借款人、由项目国主权机构担保。表 5-17 列示了"两优"贷款的特点。

表 5-17 "两优"贷款的特点

地区特征	传统上重点支持地区为：非洲、东南亚、南亚、南太平洋、加勒比及拉美等；中亚（上合组织）和中东欧主要是优惠出口买方信贷
项目特征	一是当地政府应承担不低于项目投资的 15%的配套资金（优惠出口卖方信贷）；二是项目要从中国进口一定比例的物资设备，通常要求中国成分不低于 50%；具有利润高、付款有保障、能提升企业在政府中的形象等特点
行业特征	对项目国经济社会发展有长远意义的基础设施项目；有经济效益的生产型项目；能源资源开发项目；社会福利性项目

续表

	援外优惠贷款	优惠出口买方信贷
含义	由中国政府指定金融机构对外提供的具有政府援助性质、含有赠与成分的中长期低息贷款	为配合国家政治、外交需要，推动与重点国家和地区的经贸合作，采用出口买方信贷形式对外提供的具有一定优惠条件的特定贷款
资金来源	国内金融市场发行债券，利差由政府补贴	中国进出口银行自筹资金
记账币种	人民币	美元
融资比例（中方）	100%	85%
政府主管部门	援外司/行政政法司	合作司/金融司
政府间协议	有	无

资料来源：民生证券《"一带一路"系列研究："一带一路"融资机制全梳理》。

（2）提供贷款融资

中国进出口银行提供对外贸易贷款、跨境投资贷款、对外合作贷款、开放型经济建设领域贷款等，并组织或参与国际、国内银团贷款。从业务类型来划分，包括出口卖方信贷、出口买方信贷、进口信贷、转贷等业务。除此以外，还提供了国际结算、保函、贸易融资、跨境贸易人民币业务等贸易金融服务。

对外贸易贷款是指用于支持在我国境内与境外国家或地区（含内地与港澳、大陆与台湾）之间，从事商品、劳务和技术等交换活动的贷款，包括出口贸易贷款和进口贸易贷款。2019 年末贷款余额为 12 000.07 亿元。

跨境投资贷款是指向境内外合法注册登记的中资（含中资控股）企业提供的用于境外（含内资企业对港澳台）投资的贷款，包括境外资源开发贷款、境外加工贸易贷款、境外中资企业发展贷款、股东贷款等。2019 年末贷款余额为 2 579.78 亿元。

对外合作贷款是指用于我国与境外国家或地区政府、金融机构或主权担保企业开展合作，支持我国企业承包境外建设工程项目的贷款，包括对外承包工程贷款、国际主权合作贷款、金融机构合作贷款、转贷款等。2019 年末贷款余额为 9 608.97 亿元。

开放型经济建设领域贷款是指按照国家有关政策要求，为支持外贸高质量发展、基础设施互联互通，服务国家对外开放及履行社会责任所提供的贷款，包括转型升级贷款、节能环保贷款、农业产业化发展贷款、基础设施贷款、旅游文化产业贷款、产业转移贷款及其他。2019 年末贷款余额为 13 536.58 亿元。

图 5-13 列示了贷款项目融资金额占比分布。

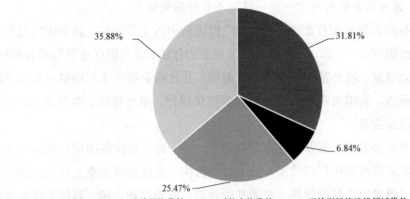

图 5-13 贷款项目融资金额占比分布

数据来源：中国进出口银行年报。

（3）设立基金

表 5-18 列示了中国进出口银行设立的基金（部分）。

表 5-18 中国进出口银行设立的基金（部分）

发起成立	中拉合作基金	2016 年 1 月设立投入运营，由中国进出口银行和中国外管局作为主要发起人出资设立，为注册在境外的有限合伙制基金；总规模为 100 亿美元，将通过股权、债权等方式投资于拉美地区能源、基础设施建设、农业、制造业、科技创新、信息技术、产能合作、消费零售、医疗保健等领域，支持中国和拉美地区各国间的合作项目
	中非基金	2015 年 11 月成立，由中国人民银行和中国进出口银行发起，首期规模为 100 亿美元，其中中国人民银行通过中国外管局出资 80 亿美元，中国进出口银行出资 20 亿美元，双方分别占 80%、20%的股份
	中国-东盟投资合作基金	2010 年成立，由中国进出口银行作为主发行人，联合国内外多家投资机构共同出资成立；目标规模为 100 亿美元，首期募集 10 亿美元；基金主要投资于东盟地区的基础设施、能源和自然资源等领域，具体包括：交通运输、电力、可再生资源、公共事业、电信基础设施、管道储运、公益设施、矿产、石油天然气、林木。2015 年 11 月，中国进出口银行与中国-东盟投资合作基金签署战略合作备忘录，旨在以产能合作与基础设施为重点投资领域，通过投贷结合等创新模式为企业提供一揽子金融服务
参与设立	丝路基金	丝路基金于 2014 年 11 月由我国政府正式宣布出资成立，是配套"一带一路"建设的专项基金，法人股东包括中国进出口银行、国开金融、赛里斯投资、梧桐树投资平台。发起规模为 400 亿美元，首批 100 亿美元由中国外管局、中投公司、中国进出口银行和国家开发银行分别出资 65 亿美元、15 亿美元、15 亿美元和 5 亿美元；可以根据地区、行业或者项目类型设立子基金。定位于中长期开发性投资基金，通过股权、债权、贷款、基金等多元化投融资方式，为"一带一路"建设中的多边、双边互联互通提供投融资支持

资料来源：民生证券《"一带一路"系列研究："一带一路"融资机制全梳理》。

3. 国内商业银行的融资情况

1）国内商业银行对"一带一路"项目的融资特点

国有四大商业银行在"一带一路"投融资中占主导地位，其中中国银行和中国工商银行在"一带一路"融资中发挥主力作用。商业银行主要以银行授信、国际银团贷款、境外发行债券等方式融资，并且商业银行还积极推出多元化跨境金融服务，为国内跨境投资企业提供投资银行、境外保险、财务咨询、风险管理等创新业务。

从行业分布看，商业银行在对共建"一带一路"合作各国项目的资金支持中，主要采取差异化授信政策，给予合作机构、重点区域和重点行业信贷资源倾斜，主要集中于基础设施（交通基础设施、能源基础设施、通信干线网络建设等）和进出口贸易。

从地区特性来看，由于中亚和西亚大部分国家地势复杂、局势不稳定，在"一带一路"倡议在这些国家的推动中可能会遭遇民主运动、罢工等，因此投资成本高、风险大。相比之下，东南亚地区的国家地理位置邻近、局势相对稳定、产业结构承接性好、华侨众多、文化相似，对我国来说是一个最有潜力且投资回报比最高的区域。

在东南亚地区的国家中，新加坡是著名的金融中心、国际大洋航线枢纽，投资环境较好。中国银行将新加坡作为最重要的境外区域中心，中国银行新加坡分行于 2012 年 10 月 5 日获得全面银行执照，目前已在新加坡建立了 5 个战略业务平台。

2）国内商业银行对"一带一路"项目的融资方式

国内商业银行对"一带一路"项目的融资方式主要包括银行授信、银团贷款、境内外债券融资及跨境金融服务等。

（1）银行授信

银行授信按是否在财务报表中反映可分为表内授信和表外授信。表内授信包括贷款、项目融资、贸易融资、贴现、透支、保理、拆借和回购等；表外授信包括贷款承诺、保证、信用证、票据承兑等。共建"一带一路"合作国家的项目融资多集中于银行贷款，其中"走出去"企业又以出口买方信贷为项目融资主流。出口买方信贷是指在大型成套设备出口和境外工程承包项目中，由国内银行向国外业主提供以美元、欧元为主的中长期优惠贷款，主要用于国外进口商购买本国的船舶、飞机、汽车等产品。

（2）银团贷款

中国工商银行在中资银行筹组银团贷款方面扮演着重要角色。截至 2019 年 11 月底，中国工商银行境内银团贷款余额突破 1 万亿元，较年初净增 1 200 亿元，近 3 年复合增长率超过 10%，在服务国计民生重大项目中发挥了重要作用。在银团项目实施中，中国工商银行积极服务制造业、民营企业和"走出去"项目，其中牵头制造业银团贷款项目 50 个，合同金额超过 1 700 亿元；牵头民营企业银团贷款项目 104 个，合同金额超过 2 000 亿元；积极通过银团贷款支持"一带一路"建设，已牵头"一带一路"建设及"走出去"银团项目 200 多个。

（3）境内外债券融资

因债券融资具有风险低、成本低的优点，商业银行在选择融资方式时也多青睐于债券融资，并且同时为中资企业提供境外债券承销业务。

2014 年，中国农业银行成为中东地区首家发行人民币债券的中资机构，并在香港、新加坡等离岸人民币市场持续发行和承销人民币债券，在为"一带一路"项目筹集资金的同时，推动了国际债券市场和离岸人民币市场的发展。

2015 年，中国建设银行发行的全球首只"海上丝绸之路"离岸人民币债券在马来西亚吉隆坡交易所上市，募集资金主要用于"一带一路"项目融资。2016 年，中国建设银行新加坡分行成功发行"一带一路"基础设施人民币债券。2017 年，中国建设银行承销厦门海沧投资集团有限公司"一带一路"中期票据和红狮控股集团有限公司"一带一路"中期票据。

中国银行是"一带一路"主题债券发行次数最多、规模最大、范围最广、币种最丰富的金融机构。2015 年 6 月，中国银行在境外市场成功发行 40 亿美元"一带一路"债券；2019 年 4 月，中国银行 38 亿美元多机构、多币种"一带一路"主题债券在香港联交所挂牌上市，以满足"一带一路"相关分支机构的资金需求。截至 2019 年 4 月底，中国银行已先后发行 5 期"一带一路"主题债券，总规模近 150 亿美元，发行币种达到 7 个，主要包括人民币、港币、欧元、美元等。

（4）跨境金融服务

中资银行除了以上主要的融资方式外，还根据自身业务特点采取"商行+投行"模式，积极推出"一揽子"跨境金融服务，为境外投资企业降低投资风险和提供便利，为企业提供投资银行、保险、股权投资、基金及融资租赁、对外担保、风险参与等多元化、一体化服务。

3）中国银行对"一带一路"项目的融资支持情况

中国银行针对"一带一路"倡议，提出了打造"一带一路"金融大动脉的战略思想。2019年，中国银行境外商业银行年末客户存款、贷款总额分别为4 542.35亿美元和3 899.56亿美元，实现利润总额88.79亿美元，对集团利润总额的贡献度为24.42%；"一带一路"相关机构办理人民币清算量超过4万亿元，为114个国家和地区的代理行客户开立跨境人民币同业往来账户1 448户；推广人民币跨境支付系统（CIPS），与289家境内外金融机构签署间接参与行合作协议，市场占有率同业第一。截至2019年末，中国银行境外机构已覆盖全球61个国家和地区，包括共建"一带一路"的25个合作国家，是参与"一带一路"建设和全球机构布局最广的中资银行；外汇买卖币种达到110种，具备对99种新兴市场货币的报价能力，其中共建"一带一路"合作国家货币达46种。

目前，中国银行对"一带一路"项目的融资方式主要为授信、境外债券、境外保险、与其他金融机构开展双边/多边合作等。

（1）授信

2015年，中国银行通过公司贷款、保函和信用证等方式，累计向共建"一带一路"合作国家投放授信约286亿美元；截至2019年末，累计跟进"一带一路"相关重大项目超过600个；2015—2019年，对合作国家提供了超过1 600亿美元的授信支持；在"一带一路"基础设施项目方面，为国内企业在合作国家的并购、投资提供信贷支持。

（2）境外债券

2015年中国银行发行首只"一带一路"主题债券，发行人民币、美元、欧元、新加坡元4个币种的债券，并在纳斯达克迪拜交易所、新加坡证券交易所、台湾证券柜台买卖中心、香港联交所、伦敦证券交易所5个交易所挂牌上市，总发行量约40亿美元，创中资银行境外债券发行新纪录。2019年，中国银行在国际市场上成功发行第五期"一带一路"主题债券，总量约38亿美元。

此外，中国银行参与承销多家大中型企业境外人民币和外币债券，作为主承销商成功发行首只境外商业银行熊猫债券并成功注册首只境外主权机构熊猫债券，承揽当年市场全部22只中资企业欧元债发行中的17只，中资企业G3货币（美元、欧元、日元）离岸债券承销市场份额居于首位。

（3）境外保险

中银保险自 2006 年开始涉足境外保险业务，2016 年承接境外项目 90 个，投资总额/工程承包额超过 1.6 万亿元，境外业务实现保费收入 1.55 亿元，同比增长 165%。截至 2019 年末，为响应"一带一路"倡议，在亚洲、非洲、南美洲的 70 多个国家和地区开展境外保险业务，覆盖近 30 个行业，保持同业领先。

（4）与其他金融机构开展双边/多边合作

中国银行与境内金融机构及境外多边金融机构合作，境内与国家开发银行、中国进出口银行、中国出口信用保险公司等国内政策性金融机构合作，参与"一带一路"相关收购、融资项目，并提供账户管理、结算清算等延伸服务；境外与亚洲基础设施投资银行、金砖国家新开发银行和丝路基金等新兴国际组织或开发机构全面合作，建立了与国际金融公司、多边投资担保机构、亚洲开发银行等国际多边金融机构的合作关系。

4）中国工商银行对"一带一路"项目的融资支持情况

截至 2019 年末，中国工商银行在 48 个国家和地区建立了 428 家机构，通过参股标准银行集团间接覆盖非洲 20 个国家，与 143 个国家和地区的 1 445 家境外银行建立了代理行关系；在共建"一带一路"的 21 个合作国家和地区共计拥有 129 家分支机构；境外机构（含境外分行、境外子公司及对标准银行投资）总资产达 4 056.83 亿美元，比上年末增加 213.79 亿美元，增长 5.6%，占总资产的 9.4%。

在"丝绸之路经济带"，中国工商银行在印度、巴基斯坦、土耳其、阿联酋、沙特阿拉伯、俄罗斯等国家设立了机构，使服务于亚、欧、非的金融服务网络不断完善。在"21 世纪海上丝绸之路"重要合作区域的东盟地区，中国工商银行在泰国、越南、老挝、柬埔寨、缅甸、印度尼西亚、马来西亚、新加坡 8 个国家拥有 61 家分支机构，并且在新加坡和泰国获得人民币业务清算行资格，是东盟地区服务能力最强的中资金融机构。

借助全球融资、投资银行、金融租赁等投融资产品线的发展，中国工商银行在服务"一带一路"建设、国际产能合作、优势产能输出等领域支持中资企业走出去。在跨境人民币业务方面，中国人民银行授权的境外人民币清算行有 7 家，其中属于共建"一带一路"合作国家的有 4 家，2019 年跨境人民币业务总量突破 5 万亿元，包括跨境结算、清算、代理债券投资与外汇交易、债券承销、人民币汇率与利率交易、境外人民币贷款、资产管理、资产信托、沪港通等产品。

5）中国农业银行对"一带一路"项目的融资支持情况

截至 2019 年末，中国农业银行在 17 个国家和地区设立了 22 家境外机构和 1 家合资银行，其中有 6 家机构布局在共建"一带一路"合作国家和地区，初步形成涵盖主要国际金融中心及周边合作密切国家和地区的境外经营网络；与全球 139 个国家的 1 230 家银行建立了密押合作关系，包括共建"一带一路"的 53 个合作国家和地区近 500 家银行，实现了五大洲经营网络的全覆盖。2019 年，中国农业银行共办理涉及共建"一带一路"合作国家国际业务 997.53 亿美元，覆盖 62 个国家；签署《"一带一路"绿色投资原则》，成为首批签署该原则的国内金融机构。截至 2019 年末，中国农业银行境外分行及控股机构资产总额达 1 407.8 亿美元，较上年末增长 5.9%，全年实现净利润 6.3 亿美元。

2019 年，中国农业银行境内分行国际结算量为 9 707 亿美元，国际贸易融资额为（含国内信用证项下融资）1 112 亿美元；全年跨境人民币业务量为 13 781 亿元，较上年增长 24.5%；跨境人民币客户达 1.9 万户，较上年末增长 14%。与此同时，中国农业银行大力支持"一带一路"建设和企业"走出去"，与中国出口信用保险公司、政策性银行及共建"一带一路"合作国家和地区的银行加强合作，积极营销和服务"走出去"客户和重点项目，2019 年共办理相关业务 392 亿美元，涉及 95 个国家和地区。中国农业银行推出了跨境并购贷款、出口信贷、特险融资、内保外贷、境外发债、产业基金等一系列"走出去"金融产品，为"走出去"企业提供打通境内外、覆盖全流程的一体化融资服务。

6）中国建设银行对"一带一路"项目的融资支持情况

截至 2019 年末，中国建设银行在全球 30 个国家和地区设立了 200 多家境外机构。与此同时，中国建设银行大力支持"一带一路"建设，累计为相关国家的 150 多个重大项目提供了金融支持。2019 年，中国建设银行商业银行类境外分支机构实现净利润 89.46 亿元，同比增长 11.84%；完成国际结算量 1.09 万亿美元，跨境人民币结算量 1.68 万亿元；新增哈萨克斯坦阿斯塔纳分行和马来西亚纳闽分行两家属于共建"一带一路"合作国家的境外机构；托管国有资产管理平台"一带一路"经济建设项目；签署了《"一带一路"绿色投资原则》，成为首批签署该原则的国内金融机构。

4. 小结

当前,"一带一路"金融合作在机构设置方面,11 家中资银行布局覆盖了共建"一带一路"的 33 个合作国家,共设立了 96 家一级分支机构。从银行来看,中国银行、中国工商银行、中国建设银行和中国农业银行共设立 78 家,占比 81.25%,覆盖 31 个国家,起绝对性主导作用。从区域来看,中资银行在"一带一路"各大合作区域均有布局,但在各个区域分布不均衡,其中东南亚的机构数量与大洋洲的机构密度均居于首位,而中美洲的机构数量和南亚的机构密度均处于末位。

在多边协议方面,与中国人民银行签署双边本币互换协议的国家集中在东南亚、西亚和东欧;从签署规模看,较大的区域为东南亚、东亚和东欧。此外,中国人民银行在 10 个合作国家建立人民币清算安排,主要集中在东南亚,涉及交通银行、中国银行、中国工商银行及中国农业银行,为我的贸易结算、人民币业务往来奠定了基础。

在监管合作方面,我国银保监会已与共建"一带一路"的原 64 个合作国家中的 37 个国家签署了 46 份双边监管合作谅解备忘录或监管合作协议,签署国家集中在西亚、东南亚和东欧;各区域内与我国签署相关协议的覆盖率差异较大,比例最低的区域为东欧、非洲和中美洲。

可以看出,近年来我国与共建"一带一路"合作国家在金融机构设置、多边协议签订和监管合作构建等方面的合作不断加强,但是在整体分布方面,仍然呈现区域分布不均衡的特点。

我国为"一带一路"项目提供资金来源的主要为政策性银行和商业银行。其中国内政策性银行主要为国家开发银行和中国进出口银行(尤其是国家开发银行),这两家银行不仅提供传统授信,而且建立了中外合作基金,通过商业贷款(单个银行授信/银团贷款)、优惠买方信贷、援外贷款、出口信用保险、设立国别/产业基金等为境内外企业、大型项目等提供低成本融资支持。此外,国家开发银行还设置了国开金融进行股权投资。商业银行主要以银行授信、国际银团贷款、境外发行债券等方式融资,并且商业银行还积极推出多元化跨境金融服务。国有四大商业银行在"一带一路"投融资中占主导地位,其中中国银行和中国工商银行在"一带一路"融资中发挥主力作用。整体而言,银行信贷与授信仍是最主要的融资方式。

5.3 "一带一路"基础设施投融资的风险分析

"一带一路"倡议是面向全球的开放性战略平台,涉及国家多且范围广。同时,由于合作国家基础设施底子薄且财力弱,要想实现经济增长,需要巨大的资金投入。尽管我国长期以来具有高储蓄率和高外汇储备,但是对于基础设施建设的资金需求而言,也只是杯水车薪。要想保障相关基础设施建设资金的可持续性,需要各方合力填补资金缺口。现阶段,与"一带一路"相关的基础设施建设取得了一系列进展,投融资工作也在稳步推进,但融资缺口依然巨大,既存在战略性机遇,又不乏风险与挑战。

5.3.1 "一带一路"基础设施投融资的风险概况

"一带一路"倡议为全球共同发展带来了互利合作的崭新机遇,而基础设施建设则是宏伟战略规划中的重要内容。作为倡议国,我国一直在最前线为提升合作国家基础设施水平而不懈努力。对共建"一带一路"合作国家的投资风险进行分析,对于引导企业理性选择投资目标、规避投资风险、推进"一带一路"倡议的顺利实施,具有紧迫而重要的现实意义。

1. 区域风险

从区域角度来看,中东欧国家和东亚国家的发展程度较高,经济增速较快,较少出现地缘政治问题,社会弹性和偿债能力也高于一般发展中国家,整体投资风险较低。然而,中亚及独联体的部分国家,投资环境较为恶劣,这些国家在经济基础、政治风险、社会弹性、偿债能力等指标的排名上也比较靠后。西亚地区的国家呈现较大的差异性,既有评级为 A 的阿联酋、卡塔尔和以色列,也有评级为 BB 的土耳其、伊朗及评级为 B 的伊拉克。西亚地区国家较多、地域广阔,其中以色列和阿联酋的经济实力较强,财政和金融系统较安全,投资环境较稳定。然而,部分国家(如伊朗、伊拉克)则呈现政局动荡的特征,军事冲突时有发生,社会稳定性差,经济基础薄弱,具有较高的投资风险。

图 5-14 列示了我国在共建"一带一路"的部分合作地区需要关注的风险。

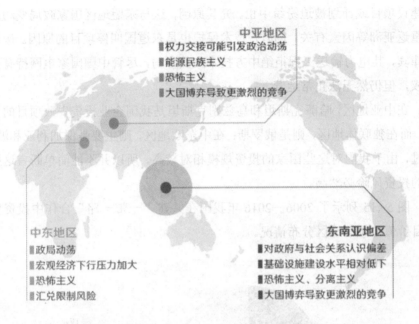

图 5-14 我国企业在共建"一带一路"的部分合作地区需要关注的风险
资料来源：根据网络公开资料搜集整理。

从投资项目实施情况的角度来看，2006—2016 年，中国在共建"一带一路"合作国家投资受挫的大型项目数量为 56 个，主要集中在西亚地区、南亚地区及东盟地区，而其他地区投资失败的项目较少；受挫项目的投资金额约为742.5 亿美元，在西亚地区、东盟地区和南亚地区投资受挫的大型项目的价值份额分别约为 44.7%、24.7%、14.5%。

在西亚地区，伊朗、叙利亚及沙特阿拉伯是我国大型项目投资失败的分布地，而我国投资失败项目的金额之最发生在伊朗。例如，2006 年中海油收购伊朗的一个 160 亿美元的油气项目，但以失败告终。

在南亚地区，阿富汗、印度及巴基斯坦是我国项目投资失败的分布地。2015 年，由中国交建承建的科伦坡港口城项目（总投资 15 亿美元）由于斯里兰卡新政府的上台而遭受政治风险。

东盟地区（包括缅甸、越南、柬埔寨、菲律宾等）是我国企业投资失败项目最为集中的地区，其中菲律宾是我国失败次数最多和金额最高的国家。例如，中缅皎漂—昆明铁路工程、中柬合作大坝、中泰"高铁换大米"等系列基础设施建设项目或计划被迫纷纷中止。究其原因，这与东盟地区国家政局变动及美国重返亚洲等因素有关。同时，技术保护也是东道国叫停项目的原因。例如在菲律宾，其电力输送工程拒绝中方技术人员参与，尽管中国国家电网持有当地股权，但仍然无法正常运营。

在中亚地区，哈萨克斯坦和乌兹别克斯坦是我国企业投资失败项目的分布区。而在独联体地区，则是俄罗斯；在中东欧地区，则主要是保加利亚和波兰。不过，由于我国对这些国家的投资规模相对较高，所以并不能简单断言这些国家的投资风险必然高。

图 5-15 列示了 2006—2016 年我国在共建"一带一路"合作中投资受挫项目价值份额的地区分布情况。

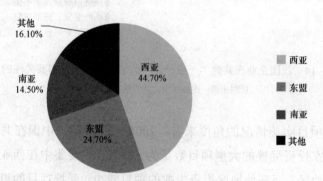

图 5-15 2006—2016 年我国在共建"一带一路"合作中投资
受挫项目价值份额的地区分布情况

显然，忽略实际投资规模，而仅仅直接比较投资受挫的大型投资项目的金额与数量并不妥当，这会造成对共建"一带一路"合作地区投资风险的误判。更为妥当的做法是，通过我国对合作国家相对风险指标的测算予以判断。基于此，我国在"一带一路"各区域的相对投资风险指标，可以通过投资受阻的项目价值与投资总额的比率计算得到，相对投资风险指标值越低，投资风险越低。来自中国社科院世界经济与政治研究所的数据显示，2006—2016 年，西亚地区的相对投资风险最高，达到 0.68；南亚地区次之，为 0.38；东亚（蒙古）地区也超过了 0.3；东盟地区介于 0.2～0.3 之间；风险较低的地区是中东欧地区、中亚地区和独联体地区，均小于 0.2。

图 5-16 为 2006—2016 年我国在共建"一带一路"合作地区的相对投资风险。

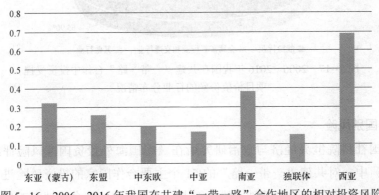

图 5-16 2006—2016 年我国在共建"一带一路"合作地区的相对投资风险
数据来源：王永中."一带一路"沿线国家投资风险分析及政策建议.

2. 行业风险

根据《2019 年度中国对外直接投资统计公报》，2019 年末，我国境内投资者在共建"一带一路"的 63 个合作国家设立境外企业近 1.1 万家，涉及国民经济 18 个行业大类。从行业构成来看，制造业、批发和零售业、建筑业、金融业、科学研究和信息技术服务业及电力生产和供应业是当年对共建"一带一路"合作国家直接投资流量的前六大行业。但是，不同行业可能面临的投资受挫风险的高低存在差异，例如较高的行业投资壁垒是投资活动被迫取消的重要原因。根据中国社科院世界经济与政治研究所的数据，2006—2016 年，能源行业、金属矿石行业和交通行业是投资受挫的主要行业，三大行业投资受挫的价值份额之和达到了 87.3%，其中能源行业受挫的价值份额最高，为 65.9%。主要原因包括：一是我国对能源业投资规模大；二是能源业属于敏感行业，大规模能源投资易引起东道国的警惕与防备。同时，高科技、金融、旅游、化学、不动产和公共事业等行业的投资受阻风险相对较低，其中不动产、高科技行业的投资受挫风险很小，基本可忽略不计。

图 5-17 为 2006—2016 年我国在共建"一带一路"合作中投资受挫项目价值份额的行业分布情况。

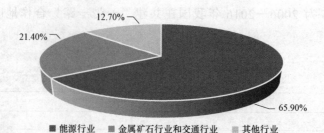

图 5-17 2006—2016 年我国在共建"一带一路"合作中投资受挫
项目价值份额的行业分布情况

3. 国别风险

中国社科院世界经济与政治研究所在《中国海外投资国家风险评级报告（2020）》中，对共建"一带一路"的 51 个主要合作国家的投资风险进行了评级。该评级体系包含经济基础、偿债能力、政治风险、社会弹性和对华关系五大指标及 42 个细分指标。报告指出，经济基础薄弱是导致"一带一路"相关国家投资风险偏高的主要原因，而最突出的潜在隐患则是政治风险。由评级结果可见，高风险评级（BB 和 B 等级）有 10 个国家，中风险评级（BBB 和 A 等级）有 40 个国家，而低风险评级（AA 等级）仅有 1 个国家（新加坡）。

整体上看，共建"一带一路"的 51 个合作国家的平均风险水平低于整体的 114 个样本国家，得分分别为 0.549 和 0.555；从地区来看，东亚地区是我国对"一带一路"合作国家直接投资的主要目的地，其投资风险也处于较低水平，南亚地区的投资风险普遍较高，而中亚地区和独联体地区中部分国家风险较高。总体而言，发达经济体评级结果普遍好于新兴经济体和发展中国家，如评级最高的新加坡，其经济发展水平、政治稳定性、社会弹性都处于较高的水平，对我国的依存度较高，而且投资受阻程度很低。然而，共建"一带一路"合作国家以新兴经济体居多，经济方面呈现基础薄弱、结构单一及稳定性差等特征。其中，部分国家出现较高的政治风险，具体表现为频频更迭政权、社会弹性低及较低的偿债能力。但是共建"一带一路"合作地区已经成为我国对外直接投资的新的增长点，2019 年我国企业对共建"一带一路"合作国家进行非金融类直接投资和工程承包规模分别达到整体比例的 13.6% 和 59.5%。

表 5-19 列示了共建"一带一路"的 51 个主要合作国家投资风险评级结果（2020 年版）。

表 5–19 共建"一带一路"的 51 个主要合作国家投资风险评级结果（2020 年版）

排名	国家	地区	是否是发达国家	排名变化	评级结果	排名	国家	地区	是否是发达国家	排名变化	评级结果
1	新加坡	东亚	是	—	AA	27	希腊	中东欧	是	上升	BBB
2	阿联酋	西亚	否	上升	A	28	科威特	西亚	否	下降	BBB
3	卡塔尔	西亚	否	上升	A	29	土库曼斯坦	中亚	否	上升	BBB
4	爱沙尼亚	中东欧	否	上升	A	30	巴林	西亚	否	下降	BBB
5	以色列	西亚	是	下降	A	31	阿尔巴尼亚	中东欧	否	下降	BBB
6	捷克	中东欧	是	下降	A	32	缅甸	东亚	否	—	BBB
7	波兰	中东欧	否	—	A	33	蒙古	东亚	否	下降	BBB
8	斯洛文尼亚	中东欧	是	上升	A	34	越南	东亚	否	下降	BBB
9	匈牙利	中东欧	是	下降	A	35	泰国	东亚	否	下降	BBB
10	立陶宛	中东欧	否	下降	A	36	吉尔吉斯斯坦	中亚	否	下降	BBB
11	柬埔寨	东亚	否	上升	A	37	孟加拉国	南亚	否	上升	BBB
12	马来西亚	东亚	否	上升	BBB	38	斯里兰卡	南亚	否	下降	BBB
13	保加利亚	中东欧	否	上升	BBB	39	约旦	西亚	否	下降	BBB
14	俄罗斯	独联体	否	下降	BBB	40	黎巴嫩	西亚	否	下降	BBB
15	印度尼西亚	东亚	否	下降	BBB	41	印度	南亚	否	下降	BBB
16	哈萨克斯坦	中亚	否	上升	BBB	42	巴基斯坦	南亚	否	上升	BB
17	罗马尼亚	中东欧	否	下降	BBB	43	乌兹别克斯坦	中亚	否	下降	BB
18	塞浦路斯	中东欧	是	上升	BBB	44	白俄罗斯	独联体	否	下降	BB
19	亚美尼亚	独联体	否	上升	BBB	45	埃及	非洲	否	下降	BB
20	老挝	东亚	否	下降	BBB	46	乌克兰	独联体	否	上升	BB
21	阿塞拜疆	独联体	否	上升	BBB	47	塔吉克斯坦	中亚	否	上升	BB
22	克罗地亚	中东欧	否	下降	BBB	48	土耳其	西亚	否	下降	BB
23	沙特阿拉伯	西亚	否	下降	BBB	49	伊朗	西亚	否	—	BB
24	阿曼	西亚	否	下降	BBB	50	摩尔多瓦	独联体	否	下降	BB
25	菲律宾	东亚	否	下降	BBB	51	伊拉克	西亚	否	—	B
26	拉脱维亚	中东欧	否	下降	BBB						

资料来源：《中国海外投资国家风险评级报告（2020）》。

由此可见，我国对共建"一带一路"合作国家的投资呈现出明显的地区差异和行业差异。根据以往投资项目的经验，从地区来看，西亚、东盟和南亚是我国大型项目投资失败的主要地区；从行业来看，能源行业、金属矿石行业和交通行业是我国大型项目投资失败的主要行业。另外，投资风险也存在地区差异，其中投资风险最高的地区是南亚地区，较高的是中亚地区和独联体地区，居中的是西亚地区，而东亚地区和中东欧地区分别是投资存量最高和最低的地区，但二者均体现出较低的投资风险。

5.3.2 "一带一路"基础设施投融资的风险类别

1. 系统性风险

1）政治风险

（1）因政局动荡引致的投资风险

共建"一带一路"合作区域覆盖范围广，合作国家政治环境呈现出较大的差异性。其中，部分国家经济落后、种族及宗教冲突频发，甚至可能随时面临政权更替。例如，墨西哥城到克雷塔罗的 210 km 的高铁项目于 2014 年 11 月 4 日由中铁建率领的国际联合体中标。但仅 3 天后，中标结果被墨西哥总统宣布无效，这引起了墨西哥政府与反对党的唇枪舌战。类似地，由于中东、北非地区的政局不稳，中海油长城钻探工程分公司的 6 个海外合作项目被迫终止，对全年营业收入造成了 12 亿元的影响。

（2）因政府干预引致的投资风险

政府干预是指政府对微观经济的过度干预。具体表现为：东道国政府既充当项目参与者又扮演项目监管者，导致责任错位。

实际中，政府对垄断企业予以隐形补贴也属于政府干预，即政府替代了市场的作用，使资源偏离最佳配置，从而引发低效率。例如，格鲁吉亚政府对该国水电站的主体工程施工做出强制规定，要求承包商必须为当地企业。然而，当地企业及工人水平难以达到施工要求，造成了工期的实质性拖延。

此外，政府在签订项目后的履约态度也应引起重视。如果合作国家存在违约记录则应引起重视，避免出现"东道国事前担保、事后违约"而使中方资金遭受损失的问题。例如，美国马萨诸塞州 3 号公路北段修缮扩建项目和尼日利亚拉各斯州莱基收费公路，在这两个项目中政府表现前后不一，削弱了项目的盈利性。

（3）因政府低效率引致的投资风险

东道国政府的效率问题，也要引起特别注意。由于政府担负着监督管理与政策引导的天然职责，监管尺度的拿捏往往影响着效率的高低。在实际中，要想保证效率，政府既要避免"过度干预"，也不能"放权不管"。例如，英、法两国政府在英法海峡隧道项目上迟迟不发放运营许可证，致使资金短缺的实例就为政府低效率引发投资失败的问题敲响了警钟。

2）法律风险

参与共建"一带一路"合作项目建设，还必须对东道国的法律环境可能引发的法律风险引起足够的重视。由于部分东道国的法律与我国法律差异较大，投资国企业可能对身处的制度环境难以适应，从而面临高风险。现阶段，我国对外投资企业往往在税收缴纳、招标程序、投资流程等方面对东道国的法律规定不适应，从而存在较高的法律风险。例如，印度可能因本国劳动力相对廉价，而缺少其对保护罢工权的重视；哈萨克斯坦则在环境保护方面进行了严格的要求；蒙古则处于发展期，近年来在吸引外资方面的法律变动较大，这些均应引起注意。

此外，部分东道国的法律风险较大，具体表现为：一是高危国家，即司法机关的独立性差且腐败严重，政策往往不透明；二是低政府公信力国家，即对外国采取经常性的征收行为；三是强权掠夺型国家，即当地强权集团借由司法程序对外国企业实施掠夺。

3）经济风险

在参与"一带一路"建设的过程中，也需重视因东道国经济波动而导致的经济风险。经济风险主要有两大类成因：一是由于共建"一带一路"合作国家大多基建水平差、产业结构单一，而且国际能源与资源价格波动极易引起国内经济状况发生变化。例如，近年来，在中亚地区投资基础设施建设的我国企业往往因当地剧烈的经济波动而遭受严重损失。二是现阶段我国以基础设施建设和基础工程（如港口、铁路、矿山等）的输出为主，即使高科技领域的大型企业（如中兴、华为）的海外开拓也呈现出"以基础线路和硬件铺设为主"的特征。很多共建"一带一路"合作国家，人口少且经济落后，大型基础设施建设能否盈利存在不确定性，可能较长时间内其盈利难以弥补赤字，基础设施的经济建设实际上呈现"高投入、高风险、长周期、少收益"的"不经济"特征。因此，能够参与这些"不经济"行为的企业，往往也是受政策扶持的国有大中型企业，而中小型民营企业的进驻则很难形成规模效应。这反映出我国企业的经济行为政治化倾向明显且难接地气，无法期望短期内的经济整合奏效，也难以获得当地社会的认同。

推进"一带一路"建设需要民间资本的支持，民营企业"走出去"可能对加强我国与东道国的密切联系有更加积极的作用。然而，我国境外的民营企业往往在保险、信贷等业务领域孤立无援，具有较差的抗风险能力，并因当地经济波动而成为最直接的受害者。

4）社会文化风险

在企业参与"一带一路"建设的过程中，还需要重视因宗教和文化差异造成的社会风险。与欧美国家不同，很多共建"一带一路"合作国家在文化及宗教方面具有强烈的自身特征。值得特别注意的是，东南亚、中亚地区的许多国家属于伊斯兰国家，其中部分国家高度保守，存在诸多我国企业不了解的文化禁忌。另外，共建"一带一路"合作国家中还有大量信仰佛教和天主教的国家，境外企业进驻当地也要注意相关禁忌。长期以来，我国企业市场环境奉行无神论，对此类宗教和文化的敏感性不足，容易引起东道国的误解，应尽力避免激化矛盾和冲突。

5）环境保护风险

对于环境保护，国际层面已经形成一系列的公约、多边条约及法律文件，但我国企业对此仍重视不足。以往的对外投资经验表明，我国企业经常因破坏东道国生态环境而被冠以"掠夺性开发"的恶名。更有甚者，提出"中国环境威胁论"，这对我国政府及企业的形象造成了极其不利的影响，并致使诸多投资项目因此流产。依托"一带一路"倡议平台，我国企业的对外投资领域以能源、矿产等高污染行业为主，而东道国荒漠居多且具有脆弱的生态环境系统。同时，这些国家在环保方面法律制度欠缺、监督机制不完善，也容易使我国环保意识不强的企业加剧对环境的破坏行为。

2. 非系统性风险

1）管理风险

在"走出去"的过程中，我国企业难免会遇到社会、政治、经济、法律或文化环境的新变化，会遇到生产管理、质量控制等方面的新问题，对此盲目照搬国内做法可能会适应不良。比较好的做法是：我国相关企业通过总结管理运营方面遇到的问题，积极适应东道国的特定环境，着力实现平稳运营。

2）建设与运营风险

境外项目的建设与运营风险，主要包括：设计缺陷风险，勘探与科研风险，技术标准风险，设备材料采购风险，原始数据风险，合同风险，建设风险，工程超期、超概风险，原材料涨价风险，设备物资供应风险，劳工能力风险，高端人才缺乏风险，安全运营风险，知识产权风险，孤网运行风险及廉洁从业风险等。

3）技术风险

技术风险往往是指项目设备的设计缺陷及其潜在缺陷。对于基础设施项目，往往要达到合同购买人（如政府或相关机构）要求的运营目标（如对水处理厂而言，在输水质量方面有要求；对电站而言，在供电水平方面有要求）。而当支持基础设施项目的技术较复杂时，这些设备、施工乃至设计缺陷就可能成为引发技术风险的重要来源。

5.3.3 "一带一路"基础设施投融资的风险案例

本部分以雅万高铁和蒙内高铁为例，梳理了铁路"走出去"项目面对的风险，并从中总结经验，以防范和化解风险，使经济损失降低到最小。本部分案例所涉及的风险如图 5-18 所示。

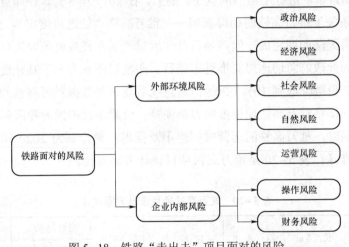

图 5-18 铁路"走出去"项目面对的风险

1. 基于雅万高铁的风险案例

印度尼西亚是最具影响力的东南亚国家联盟成员，更是"一带一路"的首倡之地，并且是我国的全面战略伙伴国。近年来，我国与印度尼西亚在进出口贸易、工程承包等领域的往来日益密切，同时投资合作也逐渐增多。据相关统计，在 2017 年，印度尼西亚直接投资中高达 34 亿美元来自中国，实现了 26%的同比增长。我国企业在印度尼西亚承包的项目中，雅万高铁备受瞩目。

1）案例概况

雅万高铁项目在印度尼西亚是颇具知名度的，它不仅是该国一项十分重要的基础设施建设工程，也是我国和印度尼西亚在"一带一路"框架下合作推进的标志性工程，同时也是我国高铁"走出去"的第一单。

中印尼合资公司负责印度尼西亚雅加达至万隆省会西瓜哇高速铁路项目的建设和运营，该公司于 2015 年组建，由中国铁路总公司牵头组成的中国企业联合体和印度尼西亚维卡建筑公司牵头的印度尼西亚国企联合体共同组建而成。中印尼合资公司中，中方企业联合体和印度尼西亚国企联合体股权分配是四六分，即中方占 40%，印尼方占 60%，双方共同负责雅万高铁的建设和经营。雅万高铁项目总投资高达 51.35 亿美元，工程进度安排是 2017 年开工，2018年完成，2019 年正式运营。雅万高铁由政府授予特许经营权，期限为 50 年，是印度尼西亚总统佐科上任以来最大的基础设施建设项目。

雅万高铁从筹建之初就吸引了大家的眼球。早在 2015 年，雅万高铁竞标中，我国和日本就进行了激烈的竞争。随后，在 2017 年 8 月，在印度尼西亚国内出现一条关于雅万高铁的劲爆新闻——雅万高铁"征地进度仅为 55%"，表明该项目将无法如期完成。但该项目是印度尼西亚在任政府争取连任的主要政治筹码，因此政府急切地想要推进该项目。印度尼西亚方为了减轻资金压力，意欲将出资份额降低到 10%～20%，这意味着我国将掌握雅万高铁的主导权。该举措再一次将雅万高铁项目推向大众视野，引起了我国国内和国际社会的高度重视。同时，雅万高铁的运营时间也不断推迟，原计划为 2020 年，后因疫情，一再推延。表 5-20 是雅万高铁项目设计方案对比。

表 5-20　雅万高铁项目设计方案对比

	长度/km	站点数/个	建设时间	运营时间	持股比重/%		项目预算/亿美元
					中方	印尼方	
原设计方案	150.5	8	2016—2018 年	2019 年	40	60	55
现设计方案	142.3	4	2017—2019 年	2020 年	90	10	60

（1）雅万高铁项目背景

雅万高铁项目可谓是一波三折，极为坎坷。最初因为成本高和资金问题，该项目差点"腹死胎中";之后,印度尼西亚为了降低成本,想把该项目修改为中速铁路,但最终经过多方考察、综合考虑,还是决定实行既定方案,并与中方合作建设。中方之所以能在竞标中完胜日本,主要原因是我国愿意接受无担保贷款,而日本则要求印度尼西亚政府担保。雅万高铁计划建设长度为142.3 km,运行时速为 200~250 km,每日运送客流量为 44 000 人,并且可以持续增加。雅万高铁建成之后,能极大地降低雅加达至万隆的行程时间,由以前的 3~5 h 缩短为 36 min。表 5-21 是雅万高铁项目我国与日本建设情况对比。

表 5-21 雅万高铁项目我国与日本建设情况对比

	我国	日本
优势	完工早、费用低	节能、抗震、安全
融资	提供 55 亿美元 50 年期贷款,利率为 2%,宽限期为 10 年	提供约 12 亿美元 40 年期贷款,贷款利率为 0.1%,宽限期为 10 年
政府担保(印度尼西亚)	无	担保 15%的总资金
建造历史	短(但过去几年经历高速增长)	长
完工年限	3 年	5~8 年
沿途车站数	8 个	5 个
报价	0.3 亿美元/km	0.5 亿美元/km

资料来源:根据公开资料整理得到。

(2)项目融资

雅万高铁项目采用了 BOOT 融资模式,这种模式包含建设、拥有、运营、转让几个环节,中方提供建设雅万高铁的贷款,不要求印度尼西亚政府担保,中国国家开发银行提供 75%的资金,其他合资伙伴补充不足资金,贷款期限为 50 年,包括 10 年宽限期,之后印度尼西亚政府获得雅万高铁的所有权和经营权。

(3)参与此项目建设的主要利益方

主要包括中国企业联合体(由中国铁路总公司牵头)和印度尼西亚国企联合体(由印度尼西亚维卡建筑公司牵头),其中印度尼西亚国企联合体成员包括建筑公司(PT Wijaya Kaiya)、铁路运营商(PT KeretaApi)、收费公路建造商(PT Jasa Marga),以及种植园公司(PT Perkebunan Nusantara)。图 5-19 列示了雅万高铁项目的主要利益方。

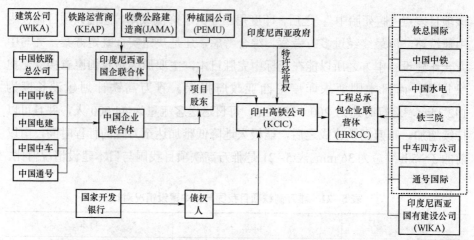

图5-19 雅万高铁项目的主要利益方

（4）产生的问题

雅万高铁在建设过程中遇到的最大问题就是征地难问题。截至 2017 年 6 月，雅万高铁征地完成率仅为 55%，这一实际进度与印中高铁公司总经理韩格罗于 2016 年中和 2017 年初对外宣称的 60% 和 82.9% 还相距甚远。雅万高铁一端连着首都雅加达，一端连着印度尼西亚国内重要城市万隆，途经人口密度极高的爪哇岛，需要占用铁路沿线的工业用地、居民区甚至绿化缓冲地，征地类型复杂，获批难度大。

2）政治风险分析

（1）政权更替的风险

印度尼西亚在 1998 年之前实行党禁，只有三个政党存在，但在 1998 年苏哈托统治倒台后，印度尼西亚解除党禁，进入民主改革时期。在 2014 年大选中，共有 15 个政党参选，佐科所带领的斗争民主党击败其他参选政党成为国会第一大党，但因为反对党联盟的席位数多于执政联盟的席位数，导致佐科政府处处受限，佐科总统实施的改革措施，如招商引资、加强基础设施建设等，触动既得利益者的"奶酪"，因此遭到了他们的"围追堵截"，新政的实施举步维艰。

新任总统出生于"草根"家庭，有意改善底层民众的生活，提出实施大刀阔斧的改革，加强国家基础设施建设，增强人民生活安全感、幸福感、获得感。根据印度尼西亚《2015—2019 年中期建设发展规划》，印度尼西亚未来 5 年将建设 2 650 km 公路、1 000 km 高速公路、3 258 km 铁路、24 个大型港口、60 个轮渡码头、15 个现代化机场、14 个工业园区、49 个水库和 33 个水电站。雅万高铁是佐科政府所关注和支持的基础设施项目之一，因此也就成为反佐科集团的众矢之的。

印度尼西亚国内政局波谲云诡，极不稳定，反佐科集团意图通过制造"雅万高铁项目叫停事件"、中国劳工潮争议和"反钟万学"事件，激发国内反佐科情绪，搅乱国内政局，制造社会动乱，希望能浑水摸鱼，推倒佐科政府。

（2）印度尼西亚国外势力的干扰

雅万高铁中日竞标激烈，日本竞标失败，煽动印度尼西亚国内高情绪反对中国企业，影响雅万高铁建设进程，比如在办理建设许可证阶段，日方就曾多次从中阻挠。

印度尼西亚国内官僚体制严重阻碍了项目推进。佐科政府奉行"平衡外交"理念，想把雅加达到泗水段的雅泗高铁项目承包给日本，以此来平复日本的不满情绪，以获得外交平衡。这样就给外界质疑中国企业中标雅万高铁带来了空间，导致有些交通建设方面的专家也开始对雅万高铁建设的必要性和中国高铁建造水平提出异议。

（3）法律问题突出

雅万高铁项目作为中国高铁"走出去"的先锋，对于外国不同的国情、法律制度等还有一个摸索适应的过程。印度尼西亚曾是荷兰殖民地，后又独立为民主国家，因此其国内法律体系十分复杂，既有荷兰殖民地时期的法律，又有很多习惯法，还有独立以后制定的新的法律体系。复杂的法律体系给土地权属界定带来了很大的难度。根据不同的法律体系，同一块土地可能有不同的归属，也就会出现"一地多证"的现象。例如法律承认世袭土地，但又规定世袭土地不能与国家利益相冲突，这里对国家利益却没有明确的界定，从而导致世袭土地的权属模糊不清，在进行国家基础设施建设需要征地时就会出现很多利益纠纷，造成征地困难。

法律问题除了表现在征地方面外，还表现在雇用劳工上。印度尼西亚的《劳工法》对劳工权利做了明确的界定，甚至有些过度保护劳工，造成劳工成本较高。印度尼西亚为了维护本国劳工的利益、保证本国劳工的就业，在《劳工法》中明确规定只允许外籍专业人士进入本国工作，就算是国家发展需要的专业人士，也要在保证优先录用本国人员的条件下才能考虑外籍人士。但随着印度尼西亚经济社会的发展，对外籍技术专业人士的需求量增大，这一法律规定明显制约了其国内经济的发展。印度尼西亚国内市场潜力巨大，越来越多的中国企业开始到印度尼西亚开厂办公，也有越来越多的中国劳工去印度尼西亚打工，但面临着语言不同、法律制度不熟悉等诸多问题，中国籍劳工经常遭到移民局和警察的质询和调查。在雅万高铁建设中，需要大量的中国籍技术人员提供技术支持，但却面临工作签证难以办理的困境，而印度尼西亚国内由于工作作风散漫、工作效率低下、劳工技能不高，难以满足雅万高铁建设的技术需要，这一突出矛盾严重制约了雅万高铁项目的进度。

（4）中央与地方不协同

印度尼西亚是具有代表性的分权制国家，而且地方政府的自主权高于中央政府，这就导致中央政府的决策、政令等难以得到保质保量地贯彻执行。早在雅万高铁项目敲定合作意向前，佐科政府就颁布了《2015 年第 30 号关于第三次修订〈2012 年第 17 号关于公共利益用地征地实施办法〉的总统条例》，以立法的形式加快以雅万高铁项目为代表的基础设施建设项目的征地进度。但在中央与地方分权制背景下，地方政府的权力大有凌驾于中央政府的倾向，地方政府在面对总统令时，常常以"与地方政府条例"相悖为由拒不执行。在佐科颁布该总统条例后，征地流程仍需约 500 天，与此前的差别并不大。另外，在发生土地矛盾和法律纠纷后，地方政府会更多地偏袒当地居民和当地利益，在主观和客观上都不愿出面协调。征地问题成为雅万高铁项目如期竣工的重要阻碍。

3）社会风险分析

（1）分离主义和民族宗教冲突

和平与发展是当今世界的主题。印度尼西亚在独立之后就想建立一个和平稳定的国内环境为国家发展提供保障。素有"千岛之国"美誉的印度尼西亚国土面积辽阔，东西绵延 5 500 多千米，拥有 17 000 多个岛屿，且基本互相连通，加之民族众多，也就为分离主义提供了发展的土壤。自 1945 年独立至今，印度尼西亚多次爆发反政府的独立运动。

除了分离主义思潮外，印度尼西亚国内的宗教信仰也纷繁复杂。印度尼西亚是世界上信仰伊斯兰教人口最多的国家，基督教新教和天主教的信徒分别占全国人口的 6.1%和 3.6%。此外，还有一些人信奉印度教、佛教和原始拜物教等。

印度尼西亚国内宗教信仰复杂导致该国一度是恐怖主义的重灾区。在2002—2005 年发生的具有代表性的恐怖主义事件有：第一次巴厘岛爆炸、雅加达万豪酒店爆炸、澳大利亚驻印度尼西亚使馆爆炸、第二次巴厘岛爆炸等，其中在 2002 年巴厘岛发生的恐怖袭击爆炸事件，导致 202 人丧生。

以上种种严重威胁了雅万高铁项目建设人员的人身财产安全，也影响了雅万高铁的建设进度及建成之后的运营安全。

（2）排外风险

与日本和美国相比，我国在印度尼西亚的接受度很低，且我国与印度尼西亚曾经断交二十余年，我国企业在印度尼西亚投资的历史较短，印度尼西亚民众对我国产品的认同度较低。

4）自然风险分析

印度尼西亚位于环太平洋地震带上，是一个多火山、地震的国家，且是典型的热带雨林气候，雨季多暴雨，容易发生洪水、泥石流及山体滑坡等灾害。自然风险极大、自然灾害频发对基础设施建设技术要求很高，而相比于日本，中国高铁技术在抗震防灾方面还有待提高，这也不利于确保雅万高铁建设、运营的安全性。

雅万高铁是连接雅加达与万隆的重要交通线路，雅加达位于爪哇岛西北海岸，万隆位于爪哇岛西部火山群峰环抱的高原盆地中，两地相距 120 km，海拔相差约 700 m，沿线存在大量的不良地质和特殊岩土（如地震及地震液化层、火山、滑坡、地面沉降、活动断裂、软土及松软土、膨胀岩土、火山沉积土等），严重影响了建设进度。

除了恶劣的地质条件外，印度尼西亚特殊的水文条件也对雅万高铁产生不利影响。印度尼西亚地处热带，是典型的热带雨林气候，全年气候温暖湿润，平均气温为 25～27 ℃，湿度为 70%～90%。印度尼西亚不分春、夏、秋、冬四季，只有旱季和雨季两个季节，对于印度尼西亚的大部分地区而言，通常每年 4 月至 10 月为旱季，11 月至次年 3 月为雨季。恶劣的气候及水文条件既会影响现场施工，又会对机械设备及施工材料到场的及时性造成影响，从而导致工期延长或怠工。表 5-22 列示了印度尼西亚各月份天气和气温情况。

表 5-22 印度尼西亚四季天气和气温情况

指标	一月	二月	三月	四月	五月	六月	七月	八月	九月	十月	十一月	十二月
日均最高气温/℃	31	31	32	32	32	31	31	31	32	32	32	32
日均最低气温/℃	23	23	23	24	23	23	23	22	22	23	23	23
平均降水总量/mm	313	260	216	215	200	208	171	144	147	183	235	274
平均降水天数/天	21	19	18	18	17	15	11	14	13	15	19	20

注：数据来源于天气网。

5）财务风险分析

财务风险主要是基于对负债能力造成资金链断裂的考虑。

（1）项目建设期间，项目延期或中断导致的资金风险

印度尼西亚在经济基础方面底子薄弱，对贷款的偿还能力较低，存在较高的债务违约风险。同时，铁路项目具有"长工期、高成本、难回本"的特点，使我国金融机构在印度尼西亚推进项目的风险大大增加。比如，雅万高铁项目75%的资金来源于国家开发银行发放的贷款，故国家开发银行独自承担较高的风险。另外，雅万高铁项目实质上是首个政府主导、B2B（企业对企业）合作建设的铁路"走出去"项目。由于雅万高铁项目并不涉及印度尼西亚的国家预算、政府担保或财政补贴，而印度尼西亚国企联合体的净资本达不到按比例分摊债务的水平，因此项目存在较高的中断风险。

（2）项目开通运营后，上座率不足将影响现金流入

雅万高铁在印度尼西亚民众中的知晓率不高，人们对雅万高铁的认可度不高，这极大地拉低了雅万高铁的上座率。

一方面，对于印度尼西亚国内民众而言，雅万高铁的便利性不是很大。事实上，雅加达与万隆之间原有的交通通达性较好，普铁耗时 3 h 13 min，开车耗时 2～3 h，而直达高铁则只需 40 min。然而，对于习惯慢生活的印度尼西亚民众而言，高效省时可能并不是重点，也就使其对高铁的需求并不十分急迫。

另一方面，普通民众普遍感觉雅万高铁的性价比不高，高铁票价较贵。雅万高铁的票价，为 20 万～22.5 万印尼盾（按 1:2 000 的汇率计算，约合人民币 100～113 元），这大大高于火车二等座的票价 7 万印尼盾（约合人民币 35 元）、商务座票价 7.5 万印尼盾（约合人民币 38 元）和特等座票价 8.5 万印尼盾（约合人民币 43 元），也高于汽车油费 8.37～16.065 印尼盾（约合人民币 42～81 元）。

雅万高铁虽然连接的是印度尼西亚的两个重要城市，但就印度尼西亚国力和高铁的实用性来说，雅万高铁的建设似乎多余且累赘。万隆城市公共交通系统发展并不完善，高铁站到城市周围如果没有相应的配套公共交通，是不能满足民众出行需要的，也会降低人们乘坐高铁的欲望，从而出现上座率不足等问题，这将严重影响雅万高铁的运营盈利，甚至导致亏损。

雅万高铁预估每日客流量是 29 000 人，这只是预估了普通铁路的分流情况，但事实上印度尼西亚已经表现出与日本合建雅泗高铁的极大兴趣，而雅泗高铁距离雅万高铁较近，这两条线路将极大地分流乘客。虽说准确预测铁路运量十分困难，但国外学者实证研究表明，72%的铁路项目对客运量的预测

比实际客运量高出 67%以上，这也意味着雅万高铁建成通车后的客运量可能更低。

印度尼西亚为了缓解自己的出资压力，想将出资份额降为 10%或 20%，换句话说，如果想继续推进雅万高铁项目，中方必须追加出资份额，这也加剧了中方的风险。而且印度尼西亚政府在雅万高铁项目中不提供政府担保或不动产抵押，这就意味着造价高、认可度低、资金回笼慢的雅万高铁对于中方企业来说势必是高风险的，且收益前景渺茫。综上所述，我国企业应谨慎操作，在该项目进行过程中不断争取权益。

2. 基于蒙内铁路的风险案例

1）案例概况

蒙内铁路是"中国标准、中国技术、中国装备、中国管理"的典型，全长为 471.874 km、设计运力 2 500 万 t、客运时速 120 km 及货运时速 80 km。从地理上来看，蒙内铁路起于东非的蒙巴萨港，途经 3.595 km 港支线至蒙巴萨港站，经过多次上跨和并行 A109 公路及既有米轨铁路，先后穿过察沃国家公园和内罗毕国家公园，抵达内罗毕南站（终点）。

作为中肯产能合作、三网一化政策实施的典型项目，蒙内铁路于 2014 年10 月开工。作为东非第一条高标准的现代化铁路，蒙内铁路于 2017 年 6 月 1日建成通车，是我国铁路采用"EPC+O&M"模式"走出去"的首个项目，也是"一带一路"倡议惠及合作国家的丰硕成果。

在施工过程中，蒙内铁路遭遇许多挑战。比如，铁路线路需要穿过肯尼亚最大的野生动物保护区——察沃国家公园。对此，承建企业就要采取措施来保护动物的生存环境，如为保护动物迁徙而设计的穿越通道，同时，为了避免打扰动物夜间的休息，沿线的取土和施工必须在白天进行。以上的诸多措施无疑使工程成本大大增加。

（1）蒙内铁路项目背景

蒙内铁路是肯尼亚近百年新建的首条铁路，对东非铁路网的完善将起到积极作用。与此同时，蒙内铁路对于东非国家运力、东非地区互联互通的一体化建设及各国的经济发展，都将起到极大的提升和促进作用。

肯尼亚是东非交通运输（包括海陆空）的重要枢纽，其地处东非沿海，素有"东非领头羊"之称。肯尼亚的蒙巴萨港，位于印度洋畔，是肯尼亚、乌干达、南北苏丹、刚果（金）、卢旺达、布隆迪等东非国家物资运送的必经之地，货运量逐年攀升。

在蒙内铁路之前，英国人修建的米轨是整个东非铁路网的运输主力，但其设备老化、故障频发、运行过慢（时速仅 30 km）、货运量少等问题日益突出，早已不能满足肯尼亚及东非各国的物资运输需求。

（2）项目融资

蒙内铁路融资采用的是"EPC+O&M"模式，其合同额达 38 亿美元，其中90%源于中国进出口银行提供的贷款，还款期为 15 年；其余 10%源于肯尼亚政府的配套资金支持。

（3）参与此项目建设的主要利益方

蒙内铁路的实施模式是"EPC"模式，承建单位为中国交通建设集团。起初 5 年，中国路桥作为运营委托单位，成立蒙内铁路运维公司。具体而言，就是项目采取分包的方式，中交隧道工程局运维项目部负责铁路技术设备、维修养护及客货运输业务，肯尼亚铁路公司拥有铁路的所有权。

2）政治风险分析

政治风险是蒙内铁路项目面临的主要风险之一，其具体表现如下。

（1）政局不稳定

政局不稳定，是指项目所在国面临战争频发、内乱、政变等事件使国内政局持续恶化的情况。政局不稳定会引发一系列恶性后果，如危及中方工作人员的人身安全、使运营项目被迫中断等。例如，2016 年，中国铁建境外公司在西非地区遭受恐怖袭击，导致两名工作人员不幸遇难。因此，对于铁路公司而言，政局不稳定是其面临的第一类风险。

（2）政府廉洁程度不高

政府廉洁程度，是指项目所在国政府的公信力、廉洁及腐败的程度。政府廉洁程度不高，会引发一系列后果，如导致人民与政府矛盾增大、经济与社会环境恶化，甚至铁路无法正常运营等。

根据世界经济论坛的调查，在信用度、司法公正度、商业合同有效性等方面，肯尼亚政府排名均为倒数。例如，因政府办事效率低下，就曾使蒙巴萨港货物腐烂变质。尽管无故拖欠工程款的现象很少发生于肯尼亚政府工程项目及国际组织资助项目中，但因肯尼亚政府办事程序复杂，拖期问题难以避免。

因此，政府廉洁程度也是铁路项目建设面临的主要政治风险之一。

3）经济风险分析

经济风险，是基于经济全球化背景，因经济不确定性、项目所在国经济实力、经济形势等对项目开展造成的影响。对于蒙内铁路项目而言，其经济风险主要包括：通货膨胀、汇率波动、市场供应（工人、材料、机械）风险、金融风险等。

肯尼亚实行"混合型经济"体制，私营经济占比超过 70%。从行业来看，肯尼亚的第一大创汇行业是农业，其主要创汇产品是园艺产品（花卉、蔬菜、水果）、茶叶和咖啡。肯尼亚的第二大创汇行业是旅游业，第三大外汇来源是侨汇。在东非地区，肯尼亚工业相对发达，国内日用消费品能够满足基本自给需求。

（1）汇率波动

肯尼亚身处第三世界，其本国货币常常被用于蒙内公司运营中。然而，由于其本国货币在国际金融市场上稳定性差、波动剧烈，从而使蒙内铁路运营商要面临巨大的汇率波动风险。同时，考虑到蒙内铁路运营时间较长，这又使汇率波动风险进一步加剧。图 5-20 和图 5-21 分别列示了 2013—2017年肯尼亚先令与其他货币之间的汇率变动情况，以及肯尼亚物价指数和通货膨胀率变动情况。

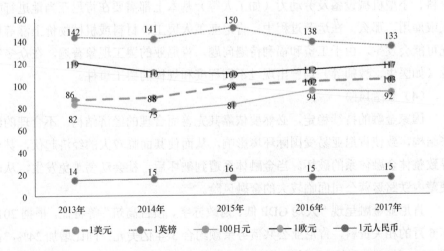

图 5-20　2013—2017 年肯尼亚先令与其他货币之间的汇率变动情况

图 5-21　2013—2017 年肯尼亚物价指数和通货膨胀率变动情况

（2）通货膨胀

在全球范围内，通货膨胀普遍存在，但在发展中国家尤其严峻。由于通货膨胀，与铁路运营相关的小型设备价格持续上涨，当地劳动力成本也大幅攀升，导致蒙内铁路的运营商成本大大增加，而利润持续降低。2017 年，因为干旱及大选等影响，肯尼亚的通货膨胀率从上年度的 6.3%攀升至 8%。由此推知，在通货膨胀的影响下，肯尼亚势必面临物价上涨问题。因此，随着中方在肯尼亚的投资项目日益增多，通货膨胀问题不容小觑。

（3）工人、材料、机械供应风险

由于肯尼亚与我国相距甚远，按我国标准建造的蒙内铁路，其运营需要的材料、小型机械设备及劳动力（如工人等）基本上都需要在肯尼亚当地进行购买或雇用。那么，在运营过程中，肯尼亚工人罢工、材料或机械物价上涨等情况可能会发生。由于工资和福利待遇问题，肯尼亚的罢工现象普遍，在众多行业（如医生、教师等）均曾出现过不同程度和规模的罢工事件。

（4）金融风险

国家金融的持续稳定，必然要依靠其完善而合理的经济结构。不合理的经济结构，致使肯尼亚易受国际环境影响，从而使其面临较大的经济起伏，甚至导致整体金融体系的破坏。当金融体系遭到破坏后，社会动荡难免发生，从而使蒙内铁路运营公司面临较大的金融风险。

肯尼亚金融呈现"人均 GDP 低、财政赤字、债台高筑"等特征。根据 2017 年 6 月的相关资料，肯尼亚公共债务余额约合 384 亿美元，同比增加 24%，占其 GDP 的 51%。其中，内部债务占比 42%，外部债务占比 58%，整年债务支出约合 33 亿美元，占财政收入比重的 20%。肯尼亚的主要贷款源于世界银行、世界银行下的 IDA 及我国，前两者占比为 13%，我国占比为 12%。另外，我国占肯尼亚双边债务的 66%。可见，肯尼亚的债务风险较高，肯尼亚政府应对此采取措施，而投资者应尽早予以重视。

4）社会风险分析

肯尼亚是个民族众多的国家（包括 42 个民族），其宗教信仰包括基督教新教（约占 45%的全国人口）、天主教（约占 33%的全国人口）、伊斯兰教（约占 10%的全国人口），以及原始宗教和印度教（其余人口）。而且自 20 世纪 90 年代初以来，肯尼亚的国内社会治安每况愈下，武装抢劫或恶性的犯罪频发。另外，肯尼亚还存在恐怖袭击等恶性治安案件。

图 5-22 梳理了近年来肯尼亚发生的部分恐怖袭击事件。

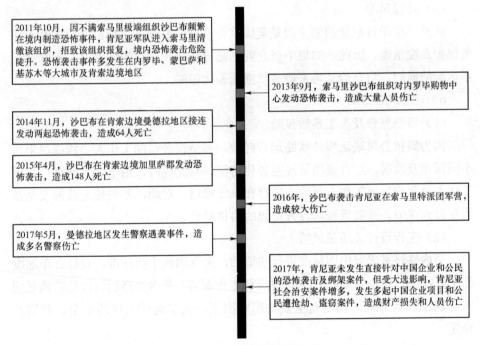

图 5-22　近年来肯尼亚发生的部分恐怖袭击事件

5）自然风险分析

（1）疾病

传染病是外国企业在肯尼亚投资建设中不得不考虑的重要问题，它对当地的经济和社会环境，乃至政治环境都可能产生重要影响。在肯尼亚，常见的传染疾病约二十余种，包括艾滋病、霍乱、黄热病、疟疾、裂谷热、非洲锥虫病等。疟疾、霍乱等更是横行于肯尼亚的部分地区，而疟疾最严重。对于铁路项目的施工而言，工作人员需要对疟疾、黄热病、非洲锥虫病及霍乱提高警惕，尤其是通过水传播的霍乱及通过蚊子传播的疟疾。这些传染病往往发病的概率很高，若未及时医治，很可能带来致命危险。

（2）不良地质

肯尼亚的不良地质条件，对中资企业的基础设施建设施工和技术处理带来了巨大挑战。不良地质一方面体现在矿坑上，尤其是在铁路沿线地段，存在采矿坑洞密集且大小不一的问题。另一方面，不良地质也体现在特殊的岩土上。比如，内罗毕地区存在黑色黏土地段；蒙巴萨低山丘陵区存在膨胀土、膨胀岩和红土地段，此外也存在松软土和石膏层等复杂土质，加剧了施工难度。

（3）环保风险

此外，由于肯尼亚的宗主国是英国。在英国的影响下，肯尼亚政府对于环境保护高度重视。因此，如果中资企业基础设施建设项目的环保存在不到位、不达标的问题，将会给其带来诸多负面的恶劣影响。

6）运营风险分析

（1）资源整合及员工素质风险

因为路桥公司缺乏境外铁路运营经验，其运营公司的工作人员构成也来自不同国家及地区，综合素质呈现差异化特征。与此同时，由于语言问题，我国工作人员和肯尼亚工作人员的沟通存在一定障碍。对此，若要使运营的安全及质量得到保障，就要重视对各方资源的协调整合。

（2）工程设计及质量风险

蒙内铁路是采取中国标准进行建造的，采取国铁 I 级标准，设计行车速度为 120 km/h，轨距为 1 435 mm。对运营工作而言，蒙内铁路的设计是否满足要求、施工质量如何，都将是重要的影响因素，关乎运营工作的安全、顺利及稳定。

（3）行车设备质量及备件保证风险

铁路行车，往往设备种类繁多，同时其质量好坏对运营安全及成本会产生直接影响，那么关键就是要保证各个专业设备的运转状态良好。此外，由于缺乏维护设备的相关配件，铁路维护难度往往会增加。另外，铁路沿线居民可能出于便利和侥幸，破坏栅栏穿行铁路，缺乏护路意识。更为甚者，偷盗铁路沿线的电缆设备等，并将其低价变卖，致使铁路设备被迫维修和替换。

由于肯尼亚的工业化水平整体较低，与蒙内铁路配件标准相匹配的制造能力不足，故在当地进行配件采购困难重重。这就使得许多铁路的急用配件，需要由国内采购后再空运至肯尼亚,从而使时间和运输成本大大增加。另外,由于铁路配件可能供应不及时,这给列车开行安全造成了诸多隐患。同时,海边至高原存在大坡度的变化,这使上行货车对铁路的损耗加大,现场维护的工作量大大提升。除此之外,肯尼亚停水停电频繁,动物上道时常发生,这些风险因素都会对铁路的正常运营造成威胁。

7)操作风险分析

(1)人为操作因素

对于铁路运营而言,防范各种事故风险十分重要。对于蒙内铁路运营公司而言,其主要管理人员大多来自非铁路运输单位,肯方的工作人员也比较缺乏铁路运营经验,加之运营工作人员责任意识不足,因此在整个运营过程中就存在较高的安全事故隐患。对此,降低事故发生的概率,对于运营安全至关重要。

(2)计算机系统因素

计算机系统因素可能引起行车安全风险。蒙内铁路线路存在系统未定、人员操作不准确、自然灾害、管理检查不到位等问题,致使设备安全存在隐患。因此,蒙内铁路行车安全风险隐患较高,应予以重视。特别是对于新装系统和更换计算机系统的情况,其行车安全风险应予以重视。

(3)工作程序因素

工作程序不完备易导致旅客运输危险和货物运输危险。由于铁路客运关乎旅客的生命与财产安全,对安全进行严格把控是铁路运营一贯的工作重点。铁路客运危险具体包括:防爆防火、安检查危、食品卫生、列车安全、人身危害、设备设施等方面。此外,还存在各种不确定因素的影响,致使铁路运输过程中面临人员伤亡和财产损失。

蒙内铁路运营的重要工作组成之一是货物运输,货物在运输过程中面临着巨大的风险。货物事故如若发生,带来的直接损失与间接损失将非常严重,如对运输工作人员造成伤害;对当地居民及动物造成伤害;造成经济方面的损失;对生态、环境造成影响(如空气、水源等污染)。

8)铁路企业在蒙内铁路项目中的风险防范措施

(1)外部环境风险防范

① 政治风险。政治风险是铁路基础设施建设企业首要防范的风险,在投标前就应提高防范意识,建立可操作的防范机制。

近年来,肯尼亚积极加强"向东看"战略,并以我国为重点合作对象。同时，中、肯两国高层领导人签署了项目融资备忘录，并就蒙内铁路达成合作共识。中、肯两国良好的外交伙伴关系，在一定程度上使政治风险被降低。

与肯尼亚政府进行积极有效的沟通对政治风险也能起到防范作用。以蒙内铁路项目建设为例，由于世界范围内普遍接受的是欧美铁路的建设标准，因此肯尼亚政府对中国标准比较陌生。对此，中方驻派肯尼亚的工作人员将中文标准译为英文，并与肯方积极加强沟通，分享中国铁路的成功经验，最终使肯方接受了中国标准，并对科研报告给予了积极肯定。

与此同时，加强对肯尼亚当地法律的学习也至关重要。以蒙内铁路的征地为例，由于中方与肯尼亚当地土地所有者在征地款、政策通知等方面的理解存在分歧，虽然中资企业注意协调和疏导，但仍然饱受征地成本不断增加之苦。

② 经济风险。经济风险也是铁路基础设施建设企业应重点关注的风险。比如，通过通货膨胀的变化趋势来预测相关需求的变化及价格走势。

从经济角度来看，肯尼亚的原材料及人力成本是确定合同价格的首要考虑因素。根据相关资料计算发现，肯尼亚的基础设施建设成本约是埃塞俄比亚的1.5 倍。这就使得全长 472 km 的蒙内铁路，合同金额达到 38.04 亿美元，从而在合同金额上接近于全长 757 km 的亚吉铁路，其合同金额达到 42 亿美元。

以肯尼亚施工的原材料为例，粉煤灰是重要的基础设施建设原材料，但在肯尼亚难以获得，而进口粉煤灰的成本费用不菲。通过查阅资料及科研攻关，我国专家研究发现肯尼亚当地有丰富的天然火山灰，它能够作为基础设施建设混凝土的矿物掺合料，从而也有利于降低铁路建设成本，将不利条件转化为有利的经济优势。

另外，汇率风险也是防范经济风险的重要关注点。铁路企业可以通过多元化组合币种的方式分散风险，通过固定汇率的方式将汇率波动风险转移；也可以签订协议，当合同货币贬值时，对合同价格进行提高，以降低经济损失。

③ 社会风险。防范社会风险对铁路基础设施建设企业而言，也是至关重要的。对此，对当地文化及社会环境有充分的理解，同时兼顾媒体舆论，树立企业良好形象，是加强双方包容与理解的有效途径。

在蒙内铁路基础设施建设和运营中，中方高度重视解决肯尼亚当地人才的就业问题，这一方面增进了双方的互信和理解，另一方面降低了社会风险。根据相关资料，在铁路基础设施建设的开支中，每 100 元中有 40 元被用于当地。在蒙内铁路的建设期间，员工中的 90% 是当地人。另外，运营公司对属地化建设充分重视并积极推进，加强当地员工的培养，并在铁路全线建立人才培训实验基地。这一方面解决了铁路建设的人才缺乏问题，另一方面也为肯尼亚培养和储备了铁路人才，提升了我国形象，有效化解了社会风险。

重视媒体舆论并积极应对，也是防范社会风险的重要途径。例如，中国路桥为应对媒体负面舆论，聘请了当地媒体公司进行公关。同时，中方也注重与肯尼亚当地媒体的积极互动，积极化解舆论误解。此外，中方企业还通过中国驻肯尼亚大使馆与新华社、中央电视台、《中国日报》等有影响力的国内媒体座谈并加强宣传，表明和强调了中方的积极态度，打破和化解了被动的舆论局面。另外，中方也结合肯尼亚的社会文化，设计了适应当地风格和习惯的官方网站，以全面介绍蒙内铁路的相关信息。中方采取的诸多举措，积极化解了社会风险。

④ 自然风险。自然风险是铁路企业不容忽视的重要风险。对此，积极承担环保责任、向当地专业公司咨询环保及评价问题、加强与当地环保组织沟通，是铁路企业防范和化解自然风险的有效举措。

在蒙内铁路建设过程中，也存在诸多自然风险。例如，蒙内铁路按照规划其中的 170 km（超过全程三分之一）要穿越察沃国家公园，而这是肯尼亚最大的野生动物保护区，势必会对动物和自然资源产生影响。对此，项目组积极了解和咨询环境评价情况，设计并制定了一系列减少负面影响的措施。

从自然风险的化解来看，铁路企业不仅要注重与政府沟通，还要注重与民间环保组织及基层官员沟通交流。此外，在项目调研和施工过程中，还可能遇到地质或气候问题，也要重点关注并积极沟通，以保证工程的工期。

⑤ 运营风险。运营风险，对于铁路企业而言，也不可掉以轻心。因为铁路"走出去"的大部分东道国是发展中国家，而在这些国家的铁路运营中可能面临行车安全、电力供应等具体运营风险。

在蒙内铁路的建设过程中，工地实验和检测是防范运营风险的有效方式。根据相关资料，蒙内铁路全线的现场实验室多达 18 个，技术人员涉及 319 人。为确保铁路全线施工和材料符合中国标准，平均每公里都会进行详细检测，检测报告达到 600 份。

另外，积极与肯方沟通，提供可靠的技术方案也是化解和降低运营风险的有效途径。以基础设施建设过程汇总的电力问题为例，肯尼亚一致采用英国标准的电力，而蒙内铁路首次将中国电力标准带到肯尼亚，并需要建设变电所。对此，考虑到此前未有外电引入的成功经验，肯尼亚的电力公司也颇有顾虑。

然而，我国电力专家及设计团队，积极改良技术方案，并据理力争，向肯方说明了中国电力标准及方案的可靠性。同时，中方也积极主动地协助电力公司完成安装作业，打消了肯方的种种顾虑，成功地实现了电力的引入及联调联试。

（2）企业内部风险防范

① 操作风险。操作风险，是铁路企业可能时常需要面对的风险。对此，加强人员培训和学习，注重对行车问题的总结和剖析，规范处置办法和工作流程，是降低操作风险的重要手段。

蒙内铁路运营公司基于对估计双层集装箱技术的调查论证，对适合蒙内铁路的集装箱进行了初步确定，具体到双层集装箱的配种、装载及加固、运行速度、检测、探伤等，并对装卸方案进行了详细的制定，对阻碍双层集装箱运输的问题予以有效解决。在载有双层集装箱列车停车会车时，工作人员都会仔细检查，这对相关列车的安全运输起到了坚实的保障作用。

为了降低运营风险，蒙内铁路运营公司建立员工交流接待日制度，并制定了《肯中员工交流接待实施办法》，这使得员工代表能够就其关心的问题（如薪酬、社保、培训）提出意见，也能够就其施工作业中的困惑进行交流。交流接待之后，组织方会形成"沟通信息简报"，从而有利于部门责任的明确、项目进度的推进并有效把握施工的重要时间节点，提早化解施工中可能面临的操作风险。

另外，肯尼亚非常重视安全行车，并采取了非常严格的安检手段。例如，对于蒙内铁路运营而言，运营公司针对节日运输设立了专项领导小组，以解决节日运输的协调问题。经过客务和站务培训的临时客运服务队，对旅客乘降工作也能够起到很好的协助作用。同时，为确保运输安全，其中层以上的领导到沿线包保。可见，对安全保障措施的严格制定，对操作风险的认真对待和研判，对员工的有效培训，都对降低操作风险起到了积极作用。

② 财务风险。财务风险，也是铁路企业最应当重视的内部风险之一。对此，铁路企业在项目实施前应该对成本进行预算，对各项经费的运用情况及时了解，对成本的使用情况进行跟进并总结分析，形成成本预算与管理的相关报告，进而降低成本超支的可能性。

对蒙内铁路而言，其路段的大部分与旧铁路线并行，从而可以利用原有设施，降低施工难度，节约建设资金。同时，沿线存在丰富的火山灰，它能够作为原材料，这也在一定程度上使建设成本进一步得到降低。另外，蒙内铁路连接的城市多、沿线的运输需求巨大且线路较短,这些也为建设成本的降低起到了重要作用。

从电力方面来看,蒙内铁路采用的是单轨和内燃机系统(而不是投资高昂且占地面积大的电气化双轨系统),极大地避免了征地难问题,同时也缓解了肯尼亚因经济落后而资金不足的问题。可见,在实施项目之前,从东道国的实际情况出发,对于降低项目建设成本和运营成本具有重要意义。

从税务角度而言,做好税务筹划与合理避税工作,符合肯尼亚相关的法律法规,也是财务工作的重要内容。以中国路桥公司为例,其实施统一的税务筹划,蒙内铁路项目财务工作采取"集中核算、统一管理"的方式,积极提高铁路企业的财务准确性,这对规避违规罚款起到了积极作用,从而也有效降低了财务风险。

对于蒙内铁路而言,其工程总造价为 38.1 亿美元,融资额的 90%源自中国进出口银行。根据相关测算,要想实现还本付息的要求,蒙内铁路需要实现 1 000 多万吨的货物运量,即约为蒙巴萨港现阶段吞吐量的一半。另外,中国路桥公司也为肯尼亚做了如蒙巴萨经济特区、奈瓦沙工业园区等规划,以助力其工业发展,打造新经济走廊,拉动经济发展,也可形成良性循环,降低财务风险。

蒙内铁路运营公司还与当地政府就最低运量保证签订了协议,取得政府的支持。同时,为积极降低财务风险,蒙内铁路运营公司还专门成立经营部门,以便拓宽营销渠道。

3. 案例启示

不同于国内的铁路建设与运营,"走出去"的铁路项目面临的风险更为复杂多变。通过上述的风险分析,有助于进一步了解风险源,也有助于铁路企业对风险的防范与规避总结出恰当的应对措施,从而降低潜在风险发生的可能性,杜绝不必要的人财损失。对此,加强企业的内部控制将是应对风险的管理控制手段。现阶段,我国《企业内部控制应用指引》中对"工程项目"部分进行了具体细化,但实际执行中可能脱节,内部控制体系很可能流于形式,并且在实际管理中可能依旧沿用固有思维模式,难以形成足够的重视。雅万高铁的征地难问题,以及频现报端的雇用非法中国劳工问题则是内控不足的表现,这不仅致使严重的经济损失频现,更会损害中国铁路企业在境外的良好形象,使风险更加突出。

综上,对于我国铁路企业"走出去"过程中的风险控制问题,要重视风险意识的提高、内部控制机制的完善及落实，从而提高对各类风险的有效防范能力。对于铁路企业而言，应完善内部控制制度，立足企业面临的内外部风险因素，结合国家"一带一路"倡议的导向，建立相应的铁路企业风险防范体系。

5.3.4 "一带一路"基础设施投融资的风险教训

1. 政治风险教训

参与"一带一路"建设的我国企业，要提高对项目东道国政治情况的分析判断能力。当东道国存在政局不稳等风险因素时，我国企业应注意对投资规模的控制，并可通过工程承包、出口产品或者提供技术等方式，减少经营活动的时间或规避直接参与的可能。此外，中国出口信用保险公司的境外投资保险政策也不失为一个选择。我国企业可以根据投资项目可能面临的政治风险及其程度，选择相应的境外投资保险（如汇兑限制、违约、动乱、战争等），使政治风险得以分散。

在共建"一带一路"合作国家进行对外投资的企业，应对东道国政局变化情况保持敏感，特别要对新政府成立后的政策及法律予以足够重视，并可借助驻外使领馆等渠道与新政府相关人员保持良好关系，以便审慎分析、理性判断，把握好投资节奏。具体而言，要在以下几个方面予以注意：一是通过信息和管理渠道，与驻外使领馆、商务部等相关部门加强交流，以随时掌握风险信息并及时应对和规避；二是坚持用经济利益化解政治风险，在与当地政府及相关部门的沟通过程中，应坚持互利共赢的合作原则，以获取对项目的理解及支持；三是对中央与地方之间的利益要予以积极协调，全力保障项目的平稳运营；四是在相关的特许权协议中，对中央与地方应承担的责任与义务应予以明确，必要时，通过项目合作协议的形式，使政府具有股东身份，以达成一致的共同利益。

2. 法律风险教训

在准入审查应对方面，企业可以从以下4个方面努力，尽量化解东道国准入审查风险：一是对东道国相关行业的准入政策予以充分了解；二是通过信息披露使企业运营更透明；三是投资经营时要强调商业身份，避免引入过多的国家战略色彩，以免引起不必要的误会和矛盾；四是必要时借助中介机构进行协调与交流，减少东道国对我国企业的疑虑或误解。对于政府而言，可以通过推动与东道国的双边关系来维护我国企业的利益。

在法律应对方面，对于企业而言，首先，规避相关风险最重要的手段就是事前加强对东道国相关法律规定及其执行状况的了解，企业可咨询有当地投资经验的法律事务机构来规避相关风险。其次，在经营过程中尊重东道国相关法律法规，加强合法合规意识。对于政府而言，可通过完善与东道国的双边投资保护协定来对我国企业进行一定程度的保护。例如，对于东道国存在法律缺位、规则不清或政策反复的问题，可借助双边协议，在其中提前对所使用的法律及争端解决机制予以明确约定。另外，政府代位求偿权的引入，也可以在一定程度上方便我国政府为企业提供法律救助。

3. 自然风险教训

当自然风险较高时，往往易使项目工程中途被勒令叫停或者面临高额罚款，从而使投资人遭受惨重的经济损失。与此同时，投资人也会因此声誉扫地，在竞争该领域项目时处于不利位置，丧失长远发展的优势。

通过投保商业险的方式，可以将自然风险转移给保险公司。项目建设的初期，建安工程一切险、人员意外伤害险、职业责任险、第三方责任险及运输险等，可以成为投保考虑的范畴。而在项目运营期内，职业责任险、机器设备故障险、环境责任险、财产一切险等险种的投保，可以使企业将面临的风险降低。

4. 技术风险教训

在投标之前，负责项目总承包的单位有必要组织各领域的专家团队进行实地考察。现场实地考察具有两个重要目的：一是通过项目踏勘，掌握项目细节，同时对当地政治、社会、交通、经济、法律、税收等方面的情况进行搜集，明确可能会对方案造成较大影响的不确定因素；二是通过对当地材料、人工、设备情况与报价的了解，明确价格走向，为投标积累素材。

在签订采购技术协议时，总承包单位必须与业主、设计单位、供应商进行充分沟通，确认目前在国内通用的设备材料是否需要改造或升级，同时对于在当地进行采购的一些辅助和零星工程材料，设计单位在设计材料的规格、型号和技术标准时，也必须充分考虑这些材料与主要设备材料的配套问题，避免因此造成材料的浪费和工期的延误。

在项目管理方面，要尽早采取管理手段对招投标实施管理，使"管理前移"。同时，要使变更与索赔同步，尽量做到商业止损。通过积极持续地吸收先进的管理理念和优秀管理经验，不断强化管理手段和措施，注意对成熟工程管理模式的学习和引进，打造高效的管理团队，规避可能的损失。

5.4 本章小结

本章主要对"一带一路"基础设施投融资的现状及风险进行了介绍，具体包括投融资基本情况的介绍和现状分析，投融资风险的概况、主要的风险等问题。在此基础上，为了更生动地解读"一带一路"基础设施投融资风险，本章提供了雅万高铁和蒙内铁路的风险案例，以供读者参考。

第 6 章
"一带一路"基础设施投融资评估及结果分析

　　本章首先对以往"一带一路"资金融通评估体系的相关研究进行了梳理与分析，并从中选出最权威、最科学的评估体系进行优化与改进；其次，应用该体系对现阶段"一带一路"基础设施投融资的现状进行评估；最后，从现状梳理与评估结果中发现"一带一路"基础设施投融资存在的问题。本章分析框架如图 6-1 所示。

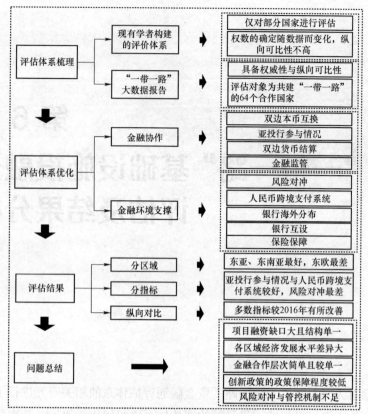

图 6-1　本章分析框架

6.1　以往评估体系的分析与选择

目前，对于"一带一路"建设的评估多从贸易投资角度或者整体倡议角度进行考虑，并没有单独关于投融资的评估体系。此外，多数评估选取"五通"为一级指标，而投融资作为资金融通中最重要的组成部分，选取的指标较少且不全面。其中，比较有代表性的为李蕊含的互联互通评估体系，以及国家信息中心在大数据报告中提出的综合分析体系。

李蕊含运用配额抽样法从共建"一带一路"64 个主要合作国家中选取 5 个样本国家作为研究对象，包括俄罗斯、新加坡、阿联酋、哈萨克斯坦及巴基斯坦，并设定政策沟通、设施联通、贸易畅通、资金融通、民心相通为评价互联互通程度的一级指标，同时选取了 15 个二级指标、40 个三级指标。其中"资金融通"部分的二级指标（见表6-1）为金融合作、信贷体系、金融环境。其中，金融合作又包括"签订货币互换协议规模""互设金融机构数量""该国人民币合格境外投资者数量"3个三级指标；信贷体系又包括"获得信贷排名""国家信用评级均值"2个三级指标；金融环境又包括"金融市场成熟度""金融经济自由度指数""总储备量"3个三级指标。可以看出，所选指标有部分为世界银行、世界经济论坛等机构的评估结果。

表6-1 "一带一路"资金融通评估体系

一级指标	二级指标	三级指标	数据来源
资金融通	金融合作	签订货币互换协议规模	各国商务参赞网站、中国政府网
		互设金融机构数量	各国商务参赞网站、中国政府网
		该国人民币合格境外投资者数量	中国人民银行
	信贷体系	获得信贷排名	《2016年全球营商环境报告》
		国家信用评级均值	标准普尔、穆迪评级、惠誉评级官网
	金融环境	金融市场成熟度	《2016—2017年全球竞争力报告》
		金融经济自由度指数	*Economic Freedom of the World 2016*
		总储备量	世界银行

资料来源：李蕊含."一带一路"沿线五国互联互通评价研究。

为了避免赋权重值的主观性，作者使用熵权法对数据进行了分析处理。这种处理方法虽然较客观，但是针对不同的数据需要计算不同的权重，因此评估结果的纵向可比性不高。另外，作者仅选取了64个国家中的5个国家进行分析研究，样本是否具有足够的代表性，还值得商榷。

国家信息中心发布的《"一带一路"大数据报告》是现行权威的官方报告，该年度报告对共建"一带一路"合作国家的资金融通现状进行了评估。评估体系（见表6-2）在"资金融通"一级指标下设立"金融合作"和"金融环境支撑"2个二级指标。在2016年的评估体系中，金融合作下又设"双边本币互换""亚投行参与情况"2个三级指标；金融环境支撑下又设"人民币清算行""本币互换清算网络""我国银行海外分布"3个三级指标。

在2017年的评估体系中，在"金融合作"增加了"双边货币结算"指标；在"金融环境支撑"增加了"金融监管合作"与"保险保障"2个三级指标，并用"人民币跨境支付系统"指标替换了"人民币清算行"指标和"本币互换清算网络"指标。然而，由于该报告没有对"双边货币结算"指标进行详细解释，所以对于该指标的计量核算方式并不确定。2018 年的评估体系与 2017 年一致。

新增的"金融监管合作"指标考察是否与我国银保监会签署监管合作谅解备忘录或监管合作协议，反映的是我国与东道国的跨境监管能力；而"保险保障"指标考察的是各大保险机构在境外分支机构的数量，反映中资保险机构在境外的金融服务水平。

"人民币清算行"这一指标考察是否在该国设立了人民币清算行，反映的是人民币结算的便利程度；而"本币互换清算网络"指标考察是否创建了双边本币互换的清算网络等基础设施，反映的是人民币与该国本币互换的实现程度，二者反映的均是我国人民币在东道国结算的便利程度。"人民币跨境支付系统"是由中国人民银行新推出的支付系统，旨在通过该系统进一步整合现有的人民币跨境结算与支付的渠道和资源，提高人民币跨境清算的效率和跨境贸易的便捷度。一期已于 2015 年 10 月 18 日正式上线，首批参与者为：中国银行、中国工商银行、中国建设银行、中国农业银行、交通银行、民生银行、兴业银行、招商银行、华夏银行、浦发银行、平安银行、渣打银行（中国）、花旗银行（中国）、汇丰银行（中国）、星展银行（中国）、法国巴黎银行（中国）、德意志银行（中国）、东亚银行（中国）、澳大利亚和新西兰银行（中国）。该系统应用范围更为广泛，更易推广，将大大提高跨境清算效率，因此使用这一指标进行替代十分合理。可以看出，该评估体系的指标是随外部环境逐年改进的，且越来越全面。

表6–2　《"一带一路"大数据报告》资金融通评估体系

2016 年			2017 年、2018 年		
二级指标	三级指标	权重	二级指标	三级指标	权重
金融合作（10）	双边本币互换	5	金融合作（10）	双边本币互换	2
	亚投行参与情况	5		亚投行参与	4
				双边货币结算	4
金融环境支撑（10）	人民币清算行	3	金融环境支撑（10）	人民币跨境支付系统	2
	本币互换清算网络	4		金融监管合作	3
	我国银行海外分布	3		海外银行分布	3
				保险保障	2

资料来源：《"一带一路"大数据报告》（2016 年、2017 年、2018 年）。

该评估体系选取了三种评分方法：一是采用德尔菲法确定各指标的权重及定性指标的评分，通过多轮专家评议，最终确定；二是对于定量指标采用无量纲化处理（见式（6–1））；三是对数值跨度较大及分布极其不均匀的指标，采用栅格法，将数值划分为若干个区间进行分档打分。

定量指标无量纲化公式如下。

$$R_j(x) = \begin{cases} \dfrac{x_j - x_{j\min}}{x_{j\max} - x_{j\min}} \times 满分值, & x_{j\min} < x_j < x_{j\max} \\ 0, & x_j \leqslant x_{j\min} \\ 满分值, & x_j \geqslant x_{j\max} \end{cases} \tag{6–1}$$

该评估体系参照《2014 年度中国对外直接投资统计公报》的国别范围，并结合数据可得性原则，将共建"一带一路"合作国家作为参评对象。其中，国家信息中心的 2017 年大数据报告（因数据滞后一年，实为 2016 年数据）披露的共建"一带一路"合作国家为 64 个。目前共建"一带一路"合作国家已经增至 71 个，这与 2018 年大数据报告的披露一致（同样因数据滞后性，属于 2017 年数据）。然而，该体系构建时间尚短，评估效果如何，仍需实践测评及完善。

综上所述，目前资金融通评估体系的研究较少，对比现有的研究，本书选取国家信息中心的评估体系为基准，并在此基础上进行优化与改进，具体理由如下：第一，该评估体系是官方所出，数据来源、评估方法、指标构建都较为合理，且一直在改进，具有一定的权威性；第二，该评估体系每年出具报告，且已连续披报三年，具有纵向可比性。

但是，该评估体系目前仍处于构建与优化阶段，仍有待完善。此外，该评估体系的评估结果并未公开公布，且评估数据并不全面。因此，本书对其进行了优化并以 2017 年为基准进行了评估。

6.2　指标体系的优化

现有指标体系如表 6–3 所示。

表6-3　现有指标体系

一级指标	二级指标	三级指标	权重
资金融通	金融合作（10）	双边本币互换	2
		亚投行参与	4
		双边货币结算	4
	金融环境支撑（10）	人民币跨境支付系统	2
		金融监管合作	3
		海外银行分布	3
		保险保障	2

资料来源：《"一带一路"大数据报告》（2017年、2018年）。

　　"一带一路"项目多为跨境项目，该类型的投资项目中汇率风险是较重要的一种风险。王晓中、白莹和王志鹏认为"一带一路"建设仍面临汇率风险、企业融资难、金融合作层次简单等问题。J. R认为中国对于人民币结算的偏好会产生汇率风险，可能会影响丝绸之路债券市场的发展。赵文霞采用共建"一带一路"61个合作国家1984—2016年的面板数据，对汇率波动对FDI（外国直接投资）的影响进行了实证检验，结果发现：总体而言，一国汇率波动的上升确实会导致其FDI下降，且用不同的方法及不同的风险衡量指标，估计结果基本一致，因此建议将"风险对冲"这一指标加入其中。"风险对冲"指标考察国内拥有汇率风险对冲产品的数量。

　　另外，现有指标考察的均是中资金融机构在境外的服务能力，但是外资金融机构在我国的服务能力更能够反映其他国家对于我国市场的重视程度与金融合作的程度，并且外资银行在我国设有分支机构更有利于银团贷款的合作及进一步推广人民币跨境支付系统，有利于提升我国金融业的国际化程度。渣打银行（中国）行长张晓蕾提出，外资银行对"一带一路"项目的积极参与有助于丰富项目的资金来源，加强各方的合作。另外，外资银行在其他国家长期运营所积累的经验及对于东道国环境的了解有助于项目的风险管理。上海财经大学现代金融研究中心副主任奚君羊认为，相比于中资银行，外资银行更擅长为企业提供跨市场的资金、投资、管理等服务，其在中国市场的拓展有助于"一带一路"项目间的合作。因此，建议将"银行互设"这一指标加入其中，用该指标考察境外银行是否在我国设置分行或代表处。

　　此外，三级指标"金融监管合作"在《"一带一路"大数据报告》中被列示在二级指标"金融环境支撑"下，这主要是从跨境监管环境角度进行考虑的。然而，该指标具体是通过考察其他国家是否与我国银保监会签署监管合作谅解备忘录或监管合作协议来进行判断的，这是基于金融合作的视角，因此建议将"金融监管合作"指标放入二级指标"金融合作"下。

基于综上考虑，优化后构建的评估体系如图 6-2 所示，将"一带一路"基础设施投融资评估体系分为"金融合作"和"金融环境支撑"2 个一级指标，在"金融合作"下设"双边本币互换""亚投行参与情况""双边货币结算""金融监管合作"4 个指标；在"金融环境支撑"下设"人民币跨境支付系统""我国境外银行分布""银行互设""保险保障""风险对冲"5 个指标，最终形成 2 个一级指标、9 个二级指标的评估体系。

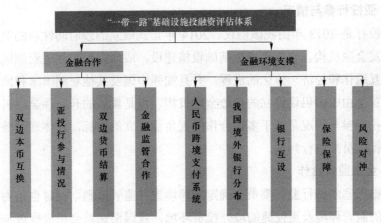

图 6-2 "一带一路"基础设施投融资评估体系

由于"双边货币结算"缺乏官方说明，计量标准难以确认，且"保险保障"的数据难以获得，故本书选取 7 个指标（见表 6-4），对共建"一带一路"合作区域的 71 个国家 2017 年的资金融通情况进行评估。

表 6-4 "一带一路"基础设施投融资评估体系（应用）

一级指标	二级指标	含 义
金融合作	双边本币互换	考察是否与我国签署了双边本币互换协议
	亚投行参与情况	考察是否为亚投行成员
	金融监管合作	考察是否与我国银保监会签署了监管合作谅解备忘录或监管合作协议
金融环境支撑	风险对冲	考察国内拥有汇率风险对冲产品的数量
	人民币跨境支付系统	考察是否拥有了人民币跨境支付系统
	我国境外银行分布	考察我国银行是否在境外设置分行或代表处
	银行互设	考察境外银行是否在我国设置分行或代表处

1. 双边本币互换

本币互换是以一定的汇率互换一定数量双方的货币量，增加对方的外汇储备以应对不测之需，是国家出于提高两国的外汇储备、平衡两种货币的供需、稳定汇率、防止出现外汇市场的混乱的考虑。双边本币互换协议是对方国家与我国为了稳定外汇市场所设计的双边协议。

该指标通过考察该国是否与我国签署了双边本币互换协议进行判别。该指标的设立，也在一定程度上反映了我国货币的国际化水平，我国汇率机制、外汇储备制度发展等情况。

2. 亚投行参与情况

亚投行是 2013 年由我国倡议、2014 年正式成立的政府间性质的亚洲区域多边开发金融机构。它重点支持基础设施建设，成立宗旨是促进亚洲区域的建设互联互通化和经济一体化的进程，并且加强中国及其他亚洲国家和地区的合作，是首个由中国倡议设立的多边金融机构，也是典型的开发性金融机构。

亚投行参与情况是基于多边合作的视角而设立的指标，具体通过该国是否为亚投行成员来进行判别。

3. 金融监管合作

根据巴塞尔银行监管委员会确定的跨境银行监管原则，同时也是为了营造更宽松的监管环境及更便捷的境外投资环境，我国银保监会积极推进与境外监管机构建立正式的监管合作机制。这一指标考察是否与我国银保监会签署了监管合作谅解备忘录或监管合作协议，是从金融监管的视角提出的指标。

4. 风险对冲

在"一带一路"建设项目中跨国项目居多，因此汇率风险较高。"风险对冲"指标考察东道国国内拥有汇率风险对冲产品的数量。该指标不仅可以为投资项目进行风险对冲，降低投资风险，而且还是东道国金融环境水平的体现。

5. 人民币跨境支付系统

"人民币跨境支付系统"是由中国人民银行组织开发的独立支付系统，旨在进一步整合现有人民币跨境支付结算渠道和资源，提高跨境清算效率，满足各主要时区的人民币业务发展需要，提高交易的安全性，构建公平的市场竞争环境。该系统于 2012 年 4 月 12 日开始建设，2015 年 10 月 8 日正式启动。

该指标通过考察是否拥有了人民币跨境支付系统来进行判断，是从人民币国际化水平视角设立的指标。

6. 我国境外银行分布和银行互设

"我国境外银行分布"和"银行互设"这两个指标是基于金融业的国际化程度设立的指标，具体而言，分别考察我国银行是否在境外设置分行或代表处，以及考察境外银行是否在我国设置分行或代表处。

"一带一路"基础设施投融资评估体系的指标及意义，总结如表 6-5 所示。

表 6-5 "一带一路"基础设施投融资评估体系的指标及意义

一级指标	二级指标	指标类型	作用或意义
金融合作	双边本币互换	双边协议	平衡两种货币的供需，稳定汇率
	亚投行参与情况	多边合作	促进亚洲区域的建设互联互通化和经济一体化的进程
	金融监管合作	双边协议、监管合作	提高跨境银行监管水平，有利于我国金融机构走出去
金融环境支撑	风险对冲	金融产品	对冲汇率风险
	人民币跨境支付系统	人民币国际化水平	提高人民币跨境结算的效率及跨境贸易的便捷度
	我国境外银行分布	金融业的国际化程度	为跨境项目提供金融服务
	银行互设	金融业的国际化程度	有利于银行间的合作，反映对我国金融市场的重视程度

6.3 指标体系的评估方法

6.3.1 评估方法的选择

一般来说，评价者在分配权数时要考虑以下三方面的因素：指标变异程度大小，即指标能够分辨出被评价对象之间差异的能力的大小；指标独立性大小，即与其他指标重复的信息多少；评价者的主观偏好。

概括起来权数的分配方法有主观赋权法、客观赋权法和组合赋权法。主观赋权法（如德尔菲法、层次分析法等）可以较好地体现评价者的主观偏好，但由于每个人的主观价值判断有差异，因此权数缺乏稳定性，并且对于数据本身特征的体现也较少。相对而言，客观赋权法通常能体现数据本身的差异性或独立性，但无法体现评价者的主观偏好和指标的实际意义。由于各种赋权方法各有利弊，特别是主客观赋权法在实际应用过程中能体现权数不同的作用，因此研究者们提出将各种方法得出的权数进行组合，这就是组合赋权法。而权数的组合归纳起来有两种形式，即乘法合成和线性加权组合。乘法合成会拉开水平较低的评价对象之间的差距，而缩小水平较高的评价对象之间的差距，不符合客观实际。相较而言，线性加权组合对于数据要求较小，适用范围较广，因此本书选取线性加权组合赋权法：首先使用德尔菲法（主观赋权）、熵值法（客观赋权）、均方差法（客观赋权）计算出各指标的权重，然后使用线性加权组合赋权法计算并得出综合权重。

本书的评估对象针对的是共建"一带一路"合作区域的 71 个国家。数据来源包括四个方面：一是中国人民银行、中国银保监会、中国"一带一路"网等官方网站；二是国泰安、同花顺、万德等数据库中的数据和研究报告；三是《"一带一路"大数据报告》；四是中国银行、中国农业银行等官网及相关新闻等。

6.3.2 权重的计算

1. 德尔菲法

德尔菲法，也称专家调查法，于 1946 年由美国兰德公司创始实行。该方法是由企业组成一个专门的预测机构，其中包括若干专家和企业预测组织者，按照规定的程序，背靠背地征询专家对未来市场的意见或者判断，然后进行预测。

《"一带一路"大数据报告》评估体系中，采用德尔菲法确定权重，本书的方法也据此进行设定，如表 6-6 所示。

表 6-6 德尔菲法权重

一级指标	二级指标	德尔菲法权重
金融合作	双边本币互换	15%
	亚投行参与情况	20%
	金融监管合作	15%
金融环境支撑	风险对冲	15%
	人民币跨境支付系统	10%
	我国境外银行分布	15%
	银行互设	10%

2. 熵值法

在信息理论中,熵是系统无序程度的量度,可以度量数据所提供的有效信息。熵值法就是根据各指标传输给决策者的信息量的大小来确定指标的权重。某项评价指标的差异越大,熵值越小,该指标包含和传输的信息越多,相应权重越大。

运用熵值法确定各指标权重的计算方法如下。

① 将 X_{ij} 转化为比例数据 K_{ij},将数据进行归一化处理:

$$K_{ij} = \frac{X_{ij}}{\sum\limits_{i=1}^{m} X_{ij}}, \quad i=1,2,3,\cdots,m, \, j=1,2,3,\cdots,n \qquad (6-2)$$

其中,m 代表样本国家的数量,n 代表指标的数量。

② 确定第 j 个指标的熵值 Q_j:

$$Q_j = -N \sum\limits_{i=1}^{m} K_{ij} \ln K_{ij}, \, j=1,2,\cdots,m, \, N=\frac{1}{\ln m} \qquad (6-3)$$

③ 确定第 j 个指标的熵权 W_j:

$$W_j = \frac{1-Q_j}{\sum\limits_{j=1}^{n}\left(1-Q_j\right)} = \frac{1-Q_j}{n - \sum\limits_{j=1}^{n} Q_j}, \, j=1,2,\cdots,n \qquad (6-4)$$

运用熵值法确定的权重如表 6-7 所示。

表 6-7 熵值法权重

一级指标	二级指标	熵值法权重
金融合作	双边本币互换	17.16%
	亚投行参与情况	9.47%
	金融监管合作	13.02%
金融环境支撑	风险对冲	24.91%
	人民币跨境支付系统	7.72%
	我国境外银行分布	13.04%
	银行互设	14.68%

3. 均方差法

均方差法是一种基于均方差的求解多指标权重的方法。该方法的基本思路是:以各评价指标为随机变量,各方案在指标下的属性值为该随机变量的取值,首先求出这些随机变量（各指标）的均方差，将这些均方差进行归一化处理，其结果即为各指标的权重。

运用均方差法确定各指标权重的计算方法如下。

① 计算各指标的均值 E_j：

$$E_j = \sqrt{\frac{\sum\limits_{i=1}^{m} P_{ij}}{m}}, \ j=1,2,3,\cdots,n \qquad (6-5)$$

其中，m 代表样本国家的数量，n 代表指标的数量。

② 计算各指标的均方差值 R_j：

$$R_j = \sqrt{\frac{\sum\limits_{i=1}^{m} (P_{ij} - E_j)^2}{n}}, \ \ j=1,2,3,\cdots,n \qquad (6-6)$$

③ 确定第 j 个指标的权重值 W_j：

$$W_j = \frac{R_j}{\sum\limits_{j=1}^{n} R_j}, \ \ j=1,2,\cdots,n \qquad (6-7)$$

运用均方差法确定的权重如表 6-8 所示。

表 6-8 均方差法权重

一级指标	二级指标	均方差法权重
金融合作	双边本币互换	15.24%
	亚投行参与情况	16.94%
	金融监管合作	16.46%
金融环境支撑	风险对冲	4.23%
	人民币跨境支付系统	16.75%
	我国境外银行分布	15.81%
	银行互设	14.57%

4. 综合权重

最后，本书采用线性加权组合赋权法将各种赋权方法得出的权重进行加权汇总，得出组合权重。德尔菲法、熵值法、均方差法占比分别为 50%、25%、25%，结果如表 6-9 所示。

表 6-9 综合权重

一级指标	二级指标	综合权重
金融合作	双边本币互换	15.60%
	亚投行参与情况	16.60%
	金融监管合作	14.87%
金融环境支撑	风险对冲	14.79%
	人民币跨境支付系统	11.12%
	我国境外银行分布	14.71%
	银行互设	12.31%

6.4 评估结果及分析

6.4.1 评估结果

根据构建的评估体系，得出的评估结果为：2017 年"一带一路"基础设施投融资的总体平均分为 37.24 分，其中前五名为俄罗斯、土耳其、新加坡、泰国、马来西亚，均为欧亚地区国家。而非欧亚地区，国家排名最靠前的是埃及，位列第 15 名。从区域上看，我国与东亚地区国家和东南亚地区国家的金融合作最紧密，金融支撑环境相对较好，而与东欧地区国家的金融合作有待加强。同时，区域间与国家间的差距明显，其中东亚地区的平均分为 71.27 分，而东欧地区的平均分仅为 23.50 分。区域间差距最明显的是南亚地区和西亚地区，二者的标准偏差最大，具体如图 6-3 和图 6-4 所示。

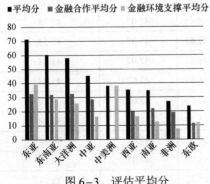

图 6-3 评估平均分

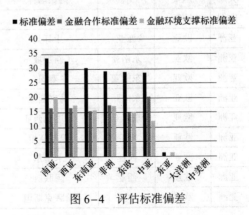

图 6-4 评估标准偏差

　　中国社科院世界经济与政治研究所《中国海外投资国家风险评级报告（2017）》认为"一带一路"基础设施建设投资风险较大，其中政治风险是最大的潜在风险，而经济薄弱是最大的制约。

　　根据对各地区板块的分析可知：东亚地区仅包含蒙古与韩国两国，均是我国的邻国，在东亚地区仅"金融监管合作"和"风险对冲"两项指标评分缺失，其余项基本满分。在东南亚地区，由于地理位置相近、局势相对稳定、产业结构承接性好、华侨众多、文化相似，对我国来说是一个最具有潜力且投资回报比最高的区域。因此，该地区几乎所有国家的得分均在平均分以上，仅东帝汶得分较低。东帝汶基础设施落后，经济结构单一，但是它拥有储量丰富的石油和天然气资源，且近年来国内政局较平稳，社会治安持续好转，因此在石油产业的推动下，东帝汶将进入快速发展阶段。尽管目前东帝汶与我国的金融合作情况不好，但是仍具备较大的潜力，需要逐步挖掘。

　　而近几年来，中亚地区、南亚地区和西亚地区的大部分国家存在地势复杂、局势动荡、地缘安全挑战加剧等问题，故其项目投资的政治风险比较高。非洲地区的国家得分差异较大，如埃及排名前列，但也存在其他非洲国家得分偏低的情况。非洲地区普遍存在经济增长与严重贫困化并存的现象，尽管部分国家当前仍面临恐怖活动、传染病等威胁，但是非洲未来的发展很有潜力。东欧地区的国家普遍距离我国较远（除了俄罗斯），因此相关合作也相对较少。然而，东欧地区国家的局势相对稳定，经济较发达，而且近几年我国与东欧地区国家之间的交流合作不断增加，相应的金融服务和金融产品的需求也日益增强，具有较大的发展空间。

　　表6-10列示了"一带一路"基础设施投融资评估体系总分的前十名国家。

表 6-10　"一带一路" 基础设施投融资评估体系总分的前十名国家

大陆	地域	所属板块	国家名称	合计	金融合作合计	金融环境支撑合计
欧洲	欧亚	东欧	俄罗斯	100	47.07	52.93
亚洲	欧亚	西亚	土耳其	94.46	47.07	47.38
亚洲	欧亚	东南亚	新加坡	92.61	47.07	45.53
亚洲	欧亚	东南亚	泰国	88.91	47.07	41.84
亚洲	欧亚	东南亚	马来西亚	88.91	47.07	41.84
亚洲	欧亚	东南亚	印度尼西亚	87.06	47.07	39.99
亚洲	欧亚	南亚	巴基斯坦	85.22	47.07	38.14
亚洲	欧亚	西亚	卡塔尔	85.22	47.07	38.14
亚洲	欧亚	西亚	阿联酋	85.22	47.07	38.14
亚洲	欧亚	中亚	哈萨克斯坦	85.22	47.07	38.14

通过评估可得,"金融合作"指标的平均分为 20.23 分,其中东亚、东南亚、大洋洲的得分较高,东欧、中美洲的得分较低。"金融环境支撑"指标的平均分为 17 分,其中东亚、东南亚、中美洲的得分较高,而东欧、非洲的得分较低。从表 6-10 和表 6-11 可见,排名前十名的国家均为欧亚地区的国家。

表 6-11 "一带一路"基础设施资金融通各单项评估分前十

地域	所属板块	国家名称	金融合作合计	地域	所属板块	国家名称	金融环境支撑合计
欧亚	东欧	俄罗斯	47.07	欧亚	东欧	俄罗斯	52.93
欧亚	西亚	土耳其	47.07	欧亚	南亚	印度	51.08
欧亚	东南亚	新加坡	47.07	欧亚	西亚	土耳其	47.38
欧亚	东南亚	泰国	47.07	欧亚	东南亚	新加坡	45.53
欧亚	东南亚	马来西亚	47.07	欧亚	东南亚	泰国	41.84
欧亚	东南亚	印度尼西亚	47.07	欧亚	东南亚	马来西亚	41.84
欧亚	南亚	巴基斯坦	47.07	欧亚	东南亚	菲律宾	41.84
欧亚	西亚	卡塔尔	47.07	欧亚	东南亚	印度尼西亚	39.99
欧亚	西亚	阿联酋	47.07	欧亚	东亚	韩国	39.99
欧亚	中亚	哈萨克斯坦	47.07	欧亚	南亚	巴基斯坦	38.14

6.4.2 评估结果分析

1. "一带一路"基础设施投融资评估体系的区域对比分析

在评分对比中,可以明显看出欧亚地区各个指标的平均分均高于非欧亚地区(见图 6-5)。进一步分析可见(见图 6-6),亚洲地区的金融合作评估分数(44.19 分)高于非欧亚地区(32.74 分),最低的为欧洲地区(23.50 分)。这说明我国与亚洲国家的金融合作较紧密,而未来应加强与欧洲国家的金融合作。

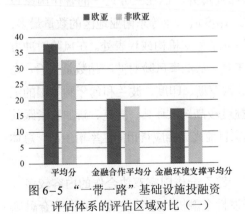

图 6-5 "一带一路"基础设施投融资
评估体系的评估区域对比(一)

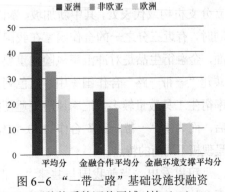

图 6-6 "一带一路"基础设施投融资
评估体系的评估区域对比(二)

2. "一带一路"基础设施投融资评估体系的单向指标得分分析

"一带一路"基础设施投融资评估体系的单项指标得分情况如表 6-12 所示。

表 6-12 "一带一路"基础设施投融资评估体系的单项指标得分情况

一级指标	二级指标	权重	最高得分	最低得分	平均分	得分率
金融合作	双边本币互换	15.60%	15.60	0	5.27	33.80%
	亚投行参与情况	16.60%	16.60	0	8.89	53.52%
	金融监管合作	14.87%	14.87	0	6.07	40.85%
金融支撑环境	风险对冲	14.78%	14.78	0	1.54	10.39%
	人民币跨境支付系统	11.12%	11.12	0	6.26	56.34%
	我国境外银行分布	14.71%	14.71	0	5.39	36.62%
	银行互设	12.31%	12.31	0	3.81	30.99%

各项指标中得分率最高的为"人民币跨境支付系统",达到 56.34%。近年来,为满足人民币跨境使用的需要,提高人民币跨境支付结算效率,除了设立人民币清算行以外,中国人民银行组建了人民币跨境支付系统,且已经上线。该系统在共建"一带一路"合作国家的覆盖率已超 50%,是目前资金融通最紧密的指标。

在单向指标中,得分率第二高的是"亚投行参与情况",为 53.52%。截至 2018 年 2 月,在共建"一带一路"71 个合作国家中,有 38 个国家为亚投行成员。在金融监管合作方面,中国银保监会已与 29 个合作国家的金融监管部门签署了双边监管合作谅解备忘录(MOU)或协议。而在"双边本币互换"中,共 25 个国家与我国签署了双边本币互换协议,在金额方面以东亚和东南亚的占比较高。在银行分布方面,我国银行积极布局境外,已在三分之一的合作国家设立分支机构或代表处,其中新加坡、泰国、印度尼西亚等东南亚地区的数量最多;同时,有近三分之一的合作国家在我国设立了分支机构或代表处。在风险对冲方面,金融衍生品是对冲汇率风险的重要工具。从汇率风险对冲产品数量来看,在共建"一带一路"合作国家中,以色列、俄罗斯、印度、波兰和匈牙利等国的汇率衍生工具数量较多,汇率风险规避便捷度较高,土耳其、捷克、新加坡紧跟其后,而共建"一带一路"合作的 50 个国家目前尚无相应货币的汇率衍生品,总体呈现极不均衡的特点。

可以看出,当前我国与共建"一带一路"合作国家双边合作的内容较多,而多边合作较少;以亚投行为代表的开发性金融机构蓬勃发展,而商业金融则有待加强。我国与共建"一带一路"合作国家在金融合作的众多方面仍有较大的提升空间。

3. "一带一路"基础设施投融资评估体系的年度指标得分率对比

表6-13将2017年的评估结果与2016年国家信息中心的评估结果进行了对比。

表 6-13 评估结果对比

2016 年		2017 年	
指标	得分率	指标	得分率
双边本币互换	29.60%	双边本币互换	33.80%
亚投行参与情况	54.60%	亚投行参与情况	53.52%
人民币清算行	7.67%	人民币跨境支付系统	56.34%
本币互换清算网络	34.00%		
中国银行境外分布	28.00%	我国境外银行分布	36.62%
合计	33.28%	合计	37.24%

数据来源:《"一带一路"大数据报告》(2016)及计算所得。

由此可见,除了"亚投行参与情况"外,各项指标在 2017 年的得分率均有所提高。这说明人民币流通性在不断增强,双边投融资便利化程度也在不断提高,合作国家的金融环境建设也有所增强,我国与共建"一带一路"合作国家的金融合作有所加深。但需要注意的是,多边合作仍需加强。

4. "一带一路"基础设施投融资评估体系的国别年度指标得分率对比

表 6-14 列示了 2016 年与 2017 年"一带一路"基础设施投融资评估体系得分前十名的国家。

表 6-14 2016 年与 2017 年"一带一路"基础设施投融资评估体系得分前十名的国家

板块	国家	2016 年得分排名	板块	国家	2017 年得分排名
西亚	卡塔尔	1	东欧	俄罗斯	1
东南亚	泰国	2	西亚	土耳其	2
中亚	哈萨克斯坦	3	东南亚	新加坡	3
西亚	阿联酋	4	东南亚	泰国	4
东欧	俄罗斯	5	东南亚	马来西亚	5
东南亚	马来西亚	6	东南亚	印度尼西亚	6
西亚	土耳其	7	南亚	巴基斯坦	7
东南亚	新加坡	8	西亚	卡塔尔	8
东南亚	印度尼西亚	9	西亚	阿联酋	9
南亚	斯里兰卡	10	中亚	哈萨克斯坦	10

数据来源:《"一带一路"大数据报告》(2016)及计算所得。

通过各区域纵向对比可以看出，2016 年金融合作水平最高的区域为东北亚（俄罗斯、蒙古）和东南亚，最低的区域为东欧。而 2017 年金融合作水平最高的区域为东亚（蒙古、韩国）和东南亚，最低的区域为东欧。对比可见，近两年金融合作的区域情况没有明显变化。

就国家而言，2016 年排名前十的国家有 9 个在 2017 年排名仍为前十，另一个在 2017 年排名前十的国家为哈萨克斯坦，其在 2016 年的排名为第 11 名。这说明各个国家的金融合作水平的排名也无明显变化。

5. "一带一路"基础设施投融资评估结果小结

（1）从评估结果分区域来看

亚洲国家的得分高于非欧亚国家，高于欧洲国家，其中东亚、东南亚处于前两位，其次是中亚、南亚和西亚，最后是非洲和东欧（由于中美洲与大洋洲区域仅包含 1 个国家，因此国家特性高于区域特性，不予考虑）。

（2）从各项指标来看

得分率超过 50%的指标是"亚投行参与"及"人民币跨境支付系统"；其次是"金融监管合作"，得分率超过了 40%；"双边本币互换""我国境外银行分布""银行互设"得分率均超过了 30%；而"风险对冲"得分率最低，仅过了 10%。这说明我国与共建"一带一路"合作国家的金融合作在众多方面仍有较大的提升空间。

（3）从纵向对比来看

2017 年各项指标的得分率较 2016 年均有所增加（除了"亚投行参与情况"外），说明人民币流通性不断增强，双边投融资便利化程度不断提高，合作国家的金融环境建设有所增强，我国与共建"一带一路"合作国家的金融合作情况逐渐紧密，但是多边合作仍需加强。

6.5 评估发现的问题

1. 融资缺口巨大且结构单一

根据亚洲开发银行的数据预测，到 2030 年，亚太地区要保持目前所预期的增长态势，每年需要约 1.5 万亿美元的基础设施投资。因此，预估的融资缺口相当于 2016—2030 年 GDP 预测值的 2.4%。而国际货币基金组织预测共建"一带一路"合作国家未来 5 年的基础设施建设投资需求高达 3 万亿美元。此外，在 2017 年首届金融四十人伊春论坛上，中国人民银行副行长殷勇表示，共建"一带一路"合作国家的基础设施建设资金缺口每年将超过 6 000 亿美元。可以看出，当前"一带一路"项目的融资缺口十分巨大。

当前"一带一路"项目融资以间接融资、国内融资为主，虽然债券、基金等直接融资方式也有所应用，但以银行信贷和授信等为代表的间接融资仍是现阶段"一带一路"项目的主要融资模式。

表 6-15 列示了 2011—2015 年亚洲开发银行提供的贷款、捐赠及其他资金来源分类情况。

表 6-15　2011—2015 年亚洲开发银行提供的贷款、捐赠及其他资金来源分类情况

单位：亿美元

分类	2011	2012	2013	2014	2015
普通商业贷款	10 353	9 652	10 272	10 399	13 416
贷款	9 893	9 393	10 095	10 194	12 941
捐赠	267	128	35	20	341
股权投资	194	131	142	185	134
亚洲发展基金	2 535	2 846	3 850	3 091	2 872
贷款	1 938	2 180	3 008	2 686	2 514
捐赠	597	666	843	405	358
专项基金	17	4	7	0	7
捐赠	17	4	7	0	7
合计	12 905	12 502	14 128	13 490	16 295
发放贷款比例	91.68%	92.57%	92.74%	95.48%	94.85%
普通商业贷款比例	76.66%	75.13%	71.45%	75.57%	79.42%

数据来源：亚洲开发银行、民生证券研究所。

以亚洲开发银行为例，其所提供的资金中有 90% 以上来自发放贷款，普通商业贷款的比例也能占到 70% 以上。其他金融机构的情况也几乎如此。由于"一带一路"很多项目实施主体在国外，而资金提供方却以国内金融机构为主，这就导致了"资产在境外、负债在境内"，不仅加大了国内金融机构对于项目管控的难度，并且若境外项目发生风险，必将传递至国内，进而势必对我国金融体系与环境的稳定产生冲击与影响。

2. 各区域经济发展水平差异大

当前共建"一带一路"合作国家的经济发展水平差异较大。通过前文介绍

可以看出，无论是进出口情况、投资情况还是竞争力排名等，共建"一带一路"合作国家整体呈现不均衡的特点。在板块方面，东南亚的各种情况均处于各板块的首位，而非洲则处于末位，且金额仅占到东南亚的 1%～4%，板块间的差距明显，各国发展水平、与我国的贸易联系差距较大。

同时，各个国家基础设施投融资合作的情况也呈现极不均衡的特点。通过评估结果可以看出，当前亚洲国家的得分高于非欧亚国家，高于欧洲国家。分区域来看，东亚、东南亚位列前二（由于中美洲与大洋洲区域仅包含 1 个国家，因此国家特性高于区域特性，不予考虑），其次是中亚、南亚和西亚，最后是非洲和东欧。就国家而言，得分最高的是俄罗斯，为 100 分，而得分最低的国家仅得 0 分，差异十分明显。

3. 资金融通层次简单且单一化

"一带一路"项目实施领域主要集中在基础设施建设等关乎国计民生的项目中，因此主要用于支持各国基础设施建设的开发性金融快速发展，尤其是自亚投行成立以来，100 多个正式成员国加入，"一带一路"区域内也有超过 50%的国家加入了亚投行，这对于开发性金融合作起到了巨大的推动作用。但是相比于开发性金融合作，商业金融合作则较少。"我国境外银行分布""银行互设"两项指标的得分率仅为 30%，其中中国银行和中国工商银行的海外分支机构数量就占据了 74%，可以看出我国大部分商业银行的境外布局并不广泛。当前我国与共建"一带一路"合作国家的金融合作主要是通过政策性银行开展，而各商业银行由于布局不广、业务单一，导致商业金融的自发合作不畅。

除此之外，当前资金融通层次较为简单，实质性区域金融合作举步维艰：签订协议较多，而建立实体少；双边合作多，多边合作少。当前我国与共建"一带一路"合作国家签署众多双边协议，如双边本币互换协议、双边货币结算协议、金融监管合作备忘录等。但相对而言多边协议的签署较少，而银行互设等也多集中于某些国家或地区，分布并不广泛。

4. 创新方式的政策保障度较低

"一带一路"项目建设周期长、资金需求量大，现有金融产品难以与之匹配，因此需要创新实施方式来规避风险。作为一种市场化的融资方式，绿色金融可以通过多种金融工具和交易方式，提供绿色金融供给，在"一带一路"倡议推进的同时落实绿色发展理念，改善合作国家生态环境，实现与合作国家的共建共享。

绿色金融项目虽然能极大地拓展金融机构的市场空间，但是由于该类项目本身带有一定的公益性，项目投资回报不高，因此所能承担的资金利率也有限，投资者参与的兴趣并不高。而且，在绿色金融项目中，许多属于地方政府（包括政府平台）类项目，金融机构在这类业务的价格谈判中往往处于劣势或至少不具有优势。在文化理念上，主导地方经济发展的地方政府官员、从事投融资活动的金融机构从业人员，以及从事生产或服务等产业的企业管理人员仍然没有把经济活动中的环境社会责任纳入其决策考虑范围。在信息建设上，政府机构、生产企业、金融机构三者的信息建设各自为政，缺乏统一的战略思维，无法形成统一的监管规则和行业标准，更无法实现环境信息和数据的共享，信息隐瞒、信息不对称现象十分严重。特别是金融机构，由于受管理权力和知识范围等的限制，直接掌握的企业环保信息严重不足。此外，与传统行业相比，绿色金融专业人才十分稀缺，产品开发创新能力相当有限。

5. 风险对冲及管控机制不足

根据评估结果，"风险对冲"这一指标的得分率仅为 10.39%，远远低于其他指标的得分率，这反映了"一带一路"建设汇率风险规避的便捷度较低。虽然这一指标仅仅考察了汇率风险对冲的便利度，但也在一定程度上反映了风险对冲与管控机制不足这一问题。

"一带一路"倡议涉及的范围甚广，各国情况都不相同，项目也多为周期较长的国家性战略项目，因此东道国的政治风险、经济风险、信用风险更加复杂。中国社科院世界经济与政治研究所的《中国海外投资国家风险评级报告（2017）》认为"一带一路"建设投资风险较大，其中政治风险是最大的潜在风险，而经济薄弱是最大的制约。从评估结果来看，各区域间的金融合作差距较大，而最重要的影响因素就是政治稳定性。再加上东道国币种多、汇率变动大，尽管我国与部分国家签署了双边本币互换协议，但覆盖率仅为 33%，仍有大部分区域人民币便利程度还不高，因此对于投资币种的选取具有较大的不确定性，汇率风险较高。而各国政治、经济、文化等环境的差异性，也导致社会风险与合规风险更为复杂。"资产在境外，负债在境内"的融资结构及"多机构参与，跨区域管理"的特点也给信用风险的管控带来了巨大的挑战。

此外，"一带一路"倡议的提出使合作各国之间的金融业务、金融机构的联系日趋紧密，在此背景下，任何一国的风险都有可能对我国的金融市场与环境造成冲击。因此如何加强风险监控、风险防范是当前区域性金融合作的又一大挑战。

6.6 本章小结

    "一带一路"基础设施建设的资金融通是"五通"之一，是推进倡议平台的重要环节。本章就"一带一路"基础设施的资金融通情况展开研究，进行基础设施投融资的评估。具体评价体系是建立在国家信息中心综合评估体系的基础上，进行优化和完善得到的。进一步地，本章详细分析了评估结果，并指出了基础设施投融资存在的具体问题。

第 7 章
"一带一路"基础设施
投融资的优化策略

本章主要从资金来源、国别评估机制的构建、投融资机制的构建、创新融资建设、风险管控与项目评估等角度介绍了"一带一路"基础设施投融资的优化策略。

7.1 进一步拓宽资金来源渠道

根据前文分析，当前"一带一路"项目推进过程中面临着巨大的融资缺口，且融资结构以间接融资为主，较为单一。因此，需要完善多层次的金融市场体系，优化金融结构，同时积极推进直接融资，拓宽资金来源渠道。

7.1.1 完善多层次金融市场体系

要加强顶层设计，建设包括直接融资市场、间接融资市场、保险市场在内的多种金融市场，充分利用各种金融市场的资源配置作用，引导金融资本跨区域流动，支持"一带一路"大型基础设施建设。另外，在金融建设的过程中，要充分发挥市场机制在资源配置方面的决定性作用,处理好政府与市场的关系,积极推进资本市场按照市场机制的内在要求和更好地发挥政府作用的要求健康发展,健全多层次资本市场体系,推进股票发行注册制改革,多渠道推动股权融资,发展并规范债券市场,提高直接融资比重,加快完善多层次资本市场体系建设,积极发展直接金融机制和创新直接金融产品,推进金融体系改革和发展。

完善结构合理、竞争力强的多元化金融机构体系,政策性金融机构要在所在领域发挥引领作用,为商业性金融发展提供先期技术支持与引导,而商业性金融机构则要协同发展,提供综合性金融服务支持。我国商业银行体系庞大,境外服务网络较为完善,是"一带一路"倡议推进的中坚力量,而保险、证券、信托、租赁等非银行金融机构则可灵活发挥自身优势,提供更丰富和更具个性化的产品,形成由多边金融机构、政策性机构、商业银行、非银行机构组成的多层次、立体化金融服务体系,为"一带一路"建设提供多元化资金支持,全面提升跨境、多元化金融服务能力。此外,也要积极挖掘私人资本的潜力,形成对资金融通的有益补充。

7.1.2 加大股权融资的投资力度

当前我国企业与金融机构均有股权融资的尝试。例如中国中车与中国铁建2016年共在境外募集资金11亿美元;另外,国家开发银行也设置了"国开金融"来专门进行股权投资。但总体而言,股权融资的规模与力度仍远远小于银行信贷。因此,建议国家大力鼓励相关企业利用股票市场进行融资,如设置绿色审批通道等。

此外,还要充分发挥专项基金的优势。不同于银行信贷等间接融资的方式,"一带一路"专项基金多以股权投资为主,后续以市场化、专业化的方式来运营。同时,股权投资基金也可以与其他的融资模式相结合。

"一带一路"专项基金的设立几乎都是由政府牵头,国企参与。自"一带一路"倡议提出以来,我国牵头成立了一系列区域发展投资基金,如丝路基金、中非产能合作基金、中俄地区合作发展投资基金等。此外,除了政府层面的基金,近年来我国各个地方也纷纷筹划专项产业发展基金用于"一带一路"建设。

表7-1列示了由我国牵头设立的区域发展投资基金情况。

表 7-1 我国牵头设立的区域发展投资基金

名称	成立时间	出资方	资金规模/美元	投资方式
中国-东盟投资合作基金	2014 年 11 月	—	5 亿+10 亿美元	—
丝路基金	2014 年 12 月	中国外汇储备、中国投资有限责任公司、中国进出口银行、国家开发银行	400 亿+1 000 亿美元	股权或准股权
中国-欧亚经济合作基金	2015 年 9 月	中国进出口银行、中国银行等	50 亿美元	股权或准股权
中拉产能合作基金	2015 年 9 月	中国人民银行、国家外管局、国家开发银行	100 亿美元	债权
中非产能合作基金	2015 年 12 月	中国进出口银行	100 亿美元	股权和债权
中哈产能合作基金	2015 年 12 月	丝路基金	20 亿美元	股权和债权
中国-阿联酋投资合作基金	2015 年 12 月 14 日	国家开发银行	100 亿美元	股权
中国-巴西合作基金	2016 年 10 月	巴西出资 150 亿美元,中国出资 50 亿美元	200 亿美元	股权
中俄地区合作发展投资基金	2017 年 5 月	国家电力投资集团,中国核工业集团	146 亿美元	股权

注:"—"表示该具体数据暂缺失。

如表 7-1 所示,政府层面的基金的投资方均为政府机构、国企及政策性银行。金融机构在基金的成立与运作过程中有着天然的优势,其专业化知识可以为基金在方案设计、投资运营、风险管理等方面提供系列化的服务。但是,政府层面的基金的参与方全部为政策性银行,很少有商业银行参与。相比于政策性银行,商业银行在服务的多样性与灵活性上更具优势。因此,可以考虑将商业银行引入部分区域发展投资基金或子基金中,如"丝绸之路黄金基金"就将兴业银行作为发起人之一。

此外,建议大力推动"一带一路"专项基金与亚投行和金砖国家新开发银行的业务对接,与多边金融机构形成基础设施领域的投资合作伙伴关系。可以考虑分别以亚投行和金砖国家新开发银行为平台,建立与全球主要基金机构的业务对话机制,推动投资信息共享和项目磋商,引导国际资本及各国主权基金进入基础设施领域。中国投资公司作为国际主权基金的行业翘楚,可利用其在行业的影响力和号召力，探索建立基金投资和业务交流的平台，推动行业内投融资合作机制建设。

7.1.3 积极鼓励专项债券的发行

现阶段，尽管亚投行和丝路基金等构成的金融合作网络对"一带一路"建设提供了大力支持，但这类资金主要以股权投资为主，重在获取超额收益率。专项债券的发行，有利于分散风险，优化融资结构，也能够在一定程度上对巨额融资缺口形成有效的填补。此外，尽管外资银行贷款报价较低，但鉴于外资银行的风险偏好及国别属性下的管控难度，难以依靠外资银行对共建"一带一路"合作区域基础设施建设提供大额的资金支持。基于此，积极鼓励发行"一带一路"专项债券，对激活融资渠道、实现多元化资金配置，以及吸引企业参与合作区域基础设施建设项目都具有重要意义。

金融机构发行"一带一路"债券的要求较高，需要发行机构具有良好的信用评级，具备一定的资金与融资实力，具有较全面的境外布局等。因此，我国证券交易所和银行间债券交易场所应加大对"一带一路"项目的扶持力度，如在审批程序上提供绿色通道等。同时，鼓励我国银行尤其是商业银行加大"走出去"的步伐，积极布局境外市场，更好地为"一带一路"项目提供服务。此外，项目方可考虑并利用成熟的国际市场与国际产品（如 Sukuk 债券），充分发挥我国资金的杠杆作用，更好地服务"一带一路"建设，弥补现阶段针对"一带一路"融资的债券融资产品缺失的窘境。

与此同时，为了使"一带一路"专项债券能够达到精准服务合作国家基础设施建设的作用，应在"一带一路"专项债券设计时遵循市场主体原则，在政府的统筹领导下，有效激活市场各方的参与积极性。

由于专项债券的资金支持能够实现精准定位，因此在实际使用时也应加强和规范资金的使用管理，使资金用途能够得到切实保障和执行，且落实到亟须建设的合作项目上。尤其是现阶段在我国政府的积极鼓励下，"一带一路"专项债券日益增多，应加强对其筹措和使用的规范，确保专项债券能够为合作基础设施建设的发展发挥久久之功。同时，结合共建"一带一路"合作国家建设的实际情况，对资金使用及时调整和动态监控，以便更好地实现资金的有效配置。

7.2 增强国别评估机制的构建

7.2.1 构建和完善国别评估机制

"一带一路"倡议所涉范围甚广，各国的政治、经济、文化、社会等环境差异较大。对于国家而言，要想全面推进"一带一路"倡议，所需人力、物力太大，难以执行，故需要分阶段、逐步推进。对于金融机构而言，要想详细地了解项目东道国的具体情况也具有很大的难度。对此，相关部门应加大对共建"一带一路"合作国家的信息收集，为制定后续的"一带一路"发展规划提供参考。

同时，国家应进一步加强对研究机构和高校在合作国家风险识别与评估方面研究的支持力度。当前我国"一带一路"评估机制正在构建与优化的过程中，但是披露并不详细，企业与金融机构难以从中获得更多有用的信息。基于此，建议加强相关研究信息的披露与信息化建设，从而为我国企业与金融机构的境外投融资提供参考，也为我国推动倡议的进一步实施奠定基础。以本书的评估结果为例，可以优先考虑与某些有机构互设的国家签署双边协议的可能性，进一步提高金融合作的便捷度。

7.2.2 对薄弱区域加强观察了解

我国目前金融合作状况较好的区域是东亚、东南亚，有待加强的是非洲与东欧。相关机构应持续关注共建"一带一路"合作国家的情况，随时披露相关事件的影响。同时，加强对薄弱区域的观察与了解，绘制该区域的情况变化图，通过情况对比探究增强金融合作便捷度的可能性，为进一步推动"一带一路"倡议的实施奠定基础。

7.3 加强投融资的层次与深度

7.3.1 协调开发性金融与商业性金融共同发展

亚投行是首个由我国倡议设立的多边金融机构，对于加强我国与其他亚洲国家的交流与合作、促进建设的互联互通有着极大的推动作用，也是我国推进"一带一路"倡议过程中的重大举措。我们要充分发挥亚投行的作用，以亚投行为沟通与交流平台，推动成员之间的沟通与合作，推动项目磋商与信息共享，探究开发性金融多边合作的可能性，进一步推动多边合作更好地服务于"一带一路"倡议。

此外，我国也应大力推动商业金融的合作，加强其深度与广度，协调开发性金融与商业性金融共同发展。亚洲金融合作协会于 2017 年 7 月正式成立，该协会主要由亚洲国家和地区的金融机构、金融行业组织、相关专业服务机构及金融领域的个人组成，是区域性非政府组织。我国应积极抓住亚洲金融合作协会成立的时机，加强与相关机构和协会的沟通与交流，推动信息共享，定期沟通区域内的金融形势，为搭建区域商业金融合作平台提供广泛支持。

另外，还要创新区域融资保障机制，建立开发性金融机构，积极探讨灵活多样、风险可控的融资和担保模式。积极筹建及利用中国–阿联酋共同投资基金、中国–欧亚经济合作基金、中国–中东欧投资合作基金、丝路基金等，为区域内投资项目提供融资支持。加强各国金融机构之间的合作，开拓新的合作领域，探讨新的合作模式，如探讨政府与企业合作模式等，鼓励私营部门参与，推进国有企业股份化改造，探讨资源换贷款、资金换市场等新型融资模式。

7.3.2 加强金融基础设施合作

部分共建"一带一路"合作国家金融市场构建与基础设施相对落后，金融工具不具备实施条件，严重影响了相关项目的建设与融资。而加强相关地区的金融基础设施合作不仅能提高合作区域的金融运转效率，而且也有利于我国金融机构和企业对外投资的风险管控。比如，要加快我国金融机构"走出去"的步伐，鼓励我国金融机构设置境外分支机构、合理进行境外布局，提高跨境服务能力。

人民币国际化已经成为"一带一路"合作区域货币一体化的发展趋势，我国也逐渐降低对境外投资者限制的门槛。我国应进一步推动人民币的国际化，加快协议签署的步伐，推进人民币跨境支付系统的覆盖率，鼓励我国金融机构进行境外布局，推动以人民币为中心的区域外汇交易市场建设，使人民币真正成为周边国家金融市场上的借贷和投资货币，进而成为储备货币。

7.3.3 构建金融监管合作体系

健全的金融监管制度是实现区域金融安全稳定的重要保障。一方面，共建"一带一路"合作国家应合作共建区域金融风险监测机制、金融风险预警机制及金融风险的应急处理机制。各国征信部门应相互合作，各评级机构应相互交流，严密监控合作区域，做好对潜在风险的预警和处理，确保及时发现风险，排除安全隐患，营造稳定安全的金融环境。在区域风险发生时，各国要加强合作，紧急应对风险、化解风险，确保共建"一带一路"合作区域的金融安全。另一方面，构建并完善共建"一带一路"合作区域的监管协调机制。为了提升各国监管机构在重大问题上的政策协调和监管的一致性，可以通过现有的EMEAP（东亚及太平洋地区中央银行行长会议组织）及"10+3"（东盟十国与中、日、韩三国）金融合作机制，加强共建"一带一路"合作国家监管部门之间的沟通和协调，协调各国的监管标准，减少因监管标准不同带来的问题，逐步在合作区域建立起高效灵活的监管协调沟通机制。

我国应积极参与各类金融合作，提升我国在亚太区域的话语权，了解各国的金融政策和金融环境，以实现合作共赢的目标。金融合作的重点在于各国金融环境、经济发展水平的一致性，因此要提升国际金融合作的水平，促进区域经济共同发展，必须构建完善的金融政策的沟通和协调机制，如我国与合作国家之间的金融政策协调机制、合作机制和财长对话机制。为了建立全面的协调机制、减少在金融领域合作的阻力，除金融政策外，各国还应注重建立与金融人才的培养、金融项目库的建设、金融信息的交换与共享相关的协调机制。

7.4 加强创新金融建设

7.4.1 构建创新金融政策体系

当前，我国金融体制正处于由集中管制的计划金融向相对自由的市场金融发展的过程，金融业的对外开放和金融自由化进程的加快，要求我国金融业必须加快金融组织创新、技术工具创新和金融制度创新，以迎接金融全球化带来的挑战。"一带一路"项目的特殊性与复杂性进一步推动了我国金融创新的步伐。

为了更好地保障创新金融的发展，首先，要建立创新金融政策体系，完善对创新投资的相关指引，出台创新金融发展的政策性意见，落实创新投资业务的激励机制及高污染、高能耗等投资业务的约束机制。其次，要建立符合国际规范的创新金融标准。在创新金融体系建设方面，有必要借鉴国际通行的环境标准，结合"一带一路"倡议的实际情况，适时建立一套适用于"一带一路"建设、先进高效且具有可操作性的创新金融标准。最后，要制定并完善创新金融相关法律法规，从法律层面建立创新金融的框架、原则，明确政府、金融机构、企业等不同主体在创新金融体系中的责任和义务，建立创新金融部门法律制度、监管法律制度和法律责任制度，推动和保障创新金融的有效实施。

7.4.2 推进创新型金融合作

金融创新能力的提高将进一步深化"一带一路"倡议下的金融合作，激发金融行业的内在潜力，提升区域经济的发展水平。在金融机构的创新方面，应建立高效、便捷的"一带一路"互联网金融机构体系，借助互联网平台建立金融合作，确保金融机构提供的跨境金融服务更加安全、通畅。在金融业务创新方面，合作国家间的金融合作要注重合理配置资金、实施多轮驱动，充分利用直接融资来拓宽融资渠道，减少对银行类金融机构的依赖，增加资金来源，减少融资成本，提高金融机构的抗风险能力。在金融市场的创新模式方面，应从机构及人才建设、金融业务、区域金融中心建设方面着手。

7.4.3 加强复合型人才的培养

"一带一路"倡议所涉范围甚广，对于语言、法律型人才的要求较国内业务高。再加上各项目情况不一，对于金融创新型人才的需求更高。

为了满足"一带一路"倡议的人才需求，一是要发挥大学联盟的作用，积极培养"一带一路"建设相关的复合型人才。要建立优势互补、跨界融合的人才培养平台，让合作国家的大学在共同的知识创新平台上分享资源、共享机会，共同为"一带一路"倡议助力。二是要共建科技研发平台，大力推动人才培养与科学研究跨界创新、融合发展。"一带一路"倡议是一个系统工程，需要多学科协同参与、多群体合作研发，以及多国联动。因此要整合政府、企业、大学、科研机构等众多力量，共建各类"一带一路"科技研发平台，加强科研合作，开展更大范围、更高水平、更深层次的科技研发合作，共同为"一带一路"倡议提供科技和智力支撑。三是要聚焦合作重点，积极构建产业与金融创新人才联合培养体系。在产业和金融方面面临诸多问题和挑战，比如要灵活利用各类公共资金和社会资本,解决基础设施互联互通资金需求大、周期长的问题;要开展金融产品创新与模式创新,提高跨境综合服务能力的问题,这些都依赖于人才的立体培养体系,要推动学位教育、专业教育和继续教育相结合,加快产业人才、金融人才和创新人才的成长。

7.5 强化风险管控与项目评估机制

7.5.1 构建专项风险管理体系

由于"一带一路"项目相对境内业务具有一定的特殊性和复杂性,因此建议金融机构进一步明确"一带一路"融资管理相关的战略安排和日常工作,同时建立健全覆盖全业务流程的风险管理架构、管理制度和风险管控手段。

金融机构需要建立一套较为完善的国别风险管理体系,对合作国的财政状况和信用等级要有严格的要求,对授信额度和贷款集中度也要有严格的限制,当贷款接近上限时,就要把握放款的节奏,认真评估每一个项目。考虑到"一带一路"项目的战略性,当贷款涉及经济社会发展意义特别重大、经济效益特别好的项目时,也要在加强风险管控的基础上提供贷款。这样可以帮助金融机构从源头上把控住债务风险。对于一些重灾国、穷国的贷款,可以参照国际货币基金组织在贷款利率、贷款额度、贷款条件等方面的要求进行。

比如兴业银行对于巴基斯坦的银团放款业务,根据总行制定的国别风险、国家分类及国别风险限额,该业务在巴基斯坦国别风险限额内,第一还款来源是巴基斯坦财政部的财政收入,风险可控。同时,我国是巴基斯坦外来投资国和债权人国家,与该国的政治外交关系稳定,这为该业务债务投放构成了双重保障。

7.5.2 加强信息化建设及其披露

从近年来开展的"一带一路"评估项目看,项目主要分为三大类:第一类是标的资产在境外,产权持有者为外方;第二类是标的主要资产独立在境外运营,产权持有者为中方;第三类是"走出去"的境内施工企业的重组(在境外设有大量的子公司)。随着我国"一带一路"项目的进一步拓展,相关项目越来越复杂、越来越具有挑战性,因此完善"一带一路"项目的评估机制势在必行。

加强对共建"一带一路"合作国家投资风险的评估和预警，鼓励企业设立独立的境外投资风险评估部门，加大对共建"一带一路"合作国家信息收集和风险评估的投入力度，加强项目投资前的尽职调查和项目运作中的风险预警与突发事件应对。国家财政应加大对研究机构和高校在国家风险识别与评估方面研究的支持力度，提高国家风险分析报告的质量，为我国企业境外投资提供参考。同时在更多官方网站上，如"一带一路"网，应加强对优秀项目的详细情况的披露，以提供参考与借鉴。

建议金融机构加快信息系统的境外延伸，提升境外业务信息系统的自动化程度，将限额管理、系统监控、风险预警、风险评估、风险报告等嵌入系统，充分利用系统的硬控制功能，增强对合规经营和风险控制的系统支持能力。在满足境外监管要求的条件下，实现境外业务流程的自动化管理、境内外信息系统的实时对接与整合，以及增加境外业务数据和相关信息向总行报送的及时性和准确性。

为适应国内企业强劲增长的境外投资保险服务需求，应在总结实践经验的基础上，加快境外投资保险法的立法进程。同时，明确承保对外投资保险业务的机构。应提高中国出口信用保险公司的注册资金规模，显著强化其境外投资保险业务。

有些基础设施建设项目投资较大，风险较高，这时可以要求东道主国家或其他机构提供担保。在 2015 年的巴基斯坦卡西姆港燃煤电站项目中，实施主体为巴基斯坦私营电力基础设施委员会，采用 BOO 模式运营，建设资金需求高达 20.95 亿美元，其中 74.58%是由中国进出口银行贷款提供的。由于项目资金需求大，当时是由巴基斯坦政府提供主权担保，并由中信保承诺对巴方延期支付进行承保。这就在一定程度上规避了风险。

此外，要大力发展期货市场，发挥期货市场在定价服务和风险管理领域的优势。共建"一带一路"合作国家拥有丰富的自然资源，如石油、天然气、橡胶等。而随着"一带一路"倡议的推进，势必带动相关大宗商品需求的增加。因此，我国应积极扩展、开发、参与与"一带一路"倡议相关性较高的项目品种。此外，不少共建"一带一路"合作国家政局不稳定、金融市场落后，进而导致汇率波动大。因此，我国可探索发行人民币期货等外汇衍生品及建设相关交易场所，以降低汇率风险。

7.6 本章小结

本章围绕"一带一路"基础设施投融资的优化策略进行了研究,具体从资金来源、国别评估机制的构建、投融资机制的构建、创新融资建设、风险管控与项目评估等角度提出了相应的对策。

参考文献

[1] 肖翔，姜钰羡，程钺."一带一路"建设金融合作的现状与优化策略研究[J]. 海南金融，2019（1）：4–16.

[2] 李原，汪红驹."一带一路"基础设施投融资合作基础与机制构想[J].上海经济研究，2018（9）：61–71.

[3] 程钺."一带一路"欧亚地区项目资金融通的评估研究[D]. 北京：北京交通大学，2018.

[4] 姜佳男. 我国企业海外基础设施 BOT 项目风险防范研究[D]. 北京：北京交通大学，2018.

[5] 国家信息中心"一带一路"大数据中心."一带一路"大数据报告（2018）[M]. 北京：商务印书馆，2018：25–37.

[6] 周跃辉."一带一路"建设进展及展望[J]. 党课参考，2018（9）：60–73.

[7] 约斯兰·努尔."一带一路"背景下自然科学博物馆对《2030 年可持续发展议程》的潜在贡献[J]. 自然科学博物馆研究，2018，3（1）：8–12.

[8] 王鹏."一带一路"国家通货膨胀国际传递的关系研究[D]. 北京：首都经济贸易大学，2018.

[9] 张宇."一带一路"国家贸易便利化对中国纺织品出口的影响[D]. 杭州：浙江工商大学，2018.

[10] 魏琼黎. 中国 OFDI 区位选择影响因素研究[D]. 西安：陕西师范大学，2018.

[11] 徐良. AA 公司化工建设项目 EPCM 管理模式实践研究[D]. 上海：华东理工大学，2018.

[12] 国家开发银行与中国水电建设集团国际工程有限公司联合课题组."一带一路"与中拉基础设施合作的战略对接[J].拉丁美洲研究，2018，40（3）：20–30.

[13] 姚俊霞."一带一路"倡议与建设对中印经贸关系的影响研究[D]. 北京：外交学院，2018.

[14] 孙志勇. 社会团体对实施"一带一路"建设的作用[J]. 企业改革与管理，

2018（5）：204-205.

[15] 李文辉，易路洋，赵贺典，等."一带一路"沿线省份高校科技创新效率研究[J]. 科技与经济，2018，31（1）：16-20.

[16] 刘自敏，朱朋虎，张慧伟."一带一路"节点城市信用水平及其影响因素研究[J]. 产业经济评论，2018（1）：50-62.

[17] 郑雪峰，刘立峰."一带一路"的投融资问题及对策建议[J]. 中国经贸导刊，2018（15）：34-36.

[18] 赵文霞. 征用风险和汇率波动对"一带一路"沿线国家 FDI 的影响. 西部论坛，2018（2）：1-11.

[19] 刘梅."一带一路"战略与中国银行业"走出去"研究[J]. 西南民族大学学报（人文社科版），2017，38（10）：135-139.

[20] 张秀萍. 工程承包企业融资模式研究[D]. 昆明：云南财经大学，2017.

[21] 谢亚轩，刘亚欣. 拆解"一带一路"资金来源[J]. 金融市场研究，2017（6）：22-32.

[22] 晓询. 中国与"一带一路"国家的投融资、贸易分析[J]. 中国招标，2017（21）：16-18.

[23] 李蕊含."一带一路"沿线五国互联互通评价研究[D]. 上海：东华大学，2017.

[24] 王永中，宋爽，李曦晨."一带一路"沿线国家投资风险分析及政策建议[J]. 中国财政，2017（16）：5-7.

[25] 胡玉玮. 为"一带一路"提供多元化融资渠道[J]. 人民论坛，2017（34）：92-93.

[26] 郭晶."一带一路"国家区域金融合作的困难与对策[J]. 吉林金融研究，2017（9）：37-40.

[27] 国家信息中心"一带一路"大数据中心."一带一路"大数据报告（2017）[M]. 北京：商务印书馆，2017：21-24.

[28] 刘卫东."一带一路"：引领包容性全球化[J].中国科学院院刊，2017，32（4）：331-339.

[29] 王会芝. 绿色金融为一带一路建设注入新动能[N]. 中国社会科学报，2017-10-12（1）.

[30] 何珺. 我国对外投资持续高增长"一带一路"沿线投资成新亮点[N]. 机电商报，2017-12-18.

[31] 阎豫桂. "一带一路"投融资合作需要宏观机制创新与微观业务模式创新 [J]. 全球化, 2017 (4): 79-89.

[32] 姚公安. "一带一路"沿线欠发达地区基础设施融资模式：项目融资视角 [J]. 现代管理科学, 2017 (3): 65-67.

[33] 陈渝, 王卫东. 开发性金融在"一带一路"战略下对中东欧国家融资浅析 [J]. 当代经济, 2017 (11): 26-27.

[34] 杨陶. "一带一路"倡议下中国企业投资风险的防范[J]. 人民论坛, 2017 (27): 89-91.

[35] 崔文瑞, 张武浩. "一带一路"建设下中国与沿线各国金融合作研究[J]. 西部金融, 2017 (1): 38-41.

[36] 者贵昌. "一带一路"建设背景下中国与泰国金融合作的机遇与挑战[J]. 东南亚纵横, 2017 (1): 36-42.

[37] 王倩, 施喜荣. "一带一路"金融合作研究[J]. 甘肃金融, 2017 (10): 66-69.

[38] 胡必亮, 潘庆中. "一带一路"沿线国家综合发展水平测算、排序与评估 （总报告）[J]. 经济研究参考, 2017 (15): 4-15.

[39] 李锋, 潘兵. "一带一路"背景下中国对中东欧直接投资影响分析[J]. 郑州大学学报, 2017 (2): 75-80.

[40] 刘巍. 对外工程承包企业汇率风险管控探讨[J]. 国际商务财会, 2016 (9): 19-25.

[41] 苟建新, 于佳艺. 电力企业在海外市场的战略模式研究[J]. 中国市场, 2016 (11): 135-137.

[42] 刘彦君. "一带一路"战略下中俄区域经济合作研究[D]. 大连：东北财经大学, 2016.

[43] 段坤. "一带一路"战略实施面临的挑战与对策[D]. 湘潭：湘潭大学, 2016.

[44] 赵可金. 以互联互通为核心建设六大经济走廊[J]. 国际工程与劳务, 2016 (10): 20-23.

[45] 张习宁, 高文博, 张鹏辉. 中国经济新常态与外汇储备管理的优化[J]. 区域金融研究, 2016 (10): 33-38.

[46] 安泽扬. "一带一路"战略中国金融支持研究[D]. 济南：山东财经大学, 2016.

[47] 袁晓江. "一带一路"经济体的差异性和互补性[J]. 中国经济特区研究, 2016 (00): 168-178.

[48] 刘瑞,高峰."一带一路"战略的区位路径选择与化解传统产业产能过剩[J].社会科学研究,2016(1):45-56.

[49] 中国人民银行呼和浩特中心支行课题组."一带一路"背景下中蒙金融合作研究[J].华北金融,2016(10):59-62.

[50] 沈梦溪.国家风险、多边金融机构支持与PPP项目融资的资本结构:基于"一带一路"PPP项目数据的实证分析[J].经济与管理研究,2016,37(11):3-10.

[51] 郭元丽.跨境经济走廊物流竞争力评价研究[D].昆明:云南财经大学,2016.

[52] 刘尚希,孟艳.以"大国金融"意识 助推"一带一路"战略[J].中国井冈山干部学院学报,2016,9(1):16-26.

[53] 王玥."一带一路"战略的金融支持与创新发展[J].天津经济,2016(11):47-51.

[54] 翁东玲."一带一路"建设的金融支持与合作风险探讨[J].东北亚论坛,2016(6):46-58.

[55] 刘作奎."一带一路"倡议背景下的"16+1合作"[J].当代世界与社会主义,2016(3):144-152.

[56] 徐坡岭,刘来会."一带一路"愿景下资金融通的突破点[J].新疆师范大学学报,2016(3):55-66.

[57] 李晓峰,赵文佳."一带一路"投融资服务经济平台下的亚投行对人民币国际化的影响[J].经济界,2016(7):46-51.

[58] 崔日明,黄英婉."一带一路"沿线国家贸易投资便利化评价指标体系研究[J].国际贸易问题,2016(9):153-164.

[59] 国家信息中心"一带一路"大数据中心."一带一路"大数据报告(2016)[M].北京:商务印书馆,2016:11-44.

[60] 沈悦."一带一路"战略下中国与欧亚金融合作[M].西安:西安交通大学出版社,2016:20-22.

[61] 李宇,郑吉,金雪婷,等."一带一路"投资环境综合评估及对策[J].中国科学院院刊,2016:671-677.

[62] 周萃.银行国际化战略向纵深推进[N].金融时报,2016-09-09.

[63] 张茉楠.全面探索构建"一带一路"基金体系[N].中国财经报,2016-12-13(5).

[64] 付碧莲. 外资银行布局"一带一路"步伐加快[N]. 中国改革报, 2016.

[65] 汤柳. "一带一路"需要提升的四个方面[J]. 银行家, 2016: 71-83.

[66] 林川, 杨柏, 陈伟. 论与"一带一路"战略对接的六大金融支持[J]. 西部论坛, 2016, 26 (1): 19-26.

[67] 刘彦君, 郭连成, 米军. 我国东北与俄罗斯远东跨国次区域经济融合进程的社会网络分析[J]. 俄罗斯东欧中亚研究, 2015 (6): 84-91.

[68] 贺力平. "一带一路"战略下的金融合作与风险防范研讨会综述[J]. 金融论坛, 2015 (11): 73-80.

[69] 刘尚希, 孟艳. "一带一路"战略与"大国金融"意识[J]. 新金融评论, 2015 (5): 122-139.

[70] 本刊编辑部. "一带一路"战略下的金融合作与风险防范研讨会综述[J]. 金融论坛, 2015, 20 (11): 73-80.

[71] 保建云. 论"一带一路"建设给人民币国际化创造的投融资机遇、市场条件及风险分布[J]. 天府新论, 2015 (1): 112-116.

[72] 夏彩云, 贺瑞. "一带一路"战略下区域金融合作研究[J]. 新金融, 2015 (7): 34-38.

[73] 尚航. 上海航交所发布"一带一路"航运指数[J]. 珠江水运, 2015 (14): 26-27.

[74] 刘飞. 工行深入推进"一带一路"金融服务[N]. 华夏时报, 2015-11-19.

[75] 王石锟. 发挥中国金融软实力, 构建"一带一路"立体金融服务体系[J]. 银行业经营管理, 2015 (8): 13-17.

[76] 朱苏荣. "一带一路"战略国际金融合作体系的路径分析[J]. 金融发展评论, 2015 (3): 83-91.

[77] 邵瑞庆. "一带一路"战略下应采用项目融资方式进行交通基础设施建设[J]. 交通财会, 2015 (12): 7-9.

[78] 杨煦. 中国企业海外工程的风险管理研究[D]. 北京: 北京交通大学, 2014.

[79] 姚颢. EPC、DB、EPCM、PMC四种典型总承包管理模式的介绍和比较[J]. 中国水运 (下半月), 2012, 12 (10): 106-108.

[80] 黎毅. 利益相关者视角下企业绩效评价体系研究[D]. 南昌: 江西财经大学, 2011.

[81] 杨圣奎. 中国区域金融支持问题研究[D]. 长春: 吉林大学, 2010.

[82] 顾秀丽. 我国医药制造业上市公司财务业绩评价研究[D]. 南昌: 华东交通

大学，2009.

[83] 程言家. 基础设施 PPP 模式中特许权获得者的选择研究[D]. 南京：南京航空航天大学，2008.

[84] 田瑾. 多指标综合评价分析方法综述[J]. 时代金融，2008（2）：25-27.

[85] 孙红卫，马先莹. 综合评价中合成方法的探讨.中国医院统计，2008（3）：16-18.

[86] 杨宇. 多指标综合评价中赋权方法评析[J]. 统计与决策，2006（13）：17-19.

[87] 陈宪，方古钧，陈信华，等. 国际经济学教程[M]. 上海：上海立信会计出版社，2003.

[88] 布利克，厄恩斯特. 协作型竞争[M]. 北京：中国大百科全书化版社，1998：31.

[89] 刘易斯. 国巧经济秩序的滨变[M]. 乔依德，译. 北京：商务印书馆，1984：35-45.

[90] J R. Silk road bonds: the next big thing? [J]. Global finance, 2017, 31（2）: 54.

[91] SHEN W. Rising Renminbi and the Neo-global financial governance in the context of "one belt one road" initiative: a changing game or minor supplement? [J]. Journal of international banking law and regulation, 2017, 32（1）: 1-22.

[92] BHATTACHARYAY B N, BHATTACHARYAY M. Institutional architecture for financing pan-Asian Infrastructure Connectivity（April 06, 2017）. CESifo Working Paper Series No. 6422. Available at SSRN: 2965362.

[93] MUHAMMAD S I. One belt and one road: does China-Pakistan Economic Corridor benefit for Pakistan's economy? [J]. Journal of economics and sustainable development, 2015, 6（24）: 200-207.

[94] WOLF S O. The China-Pakistan Economic Corridor: an assessment of its feasibility and impact on regional cooperation. SADF Comment, South Asia Democratic Forum（SADF）, Brussels, Belgium, 2016. Doi: 10.2139/ssrn. 2834599

[95] WOLF, S O. The China-Pakistan Economic Corridor（CPEC）: feasibility and the need for an assessment of india's role. SADF Comment, South Asia Democratic Forum（SADF）No. 19. Doi: 10.2139/ssrn. 2834637

[96] WOLF S O. The China-Pakistan Economic Corridor and Civil-Military

Relations in Pakistan. IndraStra Global, Vol. 2, No. 4, 2016. Doi: 10.2139/ssrn. 2768260

[97] LIN J, WANG Y. New structural economics and resource financed infrastructure. Pacific economic review, 2016, 21 (1): 102−117.

[98] Górski, Jędrzej. Recent developments in procurement of Projects Financed by the Multilateral Development Banks. What Can EU's Public Procurers Expect from the China−Led Financial Institutions?. Chinese University of Hong Kong, Centre for Financial Regulation and Economic Development, Working Paper No. 15. Doi: 10.2139/ssrn. 2724393

[99] DU J, ZHANG Y. Does one belt one road strategy promote Chinese overseas direct investment?. Doi: 10.2139/ssrn. 3019207

[100] LIU H Y. The determinants of Chinese outward FDI in countries along "one belt one road" [J]. Emerging markets finance & trade, 2017, 53 (6): 1374−1387.

[101] KRISHNAMOHAN T. Asian−Pacific region shift to the centre of gravity in the twenty−first century[J]. Imperial journal of interdisciplinary research, 2017, 3 (5): 602−613.

[102] RAHMAN H. One belt, one road (Obor) and malaysia: A Long−Term Geopolitical Perspective (January 18, 2017). Institute of Malaysian & International Studies Universiti Kebangsaan Malaysia, Working paper No. 5, 2017.

[103] MOSTAFA G. China's growing ties with Middle East: goals and objectives [J]. Global journal of business & social science review, 2017, 5 (2): 58−63.

[104] KANAME A. A historical pattern of economic growth in developing countries. The developing economies, Preliminary Issue, 1962 (80): 3−25.

[105] Kojima K. Direct foreign investment: a Japanese model of multinational business opreations. New York: Praeger, 1978.

[106] GEREFFI G, KORZENIEWICZ M. Commodity chains and global Capitalism, Social Forces

[107] GEREFFI G. Global value chains in a Post−Washington Consensus World. Review of international political economy, 2014 (21): 9−37.

[108] VINER J, OSLINGTON P. The customs union issue. Oxford University Press, 2014.